近代稀见旧版文献再造丛书

民国中國文化史要籍汇刊（影印本）

侯杰 主编

第二卷

梁漱溟 中国文化要义

南開大學出版社

图书在版编目(CIP)数据

民国中国文化史要籍汇刊. 第二卷 / 侯杰主编. —影印本. —天津 ：南开大学出版社，2019.1
(近代稀见旧版文献再造丛书)
ISBN 978-7-310-05703-0

Ⅰ. ①民… Ⅱ. ①侯… Ⅲ. ①文化史－文献－汇编－中国 Ⅳ. ①K203

中国版本图书馆 CIP 数据核字(2018)第 278038 号

南开大学出版社出版发行
出版人:刘运峰
地址:天津市南开区卫津路 94 号　　邮政编码:300071
营销部电话:(022)23508339　23500755
营销部传真:(022)23508542　　邮购部电话:(022)23502200
*
北京隆晖伟业彩色印刷有限公司
全国各地新华书店经销
*
2019 年 1 月第 1 版　　2019 年 1 月第 1 次印刷
148×210 毫米　32 开本　12.375 印张　4 插页　357 千字
定价:150.00 元

如遇图书印装质量问题,请与本社营销部联系调换,电话:(022)23507125

出版说明

一、本书收录民国时期出版的中国文化史著述，包括通史性文化著述、断代史性文化著述和专题性文化史著述三大类；民国时期出版的非史书体裁的文化类著述，如文化学范畴类著述等，不予收录；同一著述如有几个版本，原则上选用初始版本。

二、个别民国时期编就但未正式出版过的书稿如吕思勉的《中国文化史六讲》和民国时期曾以文章形式公开发表但未刊印过单行本的著述如梁启超的《中国文化史·社会组织篇》，考虑到它们在文化史上的重要学术影响和文化史研究中的重要文献参考价值，特突破标准予以收录。

三、本书按体裁及内容类别分卷，全书共分二十卷二十四册；每卷卷首附有所收录著述的内容提要。

四、由于历史局限性等因，有些著述中难免会有一些具有时代烙印、现在看来明显不合时宜的内容，如『回回』『满清』『喇嘛』等称谓及其他一些提法，但因本书是影印出版，所以对此类内容基本未做处理，特此说明。

南开大学出版社
二〇一八年十一月

总序

侯杰

中国文化，是世代中国人的集体创造，凝聚了难以计数的华夏子孙的心血和汗水，不论是和平时期的锲而不舍、孜孜以求，还是危难之际的攻坚克难、砥砺前行，都留下了历史的印痕，闪耀着时代的光芒。其中，既有精英们的思索与创造，也有普通人的聪明智慧与发奋努力；既有中华各民族儿女的发明创造，也有对异域他邦物质、精神文明的吸收、改造。中国文化，是人类文明的一座巨大宝库，发源于东方，却早已光被四表，传播到世界的很多国家和地区。

如何认识中国文化，是横亘在人们面前的一道永恒的难题。虽然，我们每一个人都不可避免地受到文化的熏陶，但是对中国文化的态度却迥然有别。大多离不开对现实挑战所做出的应对，或恪守传统，维护和捍卫自身的文化权利、社会地位，或从中国文化中汲取养料，取其精华，并结合不同历史时期的文化冲击与碰撞，进行综合创造，或将中国文化笼而统之地视为糟粕，当作阻碍中国迈向现代社会的羁绊，欲除之而后快。这样的思索和抉择，必然反映在人们对中国文化的观念和行为上。

中国文化史研究的崛起和发展是二十世纪中国史学的重要一脉，是传统史学革命的一部分——传统史学在西方文化的冲击下，偏离了故道，即从以帝王为中心的旧史学转向以民族文化为中心的新史学，又和中国的现代化进程有着天然的联系。二十世纪初，中国在经受了一系列内乱外患后，千疮百孔，国力衰微；与此同时，西方的思想文化如潮水般涌入国内，于是有些人开始对中国传统文化产生怀疑，甚至持否定态度，全盘西化论思潮的出笼，更是把这种思想推向极致。民族自信力的丧失既是严峻的社会现实，又是亟待解决的问题。而第一次世界大战的惨剧充分暴露出西方社会的弊端，其文化取向亦遭到人们的怀疑。人们认识到要解决中国文化的出路问题就必须了解中国文化的历史和现状。很多学者也正是抱着这一目的去从事文化史研究的。

在中国文化史书写与研究的初始阶段，梁启超是一位开拓性的人物。早在一九〇二年，他就深刻地指出：『中国数千年，唯有政治史，而其他一无所闻。』为改变这种状况，他进而提出：『历史者，叙述人群进化之现象也。』而所谓『人群进化之现象』，其实质是文化演进以及在这一过程中所进发出来的缤纷事象。以黄宗羲『创为学史之格』为楷模，梁启超呼吁：『中国文学史可作也，中国种族史可作也，中国财富史可作也，中国宗教史可作也。诸如此类，其数何限？』从而把人们的目光引向中国文化史的写作与研究。一九二一年他受聘于南开大学，讲授『中国文化史』，印有讲义《中国文化史稿》，后经过修改，于一九二二年在商务印书馆以《中国文化史稿第一编——中国历史研究法》之名出版。截至目前，中国学术界将该书视为最早的具有史学概论性质的著作，却忽略了这是梁启超对中国文化历史书写与研究的整体思考和潜心探索之举，充满对新史学的拥抱与呼唤。

与此同时，梁启超还有一个更为详细的关于中国文化史研究与写作的计划，并拟定了具体的撰写目录。梁启超的这一构想，部分体现于一九二五年讲演的《中国文化史·社会组织篇》中。在这个关于中国文化史的构想中，梁启超探索了中国原始文化以及传统社会的婚姻、姓氏、乡俗、都市、家族和宗法、阶级和阶层等诸多议题。虽然梁启超终未撰成多卷本的《中国文化史》（其生前，只有《中国文化史·社会组织篇》等少数篇目问世），但其气魄、眼光及其所设计的中国文化史的书写与研究的构架令人钦佩。因此，鉴于其对文化史的写作影响深远，亦将此篇章编入本丛书。

此后一段时期，伴随中西文化论战的展开，大量的西方和中国文化史著作相继被翻译、介绍给中国读者。桑戴克的《世界文化史》和高桑驹吉的《中国文化史》广被译介，影响颇大。国内一些学者亦仿效其体例，参酌其史观，开始自行编撰中国文化史著作。一九二一年梁漱溟出版了《东西文化及其哲学》，这是近代国人第一部研究文化史的专著。尔后，中国文化史研究进入了一个短暂而兴旺的时期，一大批中国文化史研究论著相继出版。在二十世纪二三十年代，有关中国文化史的宏观研究的著作不可谓少，如杨东莼的《本国文化史大纲》、陈国强的《物观中国文化史》、柳诒徵的《中国文化史》、陈登原的《中国文化史》、王德华的《中国文化史略》等。在这些著作中，柳诒徵所著《中国文化史》被称为『中国文化史的开山之作』，而杨东莼所撰写的《本国文化史大纲》则是第一本试图用唯物主义研究中国文化史的著作。与此同时，对某一历史时期的文化研究也取得很大进展。如孟世杰的《先秦文化史》、陈安仁的《中国上古中古文化史》和《中国近世文化史》等。在宏观研究的同时，微观研究也逐渐引起学人们的注意。其中，中西文化交流史研究成绩斐然，如郑寿麟的《中西文化之关系》、张星烺的《欧化东渐史》等。一九三六至一九三七年，商务印书馆出版了由王云五等主编的《中国文化史丛书》，共有五十余种，体例相当庞大，内容几乎囊括了中国文化史的大部分内容。

此外，国民政府在三十年代初期出于政治需要，成立了『中国文化建设会』，大搞『文化建设运动』，致力于『中国的本位文化建设』。一九三五年十月，陶希盛等十位教授发表了《中国本位文化建设宣言》，提出『国家政治经济建设既已开始，文化建设亦当着手，而且更重要』。因而主张从中国的固有文化即传统伦理道德出发建设中国文化。这也勾起了一些学者研究中国文化史的兴趣。

同时，这一时期又恰逢二十世纪中国新式教育发生、发展并取得重要成果之时，也促进了『中国文化史』课程的开设和教材的编写。清末新政时期，废除科举，大兴学校。许多文明史、文化史的著作因非常适合作为西洋史和中国史的教科书，遂对历史著作的编纂产生很大的影响。在教科书撰写方面，多部中国史的教材，无论是否以『中国文化史』命名，实际上都采用了文化史的体例。而这部分著作也占了民国时期中国文化史著作的一大部分。如吕思勉的《中国文化史二十讲》（现仅存六讲）、王德华的《中国文化史略》、丁留余的《中国文化史问答》、李建文的《中国文化史讲话》、范子田的《中国文化小史》等。

二十世纪的二三十年代实可谓中国学术发展的黄金时期，这一时期的文化史研究成就是有目共睹的，不少成果迄今仍有一定的参考价值。此后，从抗日战争到解放战争十余年间，中国文化史的书写和研究遇到了困难，陷入了停顿，有些作者还付出了生命的代价。但尽管如此，仍有一些文化史论著问世。此时，综合性的文化史研究著作主要有缪凤林的《中国民族之文化》、陈安仁的《中国文化史》、王治心的《中国文化史类编》、陈竺同的《中国文化史略》和钱穆的《中国文化史导论》等。其中，钱穆撰写的《中国文化史导论》和陈竺同撰写的《中国文化史略》两部著作影响较为深远。钱穆的《中国文化史导论》，完成于抗日战争时期。该书是继《国史大纲》后，他撰写的第一部系统讨论中国文化史的著作，专就中国通史中有关文化史一端作的导论。因此，钱穆建议读者『此书当与《国史大纲》合读，庶易获得写作之大意所在』。不仅如此，钱穆还提醒读者该书虽然主要是在专论中国，实则亦兼论及中西文化异同问题。数十年来，『余对中西文化问题之商榷讨论屡有著作，而大体论点并无越出本书所提主要纲宗之外』。故而，『读此书，实有与著者此下所著有关商讨中西文化问题各书比较合读之必要，幸读者勿加忽略』。陈竺同的《中国文化史略》一书则是用生产工具的变迁来说明文化的进程。他在该书中明确指出：『文化过程是实际生活的各部门的过程』，『社会生产，包含着生产力与生产关系。这本小册子是着重于文化的过程。至于生产关系，就政教说，乃是权力生活，属于精神文化，而为生产力所决定』。除了上述综合性著作外，这一时期还有罗香林的《唐代文化史研究》、朱谦之的《中国思想对于欧洲文化之影响》等专门性著作影响较为深远。

不论是通史类论述中国文化的著作，还是以断代史、专题史的形态阐释中国文化，都包含着撰写者对中国文化的情怀，也与其人生经历密不可分。柳诒徵撰写的《中国文化史》也是先在学校教习之用，后在出版社刊行。鉴于民国时期刊行的同类著作，有的较为简略，有的只可供学者参考，不便于学年学程之讲习，所以他发挥后发优势，出版了这部比较丰约适当之学校用书。更令人难忘的是，柳诒徵不仅研究中国文化史，更有倡行中国文化的意见和主张。他在《弁言》中提出：『吾尝妄谓今之大学宜独立史学院，使学者了然于史之封域非文学、非科学，且创为斯院者，宜莫吾国若。三二纪前，吾史之丰且函有亚洲各国史实，固俨有世界史之性。丽、鲜、越、倭所有国史，皆师吾法。夫以数千年丰备之史为之干，益以近世各国新兴之学拓其封，则独立史学院之自吾倡，不患其异于他国也。』如今，他的这一文化设想，在南开大学等国内高校已经变成现实。正是由于有这样的文化观念，所以他才自我赋权，主动承担起治中国文化史者之责任：『继往开来……择精语详，以诏来学，以贡世界。』

杨东莼基于『文化就是生活。文化史乃是叙述人类生活各方面的活动之记录』的认知，打破朝代观念，将各时代和作者认为有关而又影响现代生活的重要事实加以叙述，并且力求阐明这些事实前后相因的关键，希望读者对中国文化史有一个明确的印象，而不会模糊。不仅如此，他在叙述中，尽力坚持客观的立场，用经济的解释，以阐明一事实之前因后果与利弊得失，以及诸事实间之前后相因的关联。这也是作者对『秉笔直书』『夹叙夹议』等历史叙事方法反思之后的选择。

至于其他人的著述，虽然关注的核心议题基本相同，但在再现中国文化的时候却各有侧重，对中国文化的评价也褒贬不一，存在差异。这与撰写者对中国文化的认知，及其史德、史识、史才有关，更与其学术乃至政治立场、占有的史料、预设读者有关。其中，既有学者之间的对话，也有学者与读者的倾心交流，还有对大学生、中学生、小学生的知识普及与启蒙，对中外读者的文化传播，及其跨文化的思考。他山之石，可以攻玉。二十世纪二十年代日本学者高桑驹吉的著述以世界的眼光，叙述中国文化的历史，让译者感到：数千年中，我过去的祖先曾无一息与世界相隔离，处处血脉流转，气息贯通。如此叙述历史，足以养成国民的一种世界的气度。三十年代，中国学者陈登原不仅将中国文化与世界联系起来，而且还注意到海洋所带来的变化，以及妇女地位的变化等今天看来都亟待解决的重要议题。实际上，早在二十世纪二十年代，就有一些关怀中国文化命运的学者对十九世纪末到二十世纪初通行课本大都脱胎于日本人撰写的《东洋史要》一书等情形提出批评：以外人目光编述中国史事，精神已非，有何价值？而陈旧固陋，雷同抄袭之出品，竟占势力于中等教育界，垂二十年，亦可怜矣。乃者，学制更新，旧有教本更不适用。为改变这种状况，顾康伯广泛搜集文化史料，因宜分配，撰成《中国文化史》，脉络分明，宗旨显豁，不徒国史常识可由此习得，即史学门径，亦由此窥见。较之旧课本，不可以道里计，故而受到学子们的欢迎。此外，中国文化的海外传播、中国对世界文化的吸收以及中西文化关系等问题，也是民国时期中国文化史撰写者关注的焦点议题。

围绕中国文化史编纂而引发的有关中国文化的来源、内涵、特点、价值和贡献等方面的深入思考，耐人寻味，发人深思。孙德孚更将翻译美国人盖乐撰写的《中国文化辑要》的收入全部捐献给因日本侵华而处于流亡之中的安徽的难胞，令人感佩。

实际上，民国时期撰写出版的中国文化史著作远不止这些，出于各种各样的原因，没有收入本丛书，也是非常遗憾的事情。至于已经收入本丛书的各位作者对中国文化的定义、解析及其编写体例、使用的史料、提出的观点、得出的结论，我们并不完全认同。但是作为一种文化产品值得批判地吸收，作为一种历史的文本需要珍藏，并供广大专家学者，特别是珍视中国文化的读者共享。

感谢南开大学出版社的刘运峰、莫建来、李力夫诸君的盛情邀请，让我们徜徉于卷帙浩繁的民国时期中国文化史的各种论著，重新思考中国文化的历史命运；在回望百余年前民国建立之后越演越烈的文化批判之时，重新审视四十年前改革开放之后掀起的文化反思，坚定新时代屹立于世界民族之林的文化自信。

感谢与我共同工作、挑选图书、撰写和修改提要，并从中国文化中得到生命成长的区志坚、李净昉、马晓驰、王杰升等香港、天津的中青年学者和志愿者。李力夫全程参与了很多具体工作，表现出一位年轻编辑的敬业精神、专业能力和业务水平，从不分分内分外，让我们十分感动。

总目

第八卷　王德华　中国文化史略
陈竺同　中国文化史略

第九卷　李继煌译　中国文化史

第十卷　姚名达　朱鸿禧　中国文化小史
范子田　中国文化小史
常乃悳　中国文化小史

第十一卷　李建文　中国文化史讲话
靳仲鱼　中国文化史要
孙德孚译　中国文化辑要

第十二卷　王云五　编纂中国文化史之研究
陈安仁　中国文化建设问题
陈安仁　中国文化演进史观

陈国强　物观中国文化史（上、下）

第十三卷　丁留余　中国文化史问答

姚江滨　民族文化史论

缪凤林　中国民族之文化

第十四卷　王治心　中国文化史类编（上、中）

第十五卷　雷海宗　中国文化与中国的兵

蒋星煜　中国隐士与中国文化

第十六卷　孟世杰　先秦文化史

罗香林　唐代文化史研究

第十七卷　陈安仁　中国上古中古文化史

第十八卷　陈安仁　中国近世文化史

第十九卷　朱谦之　中国思想对于欧洲文化之影响

第二十卷

张星烺　欧化东渐史

郑寿麟　中西文化之关系

梁启超　中国文化史·社会组织篇

吕思勉　中国文化史六讲

梁漱溟《中国文化要义》

梁漱溟（1893—1988），字寿铭。曾用笔名寿名、瘦民、漱溟，后以漱溟行世。蒙古族，原籍广西桂林，生于北京。中国著名思想家、哲学家、教育家、社会活动家，现代新儒家代表人物之一，一生著述颇丰。梁漱溟还受泰州学派的影响，在中国发起过乡村建设运动，并取得可以借鉴的经验。

《中国文化要义》是梁漱溟继《东西文化及其哲学》《中国民族自救运动之最后觉悟》《乡村建设理论》之后的第四部书，共一册，三百五十九页，从一九四一年开始构思，一九四二年着手写作，一九四八年重新修改，至一九四九年六月完成，初版由成都路明书店于一九四九年十一月出版。全书从集团生活的角度分析了东西方不同的文化传统和生活方式，进而提出了中国社会是伦理本位社会的重要论断，表现为『与人相关系，因情而有义』。在此基础上，作者提出以伦理组织社会、建立以伦理为本位的中国社会的政治愿景；还考察了中国社会的基本结构，既批判了中国文化的固有问题，也揭示了中国民族精神的要旨。

中國文化要義

梁漱溟著

自序

這是我繼「東西文化及其哲學」（作於一九二〇——一九二一），「中國民族自救運動之最後覺悟」（作於一九二九——一九三一），「鄉村建設理論」（作於一九三二——一九三六）而後之第四本書。先是一九四一年春間在廣西大學作過兩個月專題講演，次年春乃在桂林開始着筆，至一九四四陸續寫成六章，約八萬字，以日寇侵桂輟筆。勝利後奔走國內和平，又未暇執筆。一九四六年十一月我從南京返來北碚，重理舊業，且作且講。然於桂林舊稿僅用作材料，在組織上卻是從新來過。至今——一九四九年六月——乃告完成，計首尾歷時九年。

前後四本書，在內容上不少重見或複述之處。此蓋以其間問題本相關聯，或且直是一個問題；而在我思想歷程上，又是一脈衍來，儘前後深淺精粗有殊，根本見地大致未變。特別第四是銜接第三而作，其間更多關係。所以追上去看第三本書，是明白第四本書的鎖鑰。第三本書一名「中國民族之前途」，內容分上下兩部：上半部為認識中國問題之部，下半部為解決中國問題之部。——因要解決一個問題，必須先認識此一問題。中國問題蓋從近百年世界大交通西洋人的勢力和西洋文化蔓延到東方來乃發生底。要認識中國問題，即必得明白中國社會在近百年所引起之變化及其內外形勢。而明白當初未曾變底老中國社會，又為明白其變化之前提。現在這本「中國文化要義」正是前書講老中國社會的特徵之放大或加詳。

於此見出我不是「為學問而學問」底。我是感受中國問題之刺激，切志中國問題之解決，從而根追到其歷史，其文化，不能不用番心，尋個明白。什麼「社會發展史」，什麼「文化哲學」，我當初都未曾設想到這些，更無意乎玩弄這一套。從一面說，其動機太接近實用（這正是中國人的短處），不足為產生學問的根源。但從另一面說，它卻不是書本上底知識，不是學究式底研究；而是從活問題和活材料，朝夕寤寐以求之一點心得。其中有整個生命在，並非偏於頭腦一面之活動；其中有整整四十年生活體驗在，並不是一些空名詞假概念。

我生而為中國人，恰逢到近數十年中國問題極端嚴重之秋，其為中國問題所困惱，自是當然。我的家庭環境和最接近底社會環境，都使我從幼小時便知注意這問題（註一）。我恍如很早便置身問題之中，對於大局時事之留心，若出自天性。雖在年逾半百之今天，自歎「我終是一個思想底人而非行動底人；我嘗盡力於思想而以行動讓諸旁人」。然我卻自幼即參加行動（註二）。我一向喜歡行動而不甘於坐談，有出世思想，便有出世生活；有革命思想，便有革命實踐。特别為了中國問題，出路所指，赴之恐後；一生勞攘，亦可概見（註三）。

就在為中國問題而勞攘奔走之前若後，必有我的主見若心得。原來此一現實問題，中國人誰不身預其間？但或則不著不察；或則多一些感觸，多一些反省。多感觸多反省之後，其思想行動便有不得苟同於人者。縱不形見於外，而其衷之所存，未許一例相看。是之謂有主見，是之謂有心得。我便是從感觸而發為行動，從行動而有心得，積心得而為主見，從主見更有行動；……如是輾轉增上，循環累進而不已。其間未嘗不讀書，但讀書只在這裏面讀書；為學，只在這裏面為學。不是泛泛地讀，泛泛地學。至於今日，在見解思想上，其所入愈深，其體系滋大，吾雖欲自昧其所知以從他人，其可得乎！

說我今日見解思想，一切產生於問題刺激，行動反應之間，自是不錯。然却須知：儘受逼於現實問題之下，勞攘於現實問題之中，是產不出什麼深刻見解思想底；還要能超出其外，静心以觀之才行。

於是就要敘明我少年時，在感受中國問題刺激稍後，又曾於人生問題深有感觸，反覆窮究，不能自已（註四）。人生問題較之當前中國問題遠為廣泛、根本、深澈。這樣便不為現實問題之所囿。自己回顧過去四十餘年，總在這兩問題中沈思；時而趨重於此，時而趨重於彼，輾轉起伏雖無一定，而此牽彼引，恰好相資為用。並且我是既好動而又能静底人。一生之中，時而勞攘奔走，時而退處静思，動静相間，三番五次不止（註五）。是以動不盲動，想不空想，其幸免於隨俗浅薄者賴有此也。

就以人生問題之煩悶不解，令我不知不覺走向哲學，出入乎東西百家。然一旦於人生道理若有所會，則亦不復多求。假如視哲學為人人應該懂得一點底學問，則我正是這樣懂得一點而已。這是與專門治哲學底人不同處。又當其沉潛於人生問題，反覆乎出世與入世，其所致力者，蓋不徒在見聞思辨之間；見聞思辨而外，大有事在。這又是與一般哲學家不同處。異同得失，且置勿論；卒之，對人生問題我有了我的見解思想，更有了我今日底為人行事。同樣地，以中國問題幾十年來之急切不得解決，使我不能不有所行動，並眈玩於政治、經濟、歷史、社會文化諸學。然一旦於中國前途出路若有所見，則亦不復以學問為事。究竟什麼算學問，什麼不算學問，且置勿論；卒之，對中國問題我有了我的見解思想，更有了今日我的主張和行動。

所以「我無意乎學問」；「我不是學問家」；「以哲學家看我，非知我者」……如此累次自白（見前出各書），在我絕非無味底聲明。我希望我的朋友遇到有人問起：梁某究竟是怎樣一個人？便為我回答說：

他是一個有思想底人。

或說：

他是一個有思想，又且本着他的思想而行動底人。

這樣便恰如其分，最好不過。如其說：

他是一個思想家，同時又是一社會改造運動者。那便是十分恭維了。這本書主要在敍述我對於中國歷史和文化的見解，內容頗涉及各門學問，而不為學者專家之作，而學者專家正可於此大有所資取。我希望讀者先有此了解，而後讀我的書庶不致看得過高或過低。

「認識老中國，建設新中國」。——這是我的兩句口號。繼這本書而後，我將寫「現代中國政治問題研究」一書。蓋近幾十年來政治上之紛紜擾攘，總不上軌道，實為中國問題苦悶之焦點。新中國之建設，必自其政治上有辦法始。此無可疑也。然一旦於老中國有認識後，則於近幾十年中國所以紛擾不休者將必恍然有悟；灼然有見而其今後政治上如何是路，如何不是路，亦遂有可得而言者。吾是以將繼此而請教於讀者。

三十八年雙十節漱溟自記。

（註一）具見於「我的自學小史」第四第五兩節。

（註二）此指八歲時在北京市散發傳單而說，事見「我的自學小史」。

（註三）少年時先熱心於君主立憲運動，次參預一九一一年革命，一九二七以後開始鄉村運動，一九三七以後，為抗戰奔走其中包含國內團結運動及巡歷於敵後。至勝利後又奔走和平。

（註四）人生問題之煩悶約始於十七歲時，至二十歲而傾心於出世尋求佛法。

（註五）過去完全靜下來自修思孜有三時期：（一）在一九一二後至一九一六前；（二）在一九二五春至一九二八春；（三）在一九四六退出國內和談至今天。

目錄

第十四章　結論……三二九

中國文化要義

梁漱溟 著

第一章 緒論

一 此所云中國文化

文化，就是吾人生活所依靠之一切。如吾人生活，必依靠於農工生產。農工如何生產，凡其所有器具技術及其相關之社會制度等等，便都是文化之一大重要部分。又如吾人生活，必依靠於社會之治安，必依靠於社會之有條理有秩序而後可。那麼，所有產生此治安此條理秩序，且維持它底，如國家政治，法律制度，宗教信仰，道德習慣，法庭警察軍隊等，亦莫不為文化重要部分。又如吾人生來一無所能，一切都靠後天學習而後能之。於是一切教育設施，遂不可少；而文化之傳播與不斷進步，亦即在此。那當然若文字、圖書、學術、學校，及其相類相關之事，更是文化了。

俗常以文字、文學、思想、學術、教育、出版等為文化，乃是狹義底。我今說文化就是吾人生活所依靠之一切，意在指示人們，文化是極其實在底東西。文化之本義，應在經濟、政治，乃至一切無所不包。

然則若音樂戲劇及一切游藝，是否亦在吾人生活所依靠之列？答：此誠爲吾人所享受，似不好說爲「所依靠」。然而人生需要，豈徒衣食而止？故流行有「精神食糧」之語。從其條暢涵泳吾人之精神，而培養增益吾人之精力以言之，則說爲一種依靠，亦未爲不可耳。

此云中國文化，是說我們自己的文化，以別於外來的文化而言；這亦就是特指吾中國人夙昔生活所依靠之一切。文化本從傳遞交通而有，於此而求「自有」「外來」之劃分，殆不可能。不過以近百年世界大交通，中國所受變於西洋者太大，幾盡失其故步，故大略劃取未受近百年影響變化之固有者，目爲中國文化如是而已。

又文化無所不包，本書卻不能泛及一切。中國既一向詳於人事而忽於物理，這裏亦特就其社會人生來討論，如是而已。

二　中國文化箇性殊強

從文化比較上來看，中國文化蓋具有極強度之箇性，此可於下列各層見之：

一、中國文化獨自創發，慢慢形成，非從他受。反之，如日本文化、美國文化等，即多從他受也。

二、中國文化自具特徵（如文字構造之特殊，如法學上所謂法系之特殊，如是種種甚多，）自成體系，與其他文化差異較大本來此文化與彼文化之間，無不有差異，亦無不有類同。自來公認中國、印度、西洋並列為世界三大文化系統者，實以其差異特大而自成體系之故。

三、歷史上與中國文化若先若後之古代文化，如埃及、巴比侖、印度、波斯、希臘等，或已夭折，或已轉易，或失其獨立自主之民族生命。唯中國能以其自創之文化綿永其獨立之民族生命，至於今日巋然獨存。

四、從中國已往歷史徵之，其文化上同化他人之力最為偉大，對於外來文化，亦能包容吸收，而初不為其動搖變更。

五、由其偉大的同化力，故能吸收若干鄰邦外族，而融成後來之廣大中華民族。此謂中國文化非唯時間綿延最久，抑空間上之拓大亦不可及（由中國文化形成之一大單位社會佔世界人口之極大數字。）

六、中國文化在其綿長之壽命中，後一大段（後二千餘年）殆不復有何改變與進步，似顯示其自身內部具有高度之妥當性調和性，已臻於文化成熟之境者。

七、中國文化放射於四週之影響，既遠且大。北至西伯利亞，南迄南洋羣島，東及朝鮮日本，西達葱嶺以西，皆在其文化勢力圈內。其鄰近如安南如朝鮮，皆嘗為中國之一部者，固無論；稍遠如日本如暹羅緬甸等，亦素奉依中國文化過活。更遠如歐洲，溯其近代文明之由來，亦受有中國之甚大影響。近代文明肇始於十四五六世紀之文藝復興，文藝復興實得力於中國若干物質發明（特如造紙及印刷等術）之傳習，以爲其物質基礎；再則十七八世紀之所謂啓蒙時代理性時代者，亦實得力於中國思想（特如儒家）之啓發，以爲其精神來源。（註一）

中國文化之相形見絀，中國文化因外來文化之影響而起變化，以致根本動搖，皆只是最近一百餘年底事而已。

三　試尋求其特徵

我們於此，不禁地願問：何謂中國文化？它只是地理上某空間，歷史上某期間，那一大堆東西嗎？抑尚有其一種意義或精神可指？從上述中國文化個性之強來說，頗使人想見其植基深厚，放射發揮出來底乃如此堅卓偉大；其間從本到末，從表到裏，正必有一種意義或精神在。假若有底話，是不是可以指點出來，使大家洞然了悟其如是如是之故，而躍然有一生動地意義或精神，映於心目間？——本書「中國文化要義」就想試爲進行這一工作。

我們工作的進行：第一步，將中國文化在外面容易看出底，常常被人指說底，那些特異處，一一尋求而羅列起來。這種羅列，從最著者以次及於不甚重要者，可以列出許多許多。儘不必拘其定多少。不過，當你羅列之後。自然便看出某點與某點相關聯，可以歸併；或某點與某點竟爲一事。如此，亦就不甚多了。第二步，拈取其中某一特點爲研究入手，設法解釋它的來由。前後左右推闡印證，愈引愈深；更進而解釋及於其他特點。其他特點，假如因之而亦得解答，即再進而推及其他。總之，最後我們若能發見這許多特點，實不外打從一處而來；許多特徵貫串起來，原都本於唯一之總特徵；那就是尋到了家。中國文化便通體洞然明白，而其要領可以在握。

這不過大致計畫如此，其餘曲折，隨文自詳於後。

本書着筆於抗戰之第五年（一九四一）我們眼看着較後起底歐洲戰爭，幾多國家一個接一個先後被消滅；眞是驚心。而中國卻依然屹立於其西部土地上。論軍備國防，論經濟、政治、文化種種力量，我們何曾趕得上那些國家？然他們或則幾天而亡一個國家，或則幾星期而亡一個國家，或則幾個月而亡一個國家；獨中國支持至五年了，還未見涯涘。顯然對照出，不爲別底，只是中國國太大而他們國嫌小而已。國小，沒有退路，沒有後繼，便完了。國大，儘你敵人戰必勝攻必取，卻無奈我一再退守以後，土地依然甚廣，人口依然甚多，資源依然甚富。在我還可撑持，而在敵人卻已感戰線扯得太長，時間拖得太久，不禁望洋興歎了。平時我們的國大，自己亦不覺；此時則感觸親切，恍然有悟。

這自是祖宗的遺業，文化的成果，而後人食其福。但細想起來，食其福者亦未嘗不受其累。中國之不易亡者在此，中國之不易興或亦在此。譬如多年以來中國最大問題，就是不統一。假如中國只有廣西一省這般大，不是早就統一了嗎？局面太大了，領袖不易得人。可以爲小局面領袖者，在大局面中未必能行。卽令其人本質上能行，而機緣會合資望養成亦倍須時間，大非易事。且人多則問題多，局面大則問題大。一處有問題，全局受影響；中樞不就緒，各處難進行。尤其可注意者；在小團體中，每一份子可覺知他的責任。團體愈大，則團體中每一份子的責任感覺愈輕微；團體太大了，變至於無感覺。一箇大家庭的人，易於懶散；一箇大家庭的事，易於荒廢；就是爲此。反之，一小家人就很容易振作。若分析之，又可指出兩面：一面是感覺力遲鈍；一面是活動力減低。從前廣西有兩年戰亂遍全省，而在北京只我們和廣西有關係底人知道，大多數人則無聞無睹。當東北四省爲敵人侵佔，鄰近各省受到威脅，尙時時有所感覺；遠處南方各省便日漸淡忘，而無所覺。這都是國太大，人們感覺遲鈍之例。有時感覺到問題了，而沒有解決問題的勇氣與興趣；或者一時興奮，奔走活動而不能持久；則皆爲活動力貧乏之證。猶如力氣小底人，望着千鈞重擔不作攘臂之想；或者攘臂而起，試一試，終於廢然。須知奔走活動，不怕遇着人反對，而怕得不到什麼反應。得不到什麼反應，便不想再幹。在太大的國度內如中國者，卻每每是這樣。

國大既足爲福，又足爲禍，必不容等閒視之；其所以致此，亦必非偶然。吾人正可舉此爲中國文化一大特徵，而加以研究。往日柳詒徵先生著中國文化史，就曾舉三事爲問：

中國幅員廣袤，世罕其匹；試問前人所以開拓此摶結此者果由何道？

中國種族複雜，至可驚異。即以漢族言之，吸收同化無慮百數；至今泯然相忘，試問其容納濡通，果由何道？

中國開化甚早，其所以年禩久遠，相承勿替，訖今猶存者，又果由何道？

此三個問題便是三大特徵。再詳言之：

一、廣土衆民，（註二）爲一大特徵；

二、偌大民族之同化融合，爲一大特徵；——如蘇聯亦廣土衆民，然其同化融合，在過去似不逮我；

三、歷史長久，並世中莫與之比，爲一大特徵。

從以上三特徵看，無疑地有一偉大力量蘊寓於其中。但此偉大力量果何在，竟指不出。

如吾人所知，知識爲人類文化力量之所在；西洋人 Knowledge is power「知識即強力」之言極是。中國文化在過去之所以見優勝，無疑地亦正有知識力量在內。但中國人似非以知識見長之民族。此觀於其開化甚早，文化壽命極長，而卒不能產生科學，可以知道。科學是知識之正軌或典範；只有科學才算確實而有系統底知識。只有科學知識才得其向前發展之道。中國人始終走不上科學道路，便見其長處不在此。

又如吾人所知，經濟力量是極大底；今世爲然，古時亦然。然試問其是否在此呢？無疑地中國過去之制勝於鄰邦外族，正有其經濟因素在內。然說到經濟，首在工商業；中國始終墨守其古樸底農業社會不變，素不擅發財。如何能歸之於經濟力量？

然則是否在軍事和政治呢？當然，沒有軍事和政治的力量，中國是不會存在並且發展底。不過任人皆知，中國文化最富於和平精神；中國人且失之文弱。中國政治向主於消極無爲；中國人且亦缺乏組織力。若竟說中國文化之力量在於其軍事及政治方面，似亦未的當。

恰相反地，若就知識、經濟、軍事、政治，一一數來，不獨非其所長，且勿寧都是他的短處。必須在這以外去想。但除此四者以外，還有什麼稱得起是強大力量呢？實又尋想不出。一面明明白白有無比之偉大力量；一面又的的確確指不出其力量竟在那裏；豈非怪事！一面的的確確指不出其力量來；一面又明明白白見其力量偉大無比，真是怪哉！怪哉！

即此便當是中國文化一大特徵；——第四特徵。幾時我們解答了這個問題，大約於中國文化要義亦自洞達而無所疑。

如我們所習聞，世界上人看中國爲一不可解之謎。這是自昔已然，而因此次抗戰更又引起來底。特別在好學深思底學者間，一直沒有改變。惜中國人身處局中，自然不易感覺到此，而淺薄底年輕人則更抹殺中國文化的特殊。著者往年（一九三〇）曾爲文指出兩大古怪點，指引不肯用心的人去用心。兩大古怪點是：

一、歷久不變底社會，停滯不進底文化；

二、幾乎沒有宗教底人生。

現在即以此爲第五及第六特徵，稍說明於次。

先說關於宗教一點。中國文化內宗教之缺乏，中國人之淡於宗教，自來爲許多學者所同認，到底從十七八世紀，中國思想和其社會情狀漸傳到西洋時起，一般印象就是如此。直至最近，英國羅素 B. Russell 論中國傳統文化有三特點，（註三）還是說中國「以孔子倫理爲準則而無宗教」爲其中之一。固然亦有人說中國是多宗教底；（註四）這看似相反，其實正好相發明。因爲中國文化是統一底，今既說其宗教多而不一，不是證明它並不統一於一宗教了嗎？不是證明宗教在那裏面恰不居重要了嗎？且宗教信仰貴乎專一，同一社會而不是同一宗教，最易引起衝突；但像歐洲以及世界各處歷史上爲宗教爭端而演之無數慘劇與長期戰禍，在中國獨極少見。這裏宗教雖多而能相安，甚至相安於一家之中，於一人之身。那末，其宗教意味不是亦就太稀薄了嗎？

自西洋文化之東來，國人欲以西洋軍備代替過中國軍備，欲以西洋政治代替中國政治，欲以西洋經濟代替中國經濟，欲以西洋教育代替過中國教育……種種運動曾經起而未有已；獨少欲以西洋宗教代替中國宗教的盛大運動。此正爲中國人缺乏宗教興味，且以宗教在西洋亦已過時之故。然由此不發生比較討論，而中國無宗教之可異，乃不爲人所審說，則是一件可惜底事。關於此問題，第六章將予討論，這裏更不多及。

次言中國文化停滯不進，社會歷久鮮變一點。這涵括兩問題在內：一是後兩千年底中國，竟然不見進步之可怪；再一是從社會史上講，覺難判斷它是什麼社會之可怪。因為講社會史者都看人類社會自古訖今一步進一步，大致可分為幾階段；獨中國那兩千多年，卻難於判它為某階段。兩問題自有分別，事情卻是一件事情。茲分別舉例以明之。

例如馮友蘭氏述中國哲學史，上起周秦下至清末，只劃分為兩大階段。自孔子到淮南王為「子學時代，」歷史時間不過四百餘年，自董仲舒到康有為為「經學時代」歷史時間長及二千餘年。即中國只有上古哲學及中古哲學，而沒有近古哲學。因為近古時期所產生底哲學和中古底還是沒大分別；儘管二千多年之長，亦只可作一段算。西洋便不然。近古哲學中古哲學不唯產生時代不同，精神面目亦異。這是中國沒有底。馮氏並申論：中國直至最近，無論任何方面皆停在中古時代。中國在許多方面不及西洋，蓋中國歷史缺一近古時代，哲學方面特其一端而已。（註五）此即前一問題之提出。所謂中國歷史缺一近古時代，是說歷史時間入了近古，而中國文化各方面卻還是中古那樣子，沒有走得出來進一新階段。這種停滯不進，遠從西漢直至清末，首尾有兩千年以上。

往時嚴幾道先生所譯西洋名著中，有英人甄克斯「社會通詮」一書，算是講社會發展史底。大致說人類是由圖騰社會而宗法社會，由宗法社會而軍國社會；至於拂特（封建）則為宗法與軍國間之閏位。嚴先生根據其說來看中國，第一便感覺到長期停滯之可怪；在譯序中說：

由唐虞以訖於周，中間二千餘年，皆封建之時代，而所謂宗法亦於此時最備。其聖人宗法社會之聖人也；其制度典籍宗法社會之制度典籍也。物窮則必變，商君始皇帝李斯起，而郡縣封域，阡陌土田，燔詩書，坑儒士，其法欲國主而外無咫尺之勢。此迹其所爲，非將轉宗法之故，以爲軍國社會者歟。乃由秦以至於今，又二千餘歲矣，君此土者不一家，其中之一治一亂常自若。獨自今籀其政法，審其風俗，與其秀桀之民所言議思惟者，則猶然一宗法之民而已矣。然則此一期之天演，其延緣不去，存於此土者，蓋四千數百載而有餘也！

其次，他便感覺到難於判斷中國究在社會史上那一階段；他只能說：

夫支那固宗法之社會而漸入於軍國者，綜而聚之，宗法居其七，而軍國居其三。

此即後一問題之提出了。

後一問題之提出，實以民十七至二十二年之一期間最爲熱鬧。有名之「中國社會史論戰」即在此時；論戰文章輯印至四巨册，而其餘專著及散見者尙多。這是出於講社會史的更有力底一派——馬克斯派之所爲。蓋當國民黨軍北伐之後，革命理論發生爭執，要追問中國社會是什麼社會，方可論定中國革命應該是什麼革命。因爲照馬克斯派的講法，若是封建社會便當行資產階級革命；若是資本社會便當行無產階級革命。從乎前者，則資產階級爲革命主力；從乎後者，則資產階級爲革命對象。一出一入之間，可以變成相反底主張。又非徒作歷史學問研究，而是要應用於現前實際，關係真是太大。但中國竟究是什麼社會呢？卻議論不一，還都認不清。從遠在莫斯科指揮中國革命底第三國際，直到國內的共產黨國民黨一切革命家，聚訟不休，以此分成壁壘，演爲派別。於是「中國社會史論戰」編輯者王禮錫氏就有這樣說話：

自秦代至鴉片戰爭以前這一段歷史，是中國社會形態發展史中之一段謎底時代。這謎底一段，亦是最重要底一段。其所以重要者，是因爲這一箇時代有比較可徵信底史料，可憑藉來解答秦以前底歷史；並且這是較接近現代底一段；不明瞭這一段，便無以憑借去解釋現代社會的來蹤。這一段歷史既是把握中國歷史的樞紐，卻是這箇時代延長到二千多年；爲什麼會有二三千年不變底社會？這是一箇迷惑人底問題。多少中外研究歷史底學者，迷惘在這歷史底泥坑！（註六）

論者既不易判定其爲什麼社會，則譎詭其詞，強爲生解，如云「變質底封建社會」「半封建」「前資本主義時代」「封建制度不存在而封建勢力猶存」……種種不一而足。更有些學者（蘇聯的及中國的）如馬扎爾 Madjer 柯金 Kokin 等，則引據馬克斯曾有「亞細亞生產方法」一說，以東方社會（印度、中國等）爲特殊之例；中國在近百年前沒有受西洋資本主義影響之整箇時期皆屬於此。（註七）而所謂東方社會，則長期停滯不前，固爲其特色之一。

再則中國的家族制度在其全部文化中所處地位之重要，及其根深柢固，亦是世界聞名底。中國老話有「國之本在家」及「積家而成國」之說；在法制上明認家爲組織單位。（註八）中國所以至今被人目之爲宗法社會者，亦即在此。研究中國法制史者說：

從來中國社會組織，輕箇人而重家族，先家族而後國家。輕箇人，故歐西之自由主義遂莫能彰；後國家，故近代之國家主義遂非所夙習。……是以家族本位爲中國社會特色之一。（陳顧遠著中國法制史第六三頁）

研究中國民族性者說：

中國與西方有一根本不同點：西方認箇人與社會爲兩對立之本體，而在中國則以家族爲社會生活的重心，消納了這兩方對立底形勢。（莊澤宣著民族性與教育第五六〇頁）

凡此所說，大致都是很對底，而言之深切善巧者，又莫如盧作孚先生：

家庭生活是中國人第一重底社會生活；親戚鄰里朋友等關係是中國人第二重底社會生活。這兩重社會生活，集中了中國人的要求，範圍了中國人的活動，規定了其社會的道德條件和政治上的法律制度。（中略）人每責備中國人只知有家庭，不知有社會；實則中國人除了家庭，沒有社會。就農業言，一箇農業經營是一箇家庭。就商業言，外面是商店，裏面就是家庭。就工業言，一箇家庭裏安了幾部織機，便是工廠。就教育言，舊時教散館是在自己家庭裏，教專館是在人家家庭裏。就政治言，一箇衙門往往就是一箇家庭；一箇官吏來了，就是一箇家長來了。（中略）人從降生到老死底時候，脫離不了家庭生活，尤其脫離不了家庭的相互依賴。你可以沒有職業，然而不可以沒有家庭。你的衣食住都供給於家庭當中。你病了，家庭便是醫院，家人便是看護。你是家庭培育大底，你老了，只有家庭養你。你死了，只有家庭替你辦喪事。家庭亦許倚賴你成功，家庭卻亦幫助你成功。你須用盡力量去維持經營你的家庭。你須爲他增加財富，你須爲它提高地位。不但你的家庭這樣仰望於你，社會衆人亦是以你的家庭興敗爲獎懲。最好是你能興家；其次是你能管家；最歎息底是不幸而敗家。家庭是這樣整個包圍了你，你萬萬不能擺脫。（中略）家庭生活的依賴關係這樣強有力，有了它常常可以破壞其他社會關係，至少是中間一層障壁。（盧作孚著「中國的建設問題與人的訓練」生活書店出版）

我們即以此列爲第七特徵。

就吾人聞見所及，一般談到中國文化而目爲可怪者，其事尚多多。例如中國開化既早，遠在漢唐，文化已極高，學術甚富，而卒未產生科學，即一可怪之事。

中國人自古在物質方面的發明與發見，原是很多。在十六世紀以前底西洋，正多得力於中國這些發明之傳過去。舉其著者如（一）羅盤針（二）火藥（三）鈔票（四）活字版印刷術（五）算盤等皆是。而（六）造紙尤其重要。威爾斯在其歷史大綱第三十四章第四節 How Paper Liberared the Humen Mind 說得最明白；他以爲歐洲文藝復興，可以說是完全得力於中國造紙之傳入，適有鐵之冶煉，據說亦是中國先明底。從這類事情說去，物質科學便在中國應該可以產生出來；何以竟不然？

史記扁鵲倉公傳曾說到古時俞跗的人體解剖術。後漢書華陀傳，更清楚地說：

> 針藥所不能及者，乃令先以酒服麻沸散，既醉無所覺，因刳破腹背，割積聚若在腸胃則斷截湔洗，除去疾穢；既而縫合，敷以神膏，四五日創愈，一月之間皆平復。

這明明是實地勘驗底科學家之所為，如其還不夠科學，也是科學所從出了。何以後世醫家轉不見有這事，而全都歸入一套玄學觀念底運用。

論理和數理，都是科學的根基。這種學問的發達與進步，都和其他自然科學社會科學之進步發達相應不離。中國講論理在周秦之際百家爭鳴底時候，倒還有些；後來竟無人講起。算術雖不斷有人講，亦曾造於很高地步；但終不發達，而且後來亦鮮進步，甚至於失傳。例如南北朝時候南齊人祖沖之的圓週率，據說「為第五世紀世界最精者，其時印度歐西皆所不及，足以睥睨天下。」——見茅以昇先生中國圓周率略史一文，載在「科學」雜誌第三卷第四期。他的創見，據說「在西洋一五七三年德人 Valentin Otto 始論及之，後於我一千年有餘。」——見李儼著中國算學史。儘你如此高明，無奈空間上不能推廣發達，時間上不能繼續進步，亦就完了。類此退而不進底現象，當然是中國不能有科學成功之由來；但緣何有此現象，我們不能不怪而問之。

總上所說，中國學術不向著科學前進這一問題，我們列為第八特徵。

繼此又應指出民主、自由、平等一類觀念要求，及其形諸法制，如歐洲所有者，始終不見於中國，亦事屬可異。自由一詞，在歐洲人是那樣明白確實，是那般寶貴珍重，又且是口中筆下行常日用不離，乃在中國竟無現成詞語適與相當，可以翻譯出來。最初傳入中土，經嚴幾道先生譯成「自繇」二字，其後乃以「自由」二字沿用下來。張東蓀先生近著「理性與民主」一書，其第五章論「自由與民主」，有云：「我敢說中國自古即無西方那樣底自由觀念。……」他費許多研究證明中國只有「無入而不自得」的「自得」一詞，似略可相當；此外便沒有了。試問若非兩方社會構造迥異，何致彼此心思頭腦如此不能相應？我們不能說這恰證明中國過去是封建社會，封建文化中當然沒有近代之自由觀念。西方自由觀念更古之淵源不說，當中世紀人們向貴族領主以武力爭取或和平購買自由，即成立了不知多少之憲章及契約，固非忽然出現於近代者。

況且中國若屬封建社會，封建社會的人求自由如饑渴，則當清季西洋近代潮流傳來，便應踴躍歡喜於解放之到臨，何以中國人的反應竟大不然。嚴幾道先生曾形容那時中國人「聞西哲平等自由之說，常口呿舌撟駭然不悟其義之所終。」（註九）我在「東西文化及其哲學」中，亦說過：

權利、自由這類觀念，不但是中國人心目中從來所沒有底，並且是至今習了不得其解底。……他對於西方人之要求自由，總懷兩種態度：一種是淡漠地很，不懂要這個作什麼；一種是吃驚地很，以為這豈不亂天下！

不啻當時一般人如此，尤可注意者，即翻譯介紹自由主義之嚴先生（小穆勒 T. S. Mill 自由論 On Liberty 嚴譯羣己權界論）竟亦說「小己自由尚非急務」底話。且不唯維新派如此，即在中國革命唯一先導底孫中山先生的意見亦竟相同。他還嫌中國人自由太多，而要打破個人自由結成堅固團體。（註十）這些意見之正確與否，非這裏所及論，但至少可以證明自由之要求在歷史上始終沒有被提出過，足證中國社會之出奇。

平等與民主二詞亦非中國人所習用者；但平等精神民主精神，在中國卻不感生疏。此其證據甚多，參看梁任公先秦政治思想史等書可得其概，不煩枚舉。大約在古代，則孟子所發揮最明澈不過；如「民為貴，社稷次之，君為輕；」「君之視臣如草芥，則臣視君如寇讎；」「聞誅一夫紂矣，未聞弑君也」等是。其在近世，則黃黎洲「明夷待訪錄」所發揮，更痛快透闢。因此，孟子就曾被撤廢祀典，而「明夷待訪錄」則被清季革命黨人大量翻印傳播，以掀起革命思潮。雖然如此，卻要曉得其所發揮僅至民有 Of the people 與民享 For the people 之意思而止；而民治 By the people 之制度或辦法，則始終不見有人提到過。更確切地說：中國人亦曾為實現民有民享而求些辦法設些制度，但其辦法制度，卻總沒想到人民可以自己作主支配這方面來，如舉行投票表決，或代議制等。一時沒想到，猶可說；何以始終總想不到此？這便是最奇怪之處。若並民有民享意思而無之，根本相遠，猶可說；很早很早就已接近，卻又始終逗不攏。假如不是兩方社會構造迥殊，何致彼此心思頭腦又如此不能相應呢？有人說：中國社會中國政治未嘗反民主或不民主，祇不過是民主之另一方式；西洋底叫作「德謨克拉西」，這便可叫作「德謨克拉東」——此為十餘年前林礪儒先生對我講底話。雖云笑談，亦可見中國社會之特殊，有識者大致都覺察到。

我們即以民主、自由、平等一類要求不見提出，及其法制之不見形成，為中國文化第九特徵。然而合第八第九兩特徵而觀之，科學與民主之不出現，正又不外前述第五特徵所謂中國只有中古史而無近代史，文化停滯那一問題。所以這些特徵分別來說亦可，歸併起亦可。如此可分可合之例，是很多底，以後仍要敍到。

當一九四四年美國華萊士副總統來中國游成都時，發表有「中國民主的前途」一文，譯載於六月二十六日成都各報。文中指稱中國原是西方民主政治的主要鼓勵者，而且是間接底創造者。最初領導革命並建立立憲政府底美國人，其思想與行動的基礎為西方政治思想家所奠定；而西方政治思想卻是受到中國有力地啓發。惜普通人不留心這段西洋史，當時對於他的話不免感到茫然。這是指歐洲十七八世紀的事情而說。那時歐洲人正是傾倒於中國文化底。讀者取朱謙之著「中國思想對於歐洲文化之影響」一書，檢看「啓蒙運動與中國文化」「中國哲學與法國革命」「中國哲學與德國革命」各章，可得其略。

現在我們且試看彼時歐洲人眼中所見中國文化之特點是什麽。彼時歐洲人所醉心於中國者，固不止一方面；而中國的社會與政治，發生之刺激作用最大。在此社會與政治方面最引他們注意者，約為下列幾點：

一、政治之根本法則與倫理道德相結合，二者一致而不分，而倫理學與政治學終之爲同一底學問，——這是世界所知之唯一國家。

二、此政治與倫理的共同基礎在於中國人所稱之「天理天則」，理性於是對於君主的權力，發現了不可思議的效果。

三、他們看中國所謂天理天則，恰便是他們所說底「自然法」；因而相信中國之文物制度亦與自然同其悠久而不變。

融國家於社會人倫之中，納政治於禮俗教化之中，而以道德統括文化，或至少是在全部文化中道德氣氛特重，確爲中國的事實。「倫理學與政治學終之爲同一底學問」，於儒家觀念一語道着。孟德斯鳩著「法意」論及中國文物制度而使譯者嚴先生不能不「低首下心服其偉識」者在此。梁任公先生著先秦政治思想史，所爲提出「德治主義」「禮治主義」等名詞者在此。其文甚繁，不去徵引。我們再只要舉徵一件事。——

法學家談世界法系，或列舉十六系九系八系，或至少三系四系，而通常則曰世界五大法系。不論是多是少，總之中國法系卻必佔一位置。這不止爲中國法系勢力所被之廣大，更爲中國法系嶄然獨立自具特彩。其特殊之點，據說是：

一、建國之基礎以道德禮教倫常，而不以法律；故法律僅立於補助地位。……

二、立法之根據以道德禮教倫常而不以權利。各國法律在保障人權，民法則以物權債權爲先而以親屬承次之。此法律建築於權利之上也。我國則反是（以義務不以權利）……

三、法律既立於輔助道德禮教倫常之地位，故其法常簡，當歷久不變（從漢代以迄清末不變）……

（註十一）

說至此，我們儘可確言道德氣氛特重爲中國文化之一大特徵。——我們列它爲第十特徵。然而我們若回想前列第六特徵——中國缺乏宗教——則將恍然第十第六兩點，實爲一事。不過一爲其正面，一爲其負面耳。即宗教缺乏爲負面，道德特重爲正面。又大可以歸併起來。不過在進行研究上，分別亦有分別的好處。

第九特徵第十特徵，其內容皆涉及政治。因而使我們聯想到中國人的國家。從前中國人是以天下觀念代替國家觀念底。他念念只祝望（天下太平，）從來不會想什麼「國家富強」。這與歐洲人全然兩副頭腦。雖不無古人偉大理想作用於其間，但它卻是反映着二千年事實來底。此事實之造成，或由於地理上容易形成大一統之局，又歷史上除短時期外缺乏國際間底競爭，以及其他等等，此時尚難深究其故。總之，事實上中國非一般國家類型中之一國家，而是超國家類型底。自來歐美日本學者，頗有人見到此點，而在國內亦會有人指出過。

德國奧本海末爾 Feranz Oppenheimer 的名著「國家論，」是從社會學來講國家之發生和發展以至其將來底。他認為其將來趨勢，要成為一種「自由市民團體；」那時，將無國家而只有社會。但中國從他看來，卻早就近於他所謂自由市民團體了。（註十二）

友人陳嘉異先生在民十九年寫給我底信，曾有下面一段話：

羅素 B. Russell 初至中國在上海演說時，即有冷雋之語曰「中國實為一文化體而非國家。」不佞驟睹此驚人之句，即默而識之，以為羅素眼光何深銳至此！其後，汎覽歐西學者論吾國文化之書，始知此語已有先羅素而道之者。（見村治月刊一卷一期）

其後大約在民二十三年美國社會學家派克 Robert E. Park 在燕京大學講學一年，臨末出一集刊，亦見有類似底話。大意亦言中國不是一國家，而實為一大文化社會，如同歐西之為一大文化社會者然。

日本宿學長谷川如是閑，則說過一句妙語：

近代底英國人以國家為「必要之惡」Necesecry evil；中國人自二千年之古昔卻早把國家當作「不必要之惡」了。（東西學者之中國革命論第一五二頁新生命書局版）

清華大學史學教授雷海宗先生於其著作中則說：

二千年來底中國，只能說是一個龐大底社會，一個具有鬆散政治形態底大文化區，與戰國七雄或近代西洋列國，絕然不同。

他以為大家族制誠然是中國社會一牢固底安定力，使得它經過無數大小變亂仍不解體；然而卻是與國家根本不並立底。中國自春秋以後，宗法衰落，乃見國家雛形；戰國七雄始為具體一完備底國家；到漢代家族復盛，又不成一箇國家了。（註十三）

近則又有羅夢冊先生著「中國論」一書，強調中國為「天下國。」他說中國一面有其天下性，一面又有其國家性，所以是「天下國。」一民族自治其族者，為族國（民族國家）；一民族統治他民族者，為帝國；一民族領袖他族以求共治者，為天下國。天下國超族國而反帝國，是國家之進步底形式，亦或許是最進步底形式（他似以蘇聯屬於此式）。凡以為中國「還不是一箇國家」者，大錯誤；它乃是走得太遠了，超過去了。（註十四）

關於此問題，我們後面要討論，這裏不再多敘。以上各家說法自必各有其所見，而其認定中國為一特殊之事，不屬普通國家類型，卻相同。我們卽以此列為中國文化第十一特徵。

上面提到底雷海宗先生，有「中國文化與中國的兵」一書出版。他根據歷史，指出中國自東漢以降為無兵底文化。其所謂無兵底，是說只有流氓當兵，兵匪不分，軍民互相仇視，或因無兵可用而利用異族外兵，那種變態局面。有兵底正常局面，大致分兩種：一種是兵與民分，兵為社會上級專業，此卽古之封建社會；一種是兵民合一，全國皆兵，近代國家類多如此。中國歷史上這兩種局面都曾有過，但後世卻沒有了；中國之積弱在此。雖然頗有人否認其說，但我們感覺亦值得注意研究。我們列它爲第十二特徵。

往年歷史學教授錢穆先生曾有一論文，稱中國文化爲「孝的文化。」（註十五）近則哲學教授謝幼偉先生又有「孝與中國文化」一書出版。他強調說：

中國文化在某一意義上可謂爲「孝的文化。」孝在中國文化上作用至大，地位至高；談中國文化而忽視孝，即非於中國文化眞有所知。（謝著：孝與中國文化青年軍出版社出版）

他於是從道德、宗教、政治各方面分別加以論證，以成其說。此不徵引。此書與前面雷氏一書皆是些散篇論文之彙印本；可惜非系統地著作，殊不足以發揮這兩大論題。然其問題之提出，總是有意思底。我們列它爲中國文化第十三特徵。

又有蔣星煜先生著「中國隱士與中國文化」一書出版。他指出「隱士」這一名詞和它所代表底一類人物，是中國社會的特產；而中國隱士的風格和意境，亦決非歐美人所能了解。雖在人數上他佔極少數，然而中國的隱士與中國的文化卻有相當關係。這些話不無是處。惜原書皆未能認眞地予以論證發揮。我們今取它爲第十四特徵，而研究之。

如上之例，再去尋取一些特徵，還可以有；但我們姑止於此了。

四　參考佐證底資料

在我們研究進程中，我們將以民族品性的優點及劣點，為參攷佐證底資料。優點劣點有時不可分；我們亦非注意其優劣不過通常被人指說時，總為其特優或殊劣而後引起來說它正確地說就是特殊之點。民族品性上這些特殊之點，大多是由民族文化陶鑄而成。所以最好用它來為論究文化之佐助，由因果印證而事理益彰。現在國內留心研究民族品性底，有兩位先生：一位是從優生學上來用心底潘光旦先生，著有「民族特性與民族衛生」「人文史觀」等書。一位是從教育學上來用心底莊澤宣先生，著有「民族性與教育」一巨册。兩位都曾把外國人對中國人之種種看法（從體質到心理，）加以蒐集，供給我們不少資料。尤以莊著蒐討極勤，除羅列西洋人日本人中國人許多人士種種著作議論外，並就中國戲劇、小說、神話、謎語、諺語、格言、聯語、歌謠等分析取徵。有此一書，不啻得到許多書。又當日寇侵佔華北欲繼續征服中國時，曾作「支那人心理之研究」印行些小册，供給其來華士兵及僑民之用。其中敍述亦係根據其多年經驗體會之所得，於敵人深心之中，我們大足以自鏡。此外坊間見有內山完造、原惣兵衛、渡邊秀方等各家著作之譯本（註十六）。雖其意見已為莊著及敵寇小册所摘取，然原書仍值一閱。

今綜合各方之所見，得其比較公認底特點約如下。

（一）自私自利　此指身家念重、不講公德、一盤散沙、不能合作、缺乏組織能力，對國家及公共團體缺乏責任感，徇私廢公及貪私等。

（二）勤儉　此指習性勤儉、勤苦耐勞、孜孜不倦、好節省以至於吝嗇、極有實利主義實用主義之精神等。

（三）愛講禮貌　此一面指繁文縟節、虛情客套、重形式、愛面子以至於欺僞；一面亦指寧犧牲實利而要面子，爲爭一口氣而傾家蕩產等。

（四）和平文弱　此指溫順和平、恥於用暴、重文輕武、文雅而不免纖弱、特喜調和妥協中庸及均衡、不爲已甚、適可而止等。

（五）知足自得　此指知足安命，有自得之趣、貧而樂、貧而無怨、安分守己、盡人事聽天命、恬淡而愛好自然風景、不矜尚權力、少以人力勝天之想等。

（六）守舊　此指好古薄今、因襲苟安、極少進取冒險精神、安土重遷，一動不如一靜等。

（七）馬虎（模糊）　此指馬虎儱侗、不求精確、不重視時間、不講數字、敷衍因循、不徹底、不大分彼此、沒有一定規律等。

（八）堅忍及殘忍　殘忍指對人或對物缺乏同情；此最爲西洋人所指斥譴責者。堅忍則謂自己能忍耐至甚高之程度、克己、自勉、忍辱、吃虧等皆屬於此。對外對內兩面實亦相連之事。

（九）韌性及彈性　韌性止於牢韌，彈性則並有彈力。此不獨於其箇人生命見之，全民族全歷史恰亦證明如此。此不獨其心理精神方面為然，於其體質及生理現象亦證明如此。因有「溫吞湯」「牛皮糖」等稱喚。

（十）圓熟老到　此蓋為中國民族品性之總括底特徵，故列以為殿。其涵義有：悠悠然不慌不忙、穩健老成、持重、心眼多、有分寸、近情近理、不偏不欹、不露圭角而具有最大之適應性及潛力。

上來十點，約得其要。這既是中國文化所結之果，在我們論究中國文化要義時，應當把它本原都予抉通，要於其本末因果之間沒有不洽不貫之處才行。

再則，我們的研究大體以社會人生為主，於外照顧未能週遍。例如中國語言文字之特殊，世界所重視，其為中國文化一大成分自無疑義。但著者自愧外行，卻不敢加以論列。此外如文學、如邏輯、如哲學、如音樂、如繪畫、雕刻、陶瓷、宮室建築、園林布置，如醫藥、如體育拳術、如農業工業、以至種種方面，中國亦莫不自有其特殊之點。所有這些不同方面之許多不一類底特點，必與此所論究之社會人生的特點，皆有其骨子裏相通之處。論起來，這些都是我們參考佐證底資料。假若都拿來互資印證，互相發明，必更可大有所悟，必於中國文化要義更見之的真。惜乎難得這樣博學而無所不通底通人，大約是要集聚眾力作集體研究來完成了。

總而言之，我相信全部中國文化是一箇整底（至少其各部門各方面相聯貫）它為中國人所享用，亦出於中國人之所創造，復轉而陶鑄了中國人。它有許多許多特徵，被世人指目而數説。這些特徵究所從來，一一皆是難題，然而我企圖解答這些難題——所有難題，我都想要解答。不但此，我並想尋得其總根源，以一個根本理由解答之。這本書即一初步之嘗試。

（註一）參看朱謙之著：中國思想對於歐洲文化之影響，商務印書館出版。

（註二）中國疆土為四百三十萬英方里或一千一百一十萬方公里，大於歐洲全土。戰前日本帝國面積，約為我百分之六；只我東北四省幾已倍之。中國人口，據中央研究院社會科學研究所二十二年估計，為四萬三千萬人，居全世界人口五分之一。

（註三）羅素在其所著中國之問題一書中論中國傳統文化特點有三：（一）文字以符號構成，不用字母拼音；（二）以孔子倫理為準則而無宗教；（三）治國者為由考試而起之士人，非世襲之貴族。

（註四）參看王治心編：中國宗教思想史大綱，中華書局出版。

（註五）見馮友蘭著：中國哲學史第四九五頁，商務版。

（註六）見王禮錫作：中國社會形態發展史之謎的時代一文，中國社會史論戰第三輯，上海神州國光社出版。

（註七）參看岑紀譯柯金著：中國古代社會，黎明書局出版。
（註八）見陳顧遠著：中國法制史第七四頁，商務出版。
（註九）嚴譯孟德斯鳩著法意第十九卷第十七章，商務版。
（註十）見孫中山先生講三民主義之民權主義中。
（註十一）見楊鴻烈著：中國法律思想史第一章導言中，商務版。
（註十二）參看陶希聖譯奧本海末爾著：國家論第九二頁及二〇八頁，新生命書局出版。
（註十三）見雷海宗著：中國文化與中國兵之中國的家族一篇，商務出版。
（註十四）見羅夢册著：中國論，商務版。
（註十五）三十年十一月重慶大公報星期論文。
（註十六）內山完造著：一個日本人的中國觀，尤炳圻有譯本。渡邊秀方著：中國國民性論，高明譯本，北新書局出版。原惣兵衛著：中國民族性之解剖，吳藻溪有譯本。

第二章　從中國人的家說起

一　馮友蘭氏的解釋

我們於前章所列舉中國文化十四特徵中，可以任從一點入手，來進行研究。現在就以中國人的家在其社會組織中實際生活中之特見重要，（第七特徵）這一點上起始走。

家庭在中國人生活裏關係特見重要，盡人皆知；與西洋人對照，尤覺顯然。現在就是要追問其所以然之故。馮友蘭先生近著「新世論」一書，有「說家國」「談兒女」等篇，似在解答此問題。他大致是本於唯物史觀，以一方在產業革命前，一方在產業革命後，彼此生產方法不同來解釋底。他先闡明：凡未經過產業革命底地方，無論這地方是東是西，生產方法在某一階段內，都是以家爲本位；是即謂之生產家庭化。在經過產業革命底地方，主要是用機器生產，即打破了以家爲本位底生產方法，而是以社會本位行其生產；是即謂之生產社會化。於是他就說：

在生產家庭化底社會裏，人之依靠社會是間接底。其所直接依靠以生存者，是其家。但在生產社會化底社會裏，社會化底生產方法打破了家的範圍。人之所直接依靠以生存者，並不是家，而是社會。他隨着又強調這是兩套不同底文化：

在某種底生產方法之下，社會必須有某種組織，人必須有某種行爲。對於人此種行爲之規定，即是道德。（中略）生產方法不是人所能隨意採用者，因爲用某種生產方法，必須用某種生產工具。如某種生產工具尙未發明，則即不能用某種生產方法，人亦不知有某種生產方法。所以生產方法隨着生產工具而定，社會組織隨着生產方法而定，道德隨着社會組織而定。生產方法不是人所能隨意採用者，所以社會組織及道德亦不是人所能隨意採用者。

有以家爲本位底生產方法，即有以家爲本位底生產制度。有以家爲本位底生產制度，即有以家爲本位底社會制度。在以家爲本位底社會制度中，所有一切底社會組織均以家爲中心。所有一切人與人底關係，都須套在家底關係中。在舊日所謂五倫中，君臣、父子、夫婦、兄弟、朋友，關於家底倫已佔其三。其餘二倫，雖不是關於家者，而其內容亦以關於家底倫類推之。如擬君於父，擬朋友於兄弟。

（上略）我們可以說，所謂產業革命者，即以以社會爲本位底生產方法替代以家爲本位底生產方法，以以社會爲本位底生產制度替代以家爲本位底生產制度。（中略）因此，在經過產業革命底社會裏，一個人不能在他家內謀生，他必須離了他的家去謀生。因此他的行動，即不能以家爲本位，亦不必以家爲本位。

民初人對於這一點完全不了解，以爲人可以隨所意欲，願行什麽社會制度即行什麽社會制度。對於中國人之以家爲一切的出發點集中點，他們特加攻擊，認爲此是中國人的大短處大壞處。他們不知道，凡是在生產家庭化底社會中之人，都是如此。這亦不是什麽短處壞處；這是生產家庭化底社會所需要；這是生產家庭化底社會的制度。民初人不知將一套制度作一整個看，而只支支節節，看見不合乎他們的成見者，即指爲不合。（下略）

當然地，在他看這兩套文化，恰是一古一今，並非什麽中西不同；中國今天正處在如何轉入現代化之一過渡時代中。此即在前章所曾徵引過底盧作孚先生書中，其見解亦復差不多。不過他沒有用「生產家庭化」「生產社會化」這種名詞。他只解釋說：

因爲農業民族的經濟單位，非常簡單；簡單到一個經濟單位，只需要一個家庭。所以農業民族的社會生活，就是家庭生活。縱然有時超越了家庭範圍，然而亦是家庭關係擴大底。

其所謂農業，是指留日未曾工業化底農業，未曾現代化底農業而言。所以意思上都是差不多底。

二　反證馮說未盡是

馮盧兩位的見解，自有一部分是處，且亦代表了時下一般人的見解。我們應予檢討看——

中國人特重家庭倫理，蔚成家族制度，雖相沿自古，但各時各地亦有變化不同。例如戰國時代就有相當變動，特別是商鞅變法底秦國。據史書所載：

> 商君遺禮義，棄仁恩，并心於進取，行之二歲，秦俗日敗。故秦人有子，家富子壯則出分，家貧子壯則出贅。父借耰鉏，慮有德色；母取箕帚，立而誶語。抱哺其子，與公併踞；婦姑不相悅，則反脣而相稽。其慈子嗜利，不同禽獸者亡幾耳。然并心而赴時，猶曰蹶六國，兼天下，功成求得矣。（見前漢書賈誼傳）

> 民有二男以上不分異者，倍其賦。（見史記商君列傳）

> 令民父子兄弟同室內息者為禁。（同上）

當時商君的意思是站在國家立場，實行軍國主義，獎勵耕戰，用以對外。所以必要打破家族，而使個人直接國家。關於這一點，證據甚多。例如他實行一種戶籍法：（註一）

> 四境之內，丈夫女子皆有名於上，生者著，死者削。（見商君書境內篇）

> 舉民衆口數，生者著，死者削。（見去彊篇）

> 以商之口數使商，令之廝輿徒重者必當名。（見墾令篇）

還有其他類乎後世保甲法者，類乎後世兵役法者，種種組織民衆底辦法，此不具引。看所謂商君作法自斃底「舍人無驗者坐之」一句，似乎還有國民身份證之一物。其農戰篇中固說「凡治國者患民之散而不可摶也，是以聖人作壹摶之也；」又說明要「摶」才可以「強」。總之，無非是國家要直接掌握其人民，其勢便不容家庭家族在中間橫梗，牽掣而弛散其組織關係。明眼人當可看出在歐洲亦正是這種情形；或說，這種情形正是歐洲的情形。生產工具生產方法之進步，絕不是使家庭家族解體底唯一因素。當時秦國的生產工具生產方法有無改進，現已無從詳攷，誰亦說不清。在我想馮先生怕亦不會固執地說，當時必然有改進底話罷！經濟誠然可說是一切上層建築（道德法制等）底基礎；但必謂一切上層建築都是被決定底，則亦不然。即如秦國當時，怕正是倒過來由上層建築（新法）而促進其經濟起大變化罷。

再舉第二箇例。歐洲的瑞士，於「一九〇七年新頒民法，頗重家庭制度。（註二）在其第三三一條以下，特設家權一節，其最重要為家產共有，且於親權之外並立家長權。」但我們却不曉得瑞士到這二十世紀來了，是不是還未曾經過產業革命呢？

還有第三箇例是蘇聯。由於我平素愛留心之故，使我覺察近年蘇聯在婦女問題上婚姻問題上家庭問題上是有變化了。在我手冊所記下底，有左列各材料為證——

（一）一九三九年二月廿四日大陸報載「莫斯科的轉變」一文，（據西風節譯）是新到過蘇京底人所作報道，其第四條有云：家庭生活的重要性亦恢復了。十年前口號是「國家是最好底兒童保護人，」而今則莫斯科公立學校校長却公然對人說：「兒童的教導者實在是家長而非學校。」

二）一九四三年二月廿二日桂林大公報載一長篇關於蘇聯底報道，有這樣底話：給人以深刻印象底，是清教徒式婚姻看法的恢復。離婚雖仍屬可能，却並不容易了。工人農人中離婚者，更屬絕無僅有。家庭又成了根深蒂固底組織，被認爲民族生命的基石。

（三）一九四四年三月五日紐約前鋒論壇報載蘇聯中央委員與羅加米希可娃訪問記一篇，經張君勱夫人王釋因女士譯出，刊在重慶民憲第一卷第二期上，並附誌了一段話：「記得一九三二年我從德國回來，懷着思親念子心情，經過莫斯科，看到最新典型底俄國婦女，又看到一切家庭社會化底機關，如托兒所、如公共食堂等，給我精神上一種新刺激，使我起了莫名地悵惘。我覺得如果人類理想，單是社會主義與個人主義兩個極端底發展，那末蘇聯社會制度之完全實現，即是人類生活之極端集體化與機械化，由於家庭制度之廢除，將使人類天性之愛，夫婦親子之情，皆不復存在；而人羣生活之冷酷將不可以想象」。（下畧）但事實沒有如王女士所顧慮那樣演下去，蘇聯終於轉變了。那篇蘇聯女中央委員訪問記，主要敘述蘇聯把女子教育和男子教育從小學到大學澈底分開。這是戰前所決定者，雖德人侵蘇，在戰爭中還要實行。米希可娃說：「女人畢竟是一個女人。我們以前忽畧了對女子所應有的特別教育，即她們如何成爲賢妻良母所需要底教育。」

試問蘇聯這種轉變——初時家庭幾於可廢，入後家庭制度又被看重而鞏固起來——獨秀先生之說，將又是隨着其生產工具生產方法有什麼更不同底變動而來呢？不待言而知其不然了。

從上三個事例（秦、瑞士、蘇聯）來看，馮說之未盡是既甚明白。家庭在中國人生活裏之所以特重，亦就非「生產家庭化」單這一點所能解釋了。除此之外，馮盧兩位還有一種錯誤。如盧說：農業底經濟單位，非常簡單簡單到一個單位只需要一個家庭。如馮說：生產家庭化底社會裏，家是一個經濟單位。它固亦不能離開別底經濟單位（家）而存在，而可以彼此有種種關係，但不能融為一體。他們兩位恰是以中國這樣一家一家底小農小工小商，誤會為中古經濟之一般底方式。不知道事實恰相反，像中國這樣情形實為世界他方所希有。關於此層，看後面幾章便明白。

三　文化之形成及其個性

中國一直是一個沒有經過產業革命底農業社會：中國傳統底風教禮俗，無疑地自要與它相適應。尤其有見於二千年文化頗少變革，更不難推想其間（經濟基礎與其上層建築之間）相互適應已達於高度，上下左右扣合緊密。但我們沒有理由可以遽行論斷一切中國風教禮俗，就為這種經濟所決定而形成。相反地，說不定中國生產工具生產方法二千餘年之久而不得前進於產業革命，却正為受了其風教禮俗的影響。——此層隨後可以談到。

經濟爲人生基本之事，誰亦莫能外，則在全部文化中其影響勢力之大，自不難想見。隨着社會經濟的變遷，而家庭制度不得不變，固亦人所共見之事實。但仍不能說它在文化中片面具有決定力。霍布浩士 L. T. Hobhouse 著「簡單民族中的物質文化與社會制度」一書，曾想設法求出社會制度和物質文化間的相關係數來，結果是相關係數並不大。民族學上底材料，顯出文化的各部間可以有各種不同配合，其例不勝枚舉。（註三）黃文山先生在其文化學 Culturology 建設論中，（註四）引有吳景超先生的三句話：

一、同樣底生產方式，在不同時間與空間內，與不同底制度及思想並存；

二、文化中別底部分有變動，而在其先找不到生產方式有何變動；

三、在不同底生產方式之下，却找到相同底制度及思想。

黃先生又引人類學權威鮑亞士 Franz Boas 的話，指出「經濟條件無疑地比地理條件與文化間之關係較密切，因爲經濟即構成文化之一部分；然它不是唯一決定者，它一方決定，一方被決定。」就在馬克斯、恩格斯，雖創爲唯物史觀，其持論亦並不如流俗所傳那樣。根據恩格斯給佈洛赫的信，（一八九〇年九月）即明白指斥如以經濟爲唯一決定因素卽屬荒唐，而肯定經濟雖爲根基，但其上層建築如政治宗教等一切，亦同樣地在歷史過程中，有着他們的作用；而且亦影響於經濟，有着一種交互作用——假如是這樣底話，那麼，我此間意見亦無甚不同。

經濟不止無片面決定力，而且其勢力將隨着歷史發展而漸減。我們可引杜根、巴蘭拏夫斯基 Tugan Baranousk 的話於下：

社會進化之初，社會一切生活與經濟全然結合。（下略）社會進化漸高，社會行動便漸漸獨立發達，放射線漸漸遠離中心而行。要之，社會生活所造成之社會行動，很像一把梯子，其最下級全由直接生活底生產而成。升到高級，則經濟底勞動對於各種社會行動之整體，其任務即漸漸減弱。因爲滿足高等慾望之行動，不大靠着經濟底勞動。所以高等社會行動即有脫離經濟而獨立底意義，而不能認爲受經濟支配底產物，或是經濟單純底反射。歷史之進步，其意義正是人類的精神化之進步；是人類生活重心點，由維持下等生活之慾望，而移於高等精神之慾望。

費孝通譯 W. F. Ogburn 著「社會變遷」一書上說：文化中有幾部分相互間有密切關聯，亦有幾部分較爲獨立些。「非物質文化」中比較密切適應於物質文化之一部分，可抽出來稱之爲「適應文化」Adaptive Culture. 當物質文化變遷時，它應即隨之而變。但其變遷亦不一定能同時，有底時候落後甚久。且此種落後正可說是一現代問題——這又是從另一面來說了。然而其告訴不要作機械底看法則無不同。

米勒利爾 F. Muller Lyer 社會進化史上說「文化的原動力，顯然在人的自身。」這因爲文化中之一切，罔非出於人的發明與創造。而發明呢，經他臚陳許多事例之後，他結束說：

我們無論從那方面考察發明的歷史，都可以知道發明顯然不是因爲必要才有底。必要。可。以。強。迫。人。勤。勞，但要。閒。暇。才。可。以。引。起。人。的。發。明。發明不是像訂貨物一樣，可以預定底。（註五）他又說「人的發明天才，不過就是其游戲本能。」我早在東西文化及其哲學上亦曾說過「文化這東西，點點俱是天才的創作，偶然底奇想，只有前後左右底緣，而沒有因。」但我們初不否認必要與人之發明創造大有關係。必要會吸引人的注意力，讓這地方可有較多發明創造的機會；它又可以使那些似不相干底發明創造引用到這地方來而發揚之，不致被湮沒掉。這都是許多發明創造往往隨着必要而來底原故。

却是我們不要以爲文化就是應於人們生活所必要而來底；——這是第一。必要亦不是客觀底；——這是第二。更不可把必要局限在經濟這範圍；——這是第三。一切機械觀所犯錯誤大抵不出此三點。明白這負面底三句話，而後再理會其正面原有底關係，自不落於機械觀，方爲善巧。

文化之形成，既非一元底，非機械底，因此所以各處文化便各有其個性。日本關榮吉著「文化社會學」一書，其全書的主張和立場，就是要以國民性、階級性、時代性，去理解各個類型文化，而後於人類文化乃可得其正確底理解。我此處所云個性，蓋相當於他所說之國民性。在他書內曾就近代文化中之德謨克拉西，而指證英國人德國人法國人蘇聯人之間如何如何不相同。（註六）此卽他所謂國民性，我所謂個性之表見。請看今天戰後世界，那一國家不厭倦戰爭，誰個民族不相信民生而卒之難得和合深感齟齬，豈不爲彼此文化間差異爲之梗。而此文化差異，並不是文化程度問題，却是在文化個性上。鬮氏又指出此文化國民性之形成，其原於自然環境者固有之，但不足十分重視。譬如四面受海的包圍，是英國和日本之所同，但當英國早已在海上稱霸，而日本則一直到十九世紀中葉還未開海禁。

任何一處文化都自具個性；惟個性之強度則不等耳。中國文化的個性特強，前於第一章已經陳說。中國人的家之特見重要，正是中國文化特強底個性之一種表現，而非第爲生產家庭化之結果，自亦非生產家庭化底社會之通例，如馮先生所謂「共相」者。日本稻葉君山曾有如下底話：

保護中國民族底唯一障壁，是其家族制度。這制度支持力之堅固，恐怕萬里長城也比不上。一般學者都說古代羅馬的家族制度精神之覆滅，是基督教侵入羅馬之結果。但中國自唐代有奈思特留斯派（景教）傳入以來，中經明清兩代之傳教以訖於今，所受基督教影響不爲不久，其家族制度却依然不變，且反轉而有使基督教徒家族化之傾向。佛教在中國有更長久之歷史；但謂佛教已降服於此家族制度之下，亦不爲過。此真世界一大奇蹟！我們說中國和歐美社會之間橫劃着一鴻溝，全不外這些事實。（註七）

再從太虛法師的文章裏，（註八）又可證實了上面關於佛教一部分底話：

佛教的僧伽制度，本爲平等個人和合清衆底集團，但到中國亦成中層家族底大寺院及下層家族底小菴堂；只有家族的派傳，無復和合底清衆。此可見家族化之普及與深入。

還有史學家雷海宗教授亦說過：

佛教本是反家族底或非家族底，但傳入中國後，就很快地中國化。（中略）超脫七世父母底盂蘭盆會，在一般人意識中，是佛教的最大典禮。至於與家族無關底佛學與義，並非一般信仰所在。把一種反家族底外來宗教，亦變成維持家族底一種助力。（見智慧週刊第四期「時代的悲哀」一文）

據我們所知佛教基督教都是家族制度的敵人，本是不相容底，（詳見後文）乃竟如此。此可見中國家族制度之強固爲何如。因此，黃文山先生在其「從文化學立場所見底中國文化及其改造」一文中，就鄭重地說：

我深信中國的家族倫理實在是使我們停留在農業生產，不能迅速地進入資本主義生產之唯一關鍵。（見黃著文化學論文集第一八二頁）

照黃先生的話，則中國所以沒有產業革命不能生產社會化者，正在此。那就是說：中國家族制度實在決定了中國社會經濟的命運，乃至中國整個文化的命運！這話是否足爲定論，今且不談。總之，中國人的家是極其特殊底，從我的引證這許多話裏可以看出了。馮先生把它看成平常事，看成是產業革命前各處的通例，那一面是昧於本國文化，一面並且弄錯了外國歷史。

四　階梯觀與流派觀

嚴幾道先生譯甄克斯社會通詮而信其說，便欲在所謂圖騰社會、宗法社會、軍國社會三階段中，爲中國尋一位置。尋求不到適當位置，則對中國社會史不勝其怪訝，而終不自疑其所信是否可靠。近年則自馬克斯派社會史觀念之流行，人們又必欲把中國在封建社會資本社會二者間安插下去。安插不下，亦要安插，只嫌中國太古怪，而不疑學理之有他。這都是對於人類社會進化誤於「獨系演進論」，誤於一種「階梯觀」。現在馮著「新事論」一套說法恰亦是輕信了這簡單思想。

獨系演進論 Unilinear development 是說文化演進各處都循着一條路線，其表現之不同等，便是代表此一條路線的各階段。各階段是固定底，而在時間上則有些民族進得快，有些進得慢，但他們總會逐段前進，不會越級突過。階段之劃分，則學者間各有其說法。或則就整箇文化劃分階段；或則就文化之某部門而劃分之。大體說這在今日看來已是四十年前乃至五十年前底舊觀念。從近二三十年民族學和人類學之探究，他們的假說幾乎已全被否認。不但整箇文化難以劃分爲階段，便是文化之某部門亦不能斷其有一定底階段。例如母系氏族未必先於父系氏族；亂婚亦不是最初社會現象；羣婚亦不是以前底普遍制度；家族亦不是氏族以後底產物。宗教的演進階段，不論是拉卜克的六階段，斯賓塞的鬼魂崇拜，涂爾幹溫德的圖騰階級說，亦都不成立。藝術方面則幾何體與寫實體並沒有先後次序。經濟方面，狩獵、畜牧、農業三種生產方法，石、銅、鐵、三種器具，其次序亦都不是沒有例外。（註九）

這樣底社會演進觀念，實由十九世紀人類文明之突飛猛進，及達爾文進化論之影響，使得一些學者興奮忘其所以，急於要尋出普遍定律，以解釋人類是怎樣由低級粗陋底原始生活進步到燦爛底十九世紀文明頂點。一半猜謎，一半穿鑿武斷，急就成章；其方法實在是演繹底主觀底，而非歸納底客觀底，於科學不合。稍後出的學者，發覺其不對，乃一反其所為，只求了解某一小單位的異和，注意各別特殊情形，謹慎從事，不敢隨立普泛原則理論。此即所謂批評派或歷史派。Critical or Historical School（本書大體上亦取這種說學論學底態度，將我所見到者說出來為止。）

有幾種迷誤見解，這裏必須予以點醒。——

一種是把一切人類不分種族不分地域，都看成相同底。如所謂「祇要是一個人體，它的發展無論紅黃黑白，大抵相同。由人所組成底社會，亦正是一樣。中國人有一句口頭禪，說我們國情不同。此種民族偏見，差不多各個民族都有。中國人不是神、不是猴子、中國人所組成底社會不應該有什麼不同。」（註十）這完全是閉着眼睛說底話，不看事實；事實證明恰不然。

一種是對各處社會文化的不同，不容否認時，則持大同小異之說，以為不足重視。要知道問題就在小異上。在有機組織，其間一點不同，便全盤兩樣；在動底趨勢上，則所謂「毫釐千里」，是也。就如生物界中，植物動物亦只是大同小異而已；從生理解剖來看，貓狗和人更是大同小異。但這樣混同起來，那麼，什麼學問亦不必講了。

一種是恆進步論，以爲歷史總是前進底，一天一天都在前進中，動輒說「歷史車輪」如何如何，這直是笑話。（註十一）除是把全人類歷史作一整體看，另當別論外；各時各地底歷史何嘗如此。進固有，退亦常有，盤旋而不進不退者亦有；那種種情態，簡直難說底很。事例太多，隨在可見，不煩枚舉。如前第一章講到中國古代頗有科學萌芽，後來轉退化不見，即其一例。照我的論證，中國後二千年歷史即陷於盤旋不進之中。設想任何民族，任何時期，都在日進無已，沒有這事。

一種是循序漸進觀，曾未意識到有躐等越級，或突變，或尙有他途，難料度之事。此其自己虛構無據，如前已明。要知生命創進，不受任何限制；雖然可能有其勢較順之順序，卻並無一定不易之規律。

照我們的見解，又是如何呢？

人類社會之進化，不外乎是沿着生物進化來底；二者同爲宇宙大生命之表現，前者實爲後者之繼續。在根本原理上，蓋不少相同或相通之處。在生物界中，並非有進無退；人類社會亦然。在生物界中，雖不妨有高下之第，卻無必進之階。譬如動物中有高等動物；高等動物中有靈長類；而人類又居其頂點。其間高下自是不等；但所有各類系各種別之在進化程中，則好似樹上枝幹分出橫生，並非是一條線上的各階段。進化論上是說人猿同祖；顧兩枝來從一幹歧出。說猿猴更進即爲人類，那是沒知識人的話。猿猴已自走向另一路去，何能再進化到人。縱觀世界人類各族，此一文化，彼一文化，於形形色色不同之中，又淺深高下不等，正亦猶是不可誤以流派爲階梯。

然而文化界與生物界，亦有大不相同處。物種衍至今日，已屬先天遺傳之事，創新之機泯沒難見。即以人工育種；改良之度，至爲有限。而人類文化雖根於本能，却大體出於吾人後天之製作。時時可有創新，時時可以更改。尤其是其彼此間之交換傳習莫之能禦。因此生物界中種與種是隔底；文化界中一國一國却是通底。牛無變馬之可能，而東方的日本數十年間竟可西洋化。在過去之世，不甚交通，一處一處各有機遇不同，其歷史或進、或退、或盤旋而不進不退，不可一概而論。較其大體，不進者蓋居多數。自近百年世界大交通以來，彼此刺激，互相引發，各處文化愈來愈相接近，可能最後通爲一體。其間除高下懸絕瀕於消滅者不計外，大體上又皆有不容不進之勢。

所以我們若把全人類歷史作一整體看，略去各地各時那些小情節不談，則前進之大勢自不可掩。那麼演進論經修正後還是可以講底。據說人類學界，近年又有「新演進論」出來。（註十二）他們沒有了不可免底定律，而却有某種發展的原則或趨勢，可以指出。他們所講者，取概略形式，而容許特殊底變態。他們又發見一殊途同歸之理。舊說以爲類同底事物皆打從同樣歷程而來；現在知道這樣事甚少，而世界上類同底事物，由不同之歷程而來者，頗有之。其實，以我看人類文化前途，正應該把舊演進論之同途同歸觀念修改爲殊途同歸就對了。

如我判斷人類文化史之全部歷程，恐怕是這樣底：最早一段，受自然（指身體生理心理與身外環境間）限制極大，在各處不期而有些類近，乃至有某些類同。隨後就個性漸顯，各走各路。其間又從接觸融合與銳進領導而現出幾條幹路。到世界大交通，而漸漸會貫通之勢，成今後將漸漸有所謂世界文化出現。在世界文化內各處自仍有其情調風格之不同；復次，此世界文化不是一成不變底，它倒可能次第演出幾個階段來。

五　申述所見結束上文

上面大意早曾見於我的舊著所謂階梯觀與流派觀，在十七年前出版之「中國民族自救運動之最後覺悟」一書中，就處處說過，而其見解之所本，又在廿七年前出版之「東西文化及其哲學」一書中。二三十年來，我對於中國文化底見解自有不少修正與許多補充，但只是補充修正而已，沒有根本改變過。

以下有四點意見皆曾見於舊著，而現在為結束上文，需要在此處提醒一下：

第一、中國非是遲慢落後。——流俗有見於中國不及西洋之處頗多（例如西洋已經過產業革命，而中國還沒有，）便以為西洋進步快，擢足先登，中國進步慢，遂致落伍。其實錯了。要知走路慢者慢慢走，終有一天可以到達那地點；若走向別一路去，則那地點永不能到達。中國正是後一例。所以我曾說：假使西方文化不同我們接觸，中國是完全閉關與外間不通風底，就是再走三百年，五百年，一千年，亦斷不會有這些輪船、火車、飛行艇、科學方法和德謨克拉西產生出來。（註十三）中國不是尚未進於科學，而是已不能進於科學；中國不是尚未進於資本主義，而是已不能進於資本主義；中國不是尚未進於德謨克拉西，而是已不能進於德謨克拉西。（註十四）

第二、中國已是陷於槃旋不進了——中國走上了與西洋不同底路，而它在此路上又走不出去，遂陷於槃旋不進。中國歷史上只有一治一亂之循環，而不見有革命，即此槃旋不進之表露。我曾說它是「不痛不癢無可指名底大病」，假使沒有外力進門，環境不變，它會要長此終古。我又指出它是「上下交相牽掣，自陷於絕境」。其所以致此之故，舊著兩書已有所說明，（註十五）本書將更詳究。

第三、中國較之西洋，是因其過而後不及底——例如科學和德謨克拉西，在中國皆曾有萌芽，有苗路，而且萌芽甚早。後來之不見，是萎縮荒廢底。當其萎廢時，不是無原無故忽然萎廢；乃是它向別途發展去之結果。因此所以中國文化有些不及西洋處，亦有些高過西洋處。正因它有所超過，而後乃有所不及底。舊著均曾論及，本書更闡明此義。

第四、中國文化是人類文化的早熟。——這是我二三十年來沒有改變之根本觀念。舊著已發其端，本書正闡完成其說。

（註一）據陳啓天著商鞅評傳中說：世界歷史上首先實行戶籍法底國家，要推中國；中國首先創行戶籍法底人卻是商君。此話未知其可信否，故未以入吾文。陳著係商務出版。

（註二）瑞士之看重家庭制度，自必有其積極理由，我們還不清楚。在消極一面，亦許為瑞士是一永久中立國，不需行軍國主義，時刻準備對外，有如商鞅在秦之所為罷。

（註三）此據黃孝通譯 W. F. Ogburn 著社會變遷，商務出版。

（註四）見黃著文化學論文集，中國文化學學會在廣州印行版。

（註五）米勒利爾社會進化史第四卷第二章，陶孟和譯本商務出版。

（註六）見陶葉吉著文化社會學，張資平譯本第一一六頁，上海樂華書店出版。

（註七）稻葉原作似刊於日文雜誌，東方雜誌載之題為「中國社會文化之特質」。此據雙流劉鑑泉先生所著外書第二冊轉引。

（註八）此據黃文山先生文化學論文集第一八〇頁轉引

（註九）林惠祥著文化人類學第四二頁，商務出版。

（註十）語見郭沫若著中國古代社會研究自序；呂振羽中國古代史亦採其說。

（註十一）潘光旦著人文史觀有論姓氏婚姻家庭存廢問題一篇，曾譏笑說古時人相信有運命鬼，十八世紀後半以後底歐洲人美洲人和今天底中國人却相信了一個進步鬼，可參看。

（註十二）林惠祥著文化人類學第五八頁，商務出版。

（註十三）東西文化及其哲學小字本第六五頁，商務版。

（註十四）中國民族自救運動之最後覺悟第九七頁，中華書局版。

（註十五）東西文化及其哲學第二〇三頁，民族自救第九七頁。

第三章　集團生活的西方人

一　中西社會對照來看

現在我們繼續研究「中國人的家」這一個問題，莫妙於把中西社會對照來看。一時一地之社會構造實即其時其地全部文化之骨幹；此外都不過是皮肉附麗於骨幹底。若在社會構造上，彼此兩方差不多，則其文化必定大致相近；反之，若社會構造彼此不同，則其他便也不能不兩樣了。此並非說，其他都是被決定底，不過指出這裏是文化要領所在。我們選擇「中國人的家」這一問題為研究入手處，正為此。然而昔人說得好，「不識廬山真面目，只緣身在此山中，」中國人關在中國社會構造裏面，反而弄不清頭腦。且先看看人家，再看看自己，那便立即恍然了。

我們張眼向外面世界一看，就看到英美與蘇聯對立底問題。他們彼此立國之道，亦就是他們的社會構造，正好不同：一方是個人本位底社會；一方是社會本位的社會。其問題，即在各偏一端，彼此相非難。而稍一尋究，便知道是西方人的老問題了。西洋自中世紀到近代，自近代到最近，始終就在團體與個人這兩端，此高彼儘一轉一再之間，徘徊擺不已。這是他們生活上亦是思想上鬧來鬧去最大問題之一（甚至可說唯一大問題）所謂「個人主義」「自由主義」「社會主義」「極權主義」「全體主義」……如是種種熱鬧非常，聚訟不休。但在我們歷史上卻一直未曾落到這問題上。假若你以「個人主義」這句話向舊日中國人去說，可能說了半天，他還是瞠目結舌無從。因為他生活經驗上原無此問題，在意識上自難以構想。雖經過幾十年西洋近代潮流之輸入，在今天百分九十九底中國人，亦還把它當作自私自利之代名詞，而不知其理。中西社會構造之懸殊，此其明證。

頃所謂此高彼低翻覆不已者，必須不嫌詞費，在這裏敘明它。這最好就從德謨克拉西說起。——德謨克拉西雖遠自希臘已微見於政體，但畢竟爲近代乃有之特色。西洋社會人生，從中世到近代，爲一大轉變。其間經過所謂「宗教改革」「文藝復興」「人文主義」「啓蒙運動」「人權宣言」……外觀上形形色色，骨子裏一貫下來，原都相通。德謨克拉西風氣，即醞成於此。既經種種運動，許多奮鬥，以至革命流血，而後乃得奠定其原則，實現其制度。這當然不是往世之所有，亦不是他方所能有了。

要知道近代這一轉變，實在是對於其中世社會人生之反動。所謂從「宗教改革」以至「人權宣言」一貫相通底祇是「我」之覺醒（註一）直接間接要皆爲個人主義自由主義之抬頭。個人主義，自由主義，是近代文化之主潮；從思想到實際生活，從生活的這一面到生活的那一面，始而蓬勃，繼而瀰漫，終則改造了一切。它不是別底。它是過強底集團生活下激起來的反抗，見出一種離心傾向，而要求其解放者。所以果能從這一點向上追尋，向下觀望，則前後變化無不在目，而社會演進上中西之殊途，對照著亦可看出了。

德謨克拉西風氣實爲人類社會生活一大進步之見徵。所謂民主制度正不外一種進步底團體生活。進步底，乃對於不進步而說。其特徵在：團體中各個份子從不自覺漸有了自覺，從被動漸轉入主動，團體於是乃不能不尊重其個人自由，並以團體公事付之公決。蓋社會契約說 Doctrine of Social Contract 不合於人類歷史實情，學者之論證已明。人類之集團生活，不出於自覺地結合；其間多數人之處於被動，從古已然。必待經濟進步，文化增高，而後漸漸改變。此改變在任何一較高文化社會要莫能外。然以西洋中古社會，其集團性太強，對於個人壓制干涉過甚，從而其反動之來亦特著。離心傾向於社會生活，雖非佳兆；然在此，則適以救其偏而得一均衡。均衡是最好底事。團體生活經其份子自覺主動地參加，尤見生動有力。一二百年間，西洋社會所以呈現高度之活潑進步，如飛，造成晚近之燦爛文明，要得力於此。

事同一理，日本以東方小小農國，在短短四五十年間，所以突飛猛進，大大提高文化水準，儕伍西洋，稱霸東亞者，正亦得力於明治維新，接受此近代潮流，以自由權公民權付與國民，社會生活丕變之故。

但此所謂近代潮流者，到今天早已退落，成爲過去之事了。其轉捩就在頭一次歐洲大戰中；從那次大戰後到現在，完全爲另一潮流之代興。這就是與個人本位相反底社會本位思想，與崇尚自由相反底講究統制，

不惜干涉人們的一切

這一新潮流，却打從兩面而來：一面是布爾塞維克發動於俄國；一面是法西斯出現於意大利，又加之以納粹在德國。雖重個人，尙自由最早且久如英美，趣味夙深如法國，時勢所趨，幾亦莫能有外。事事步趨西洋如日本，常常處於被動如中國者，更不論矣。第二次世界大戰後，德意日本雖敗，潮流未改。蓋這不止是一時風氣；其方針所指，實將開出人類社會之新局。（社會本位底社會）

爲什麽轉變到如此相反，實爲百餘年前底人所夢想不到。（註二）尋其轉變之由，蓋當個人解放之初，經濟上深得個人營利自由競爭好處者，後來社會上却大受其弊。特別是盲目生產，經濟上陷於無政府狀態，演爲週期恐慌不能自休；在內則階級鬥爭，在外則民族鬥爭，整個世界苦痛不安，人類文明有自毀之虞。方利弊互見之時，早已有反對理論，乃至反對底運動。然而它未發揮到盡頭處，事實上不會轉變。卒以第一次大戰結束前後，時機到來，由伏流遂演爲高潮。雖因各處背景條件不同，表現之姿態各異，然其傾向一致，固自明白。要而言之，集團又壓倒了個人，保護干涉替代了放任自由，最近潮流正爲近代潮流之反動。

三十年來（一九一七——一九四七）此相反之兩面，各自經過許多宛轉變化，而到今天，一面是依然不衰不弱——這就是英美；一面是嶄新然益強益固——這就是蘇聯。其各自經過之宛轉變化，誠然說之不盡；然而亦可一言而盡。那就是各自守定宗旨不放，而於團體與個人之兩端，却儘可抑之揚之，時張時弛。宛轉云者，殆不外乎較小之翻覆。

最近三十年來其各自之宛轉變化，不過更加證明他們的問題在此，不詳論亦可。現在要問的是：他們西方人究竟怎樣走進這問題中，而我們中國人何以會留在這問題外？

二 中西文化的分水嶺

以我所見，宗教問題實為中西文化的分水嶺。中國古代社會與希臘羅馬古代社會彼此原都不相遠底。但西洋繼此而有之文化發展，則以偉大宗教若基督教者作中心；中國卻以非宗教的周孔教化作中心。後此兩方社會構造演化不同，悉決於此。周孔教化「極高明而道中庸」，於宗法社會的生活無所驟變，（所改不驟）而潤澤以禮文，提高其精神。中國遂漸以進於倫理本位，而家族家庭生活乃延續於後。西洋則由基督教轉向大團體生活，而家庭以輕，家族以裂，此其大較也。

試依歷史一步一步加以指證，則西方人是怎樣走進這問題中，便不難明白。以下先從希臘羅馬古代社會。

希臘羅馬古代社會，不但與近代歐洲社會不同，抑且與他們中古社會亦兩樣，卻轉而與我們中國多分相似。此看法人古朗士 Fustel De Coulanges 著「希臘羅馬古代社會研究」一可知。古氏原作極精審，為此項研究中之名著，今有李玄伯先生譯本，在商務出版。譯者頗爲用心，於其所述許多情節有合於中國古禮古俗者，均引經據典爲之註明。雖李君註文未必皆是；然固有助於讀者了解西洋古代社會正與吾土多相肖似。

書中所述，一言總括就是：崇拜祖先，以家族體系組成的社會，所謂宗法社會者是。其社會所由組成，一恃乎宗教。他們亦有法律，亦有政治，亦有戰爭，亦有社交燕樂；但一切一切原本宗教，而爲宗教之事。那時人對於神敬畏甚至；但家各有神，不能相通。不但不能相通，且各守私閟，隱相排斥嫉忌。所以嚴譯甄克斯著「社會通詮」論到宗法社會的宗教，亦是說：（一）可私而不可公，（二）本乎人而不出於天，（三）宜幽不宜顯，是其三大特徵。積若干家而「居里」；積若干「居里」而爲部落；積若干部落而爲邦。社會組織之擴大，與宗教觀念信仰對象之開展，必相因相待。社會組織最大止於邦；信仰亦至於邦神而止。然而每個小範圍（家、居里、部落）仍各自保有其祭祀、儀節、集會與首領。此即所謂之多神教。

後來羅馬以希臘、意大利千數邦中之一，而竟可征服其餘，似爲意想不到之事。這自是人類社會單位向前擴大之勢不可遏；而羅馬恰亦具有其特殊條件，並且遵循了巧妙途徑。蓋人類生活經過好多世紀，不能不變；意識方面開展進步，情操亦即不能株守於家神邦神底信仰崇拜。勢不免要打破了邦，而前進於更大組織局面。而此時羅馬人恰好不是單純一族一宗教者，而是雜揉底。乃至「羅馬」之名，亦難確定其屬於何種語言。有謂爲特拉文者，有謂爲希臘文者，有謂爲拉丁文者，更有人信其爲愛特利文。古時人依宗教爲結合；兩城邦若有共同信仰，即算親戚。羅馬的宗教備爲維繫底，因而多與其他城邦有關係。羅馬即注意保存這些親戚關係的證據。例如它保存「愛納」的觀念，它就爲義大利、西西里、希臘、特羅斯、小亞細亞、各處三十餘城的親戚。——以上所說，即其特殊條件。它的政策最巧妙處，是不強迫那些被征服者信奉它的神，卻將被征服者的神移來增加到羅馬。羅馬於是有較他邦皆多底神，彷彿宗教的總匯。它就利用宗教的吸引力，助成其統治。

羅馬以不違於當時人心理習慣底巧妙政策，配合它對於各邦之實力征服，着着進展，而羅馬帝國之偉大局面遂以造成。然亦正由當時家神邦神底宗教精神失墜，僅存習慣，邦底組織渙失其維繫之故，現在這偉大局面造成了，它自己卻還沒有與這偉大局面相應底偉大宗教。祇以爲宗教之衰而羅馬興；羅馬盛時，舊宗教乃益衰。而由於宗教荒虛，人們精神無主，羅馬亦不能不衰矣。這裏古朗士有幾句話，是值得介紹底：

古人（初民）閤彼此那般不同那般不羈與善變，社會的聯繫與統一是不易建立底。……自然必須有件事物，較實力爲大，較利益爲實，較哲學學說爲具體準確，較契約更爲固定；它即在人人心中而對人人有威權。——這便是宗教信仰。信仰是我們頭腦的產物，而我們不能隨意改變它。它是我們的作品，而我們不自覺。它是「人的」，而我們以爲「神」。它是我們力量之結果，但莫有比它對我們更有力量底了。……人固然可以使自然降服於人，但人永是他自己思想的奴隸。

羅馬當時於此緊要處，既無善法，社會之腐化墮落遂不可免。直到基督教從東方傳來，填補這一空缺，西洋古代文明乃得一意外底資命湯卒且孕育出其近代文明。——這是後話。

三　基督教與集團生活

如史書所云「斯巴達人自青年處於露天之下夜宿營幕之中，飲食相共，人無獨居之時，亦罕家庭生活。」（註三）這自是集團生活一極端之例，與其尚武善戰相聯，並非那時社會生活之通例。然而我們要知道希臘羅馬古代社會卻一般地通是集團生活。它雖以家作核心，而以（一）附屬人數衆多，（二）附屬分別，（三）家長威權，（四）產業共有，種種情形，其生活不能不說是集團底。生活是集團底，但以其精神低淺，意識狹隘，不可能爲大集團。大集團不再以一家一姓作核心，必待基督教回教等宗教出來，而後得以構成。嚴譯社會通詮有云「種人排外之不深，異族之能卽於和，而大邦有締造之望者，宗教之力也」；正謂此。自宗法制度既破，凡說到集團就是超家族底；只有超家族底組織，乃足以當集團之稱。

以下我們試看基督教怎樣闢出超家族底集團組織來。基督教精神全然與舊底宗教相反，可約之爲三大點：

第一神絕對唯一。此與從前有多少家多少邦，卽有多少神者，完全不同了。神不在世界內，而超於其上。以至宇宙之宗教之崇拜與形式，至此全改變。畏懼神者（其神喜怒降禍）變爲愛神；對神亦不須供飲，食犧牲祈禱遍於村究。

第二，兼愛同仁，以上帝為父，人人皆如兄弟之相親。此與從前分別族內族外，自私於內而排斥於外者完全不同了。教義公開宣傳，熱心教世，一反各守秘密者之所為。

第三，超脫世俗。此與舊宗教之迷迷營營於現世生活者，完全不同了。蓋以分靈肉為二事，每人只肉體生活這一半是屬於現前社會底；而靈魂自由，可逕接於上帝。既然宗教所求不在現世，愈少參加世上事物愈好。所以耶穌說「與凱撒以凱撒所應有，與上帝以上帝所應有」。古代之宗教政治混一者，至此乃分開，而國家政府得以獨立。又宗教垂誡於人的義務，却不管人間一切權利之事。權利之事，由法律去規定。基督教是第一箇以法律隸屬於自己的宗教（羅馬法典之能盛大得力於此。）

前輩之古朗士著書結尾曾說「信仰初生，人類社會始行組織；信仰變化，社會乃屢經改革；信仰消滅，社會亦行崩潰變形。」正可增補一句說：一新信仰代興，一新社會組織隨之以起。宗法制度之破滅，超家族底組織之隨出，皆以這種新精神為之先。

然而，我們不可誤會大集團生活就從宗教家的意識要求，造出來。造成西方人之集團生活底是事實，不是理想。不過這些事實却特別與基督教有關。那就是從基督教所引起之血底鬥爭。

基督教之起，實對當時社會具有極大革命性。第一，它推翻各家各邦的家神邦神，反對一切偶像崇拜，不惜與任何異教為敵。所謂「基督教不以建立其自身之祭壇為滿足，必進而毀滅異教之祭壇。」第二，它打破家族小群和階級制度，人人如兄弟一般來合組超家族底團體，即教會。教會這一組織，是耶穌所曾堅決囑咐於他門徒底。早期教徒們亦都相信，為保持他們的信仰純潔及專一，這一結合乃非常必要。據說其最初組織頗彷基督預來天國實現，教徒衣食相共，不分界限；並有產業歸公之制度。似此一面其內部結合既極其堅實，一面其對外行動又極其激烈，團體精神自爾達於高度。排他既強，被排亦烈，到處不能為人所容；而遭受殘殺之結果，則是使他們自身團結更形堅強。

而且基督教雖想要政教分開而事實不許，很快又混合一處（紀元三二五年定基督教為羅馬帝國之國教。）基督教雖不想以強力殘殺異教，然事實終於到這一步。蓋當那時，文化不能不以宗教作中心；以其特具統攝的作用，任何組織生活離不了它。如其設想那時宗教離開政治而自存，似有可能；如其設想那時政治離開宗教，倒想像不出其可能。中古封建底統治既資藉於宗教；而宗教自身又復政治化。——如教皇包攬政務，或自己兼秉政權，主教教士預聞諸侯政務等皆是。並且教會中的大主教、主教、修道院住持等，亦都成了封建階級的一部份。此其結果，就有兩點：

一點是使得團體生活內部之統制過強。蓋宗教信仰不過攝取人心，國家權力則更拘限人身。二者相合，以行其統制，人誠無所逃。這種統制過強底集團生活，為後來小我反動之本，異常重要。

一點是使得集團間鬥爭頻繁激烈。蓋權力所在，最易啓爭端；宗教不挾有權力，其爭端猶或不多宗教界別，最易形成集團對抗；權力之爭，不資藉於宗教組織，其鬥爭或不必為集團底。今二者相合，遂使當時之宗教問題、政治問題、種族問題、私人恩怨、種種攪混不清；相尋無已。其間大小慘劇，長短戰爭，綿歷千有餘年，難解難休。這千餘年頻繁激烈底鬥爭，即是鍛鍊成西方人集團生活之本，異常重要。

上面所稱「宗教問題」初時是基督教與異教之爭；後來基督教擴展了，對外鬥爭漸少，而內部宗派之爭又起至新教發生而益烈。又上面所稱「權力之爭，不資藉於宗教組織，其鬥爭或不必為集團底」；此如中國歷史上改朝換代，爭王爭帝者是。其爭只在二三領袖之間，其餘多數人均不過從屬工具，並無深切界別，形成集團對抗。所以像韓信事楚，又可以歸漢。項伯楚人，竟保護了沛公。諸葛兄弟，可以分在吳蜀魏三方去。這種鬥爭，是不十分激烈底。

凡團體必須有內外界別；若沒有一定界別，便難成團體。反之，界別愈嚴，則團結愈固；此其一。又團體必須有其對抗者，或競爭者而後其生活振奮組織緊張。反之，若缺乏此類對象，則必日就懈散，甚至團體消失。此其二。又團體境遇不順，遭受折磨，其份子向心力轉強。反之，若境遇順好，則其份子或不內向，甚至且發生離心傾向而內爭起來。此其三。審此三者，則知鍛鍊集團生活之最佳機會莫過於基督教在歐洲所引起之血底鬥爭了。人當鬥爭時便思集合團體；而有了團體後，亦更易引起鬥爭。團體與鬥爭，殆相聯不離。孟特斯鳩法意上說

「爭之與讓，乃同時並見之二物」正謂此。反之，散漫與和平相聯。散漫愈和平；愈和平，愈散漫。西洋自有基督教以後，總是過着集團而鬥爭底生活——雖然基督教是主張和平底。中國自受周孔教化以後，大體過着散漫而和平底生活——雖然孔子亦說「必有武備」底話。中國一面且另談。西洋這一面不爲別底只爲基督教一因素加入到西洋文化來，於促使其社會走上此路之條件甚相符合之故。

自然西洋人之集團生活並不能全歸功於基督教。除了先自希臘羅馬流傳下來者不計外，後進底蠻族生活亦是一個因素。他們原是集體行動底（游牧侵掠皆集體行動與農業平靜分散者異）又以蠻族文化淺演勁強，感受基督教之後就很執着；所有許多血鬥慘劇，多因於此。（此指 Religious intolerance）

四　歐洲中古社會

集團生活在生死危難中固可得好底鍛鍊；但在日用常行之間養成它，同屬必要。前者可得其牢韌底向心力和紀律習慣；至若組織能力法治精神和一般公德，則多有賴於後者。於此我們宜一述歐洲中古社會生活。

歐洲中古社會，在其政治經濟各方面到處所見亦罔非東一個集團西一個集團，爲其人日常生活之所依。如封建制度中那些大小單位，如各處的基爾特 Guild 如各自主城市等皆是。

據歷史來看，此封建社會並非從其上世演進之結果，而寧爲其倒退。在政治上，它是由於大帝國之失勢解體，給予雄豪者在各地方上起來的機會，而使一切孱弱者不得不各有所依附，以求存。這樣，就形成了許多封建集團。雖說自上而下有若干層級，以大統小，以小事大，等差甚嚴。却不是條理井然底一個體系，而寧爲錯綜峙立底幾團勢力。在經濟上，它是由於回教徒突然出現於歷史舞台，征服了地中海東西南三面，使過去爲各地文明及商業交通的大動脈，以新月旗與十字架之敵對，而驟告斷絕。古代經濟遭蠻族殘侵而猶存者乃於是而消滅。八世紀以來，商業衰歇，商人消逝，都市生活亦同歸沒落。繼羅馬金幣而起之新幣制，即是與古代經濟或云地中海經濟斷絕關係底證據。同時多瑙河、易北河、萊勒河可能底交通，恰都生阻，亦不能有常規底貿易。整個西歐，自八世紀之末反撥到自然經濟底農業社會。社會生存，完全建築在土地佔有上。國家的軍事制度行政制度，因之而弛散分解，最高主權便無法保障。其政治上封建制度之形成，蓋又基於此經濟事實。（註四）於此時，那些封建制度下經濟自給自足底大小單位，恰又不期而然構成集團底生活。

所以這一個退踐頓挫，正給歐洲人以培養集團生活之良好機會。其後，商業復興，都市再起，則於既經養成底集團生活，又啓其進步之機。——這是後話，而亦就是前面我們所說「進步底團體生活」之出來。首尾過程，宛然在目。

當時封建制度下底農業社會，千餘年間前後自有許多變化，各地方尤難盡同。然一般說，就是大地產和莊園制度。茲參考各書略述如次。

據說，大地產平均約包含三百個農場（田舍）或一萬英畝，以至更多。他們都是教會或修道院或貴族之所有。如此廣大田地，不易接連一起，有時分散很遠。雖分散，但具有一種強有力底組織。在昔商業能運銷其生產品，都市提供其日用品時，它以生產兼消費之雙重資格參加一般經濟活動。此時商業中斷，每一大地產構成如人們所稱呼「閉關底大地產經濟」。耕作所需器具，家人所需衣物，都要設立作坊自行生產。

全部地產常區分為若干部份，每部份或不止一村莊，而在一莊園 Manor 管轄之下。莊園不僅是一種經濟組織，而且是一集體社會。它支配其居民之全部生活，自成一小世界，而以其地主為首領。居民不僅是地主的佃農，更且是他的臣民。從農業上說，却算一種「合夥組織」 Share Holding Arrangement 大部份農人連貴族在內，都像是股東。他們之間雖階級不同，卻同是基督徒，所以能以人與人的關係相處，相互有其權利與義務。不論是自由民或農奴，每人對公中事務有發言權。此外參加者，有不少各式各樣工匠，以及牧羊飼豬養蜂等人。他們亦各有其身份，義務和應享權利。

農民大別為自由民和農奴兩種。自由民居極少數；這是保有他依附臣服之初所訂契約底，他自有其土地，有權可得脫離團體。他還可以赴訴於國王之法庭。其大多數則是農奴。這是只憑慣例底佃戶， Customary tenant 隨附於地面，不得自由離去。全莊土地除地主保有者外，其餘則共同享有。在共同享有地上，各佃戶又恆有其世襲使用之部份，以自養其家小，以納貢於地主。諸如草原、牧場、森林、沼澤等更是共同不分彼此底。在耕作刈穫上不唯地主之地要佃戶合力爲之，卽佃戶各自使用部份亦是大家通力合作底。磨房、釀房、榨葡萄汁器具乃至烹飪底竈火常爲公共利用之設備。

在地主貴族之下，代表他管理全般行政事務且兼理法庭者，有管家 Bailiff 代表農奴並分派他們工作者，有督工；Provost 還有其他吏員等多人。莊園亦卽爲一司法單位，其裁判權之大小，視其侵蝕王權而不同。它按照一般習慣及其莊園自來形成之慣例並取得地主同意以判決案件，處理內部一切問題。

莊園爲社會基層亦是宗教生活一單位，而教會組織之基層這裏有教堂，有教區牧師。牧師通常是地主和全體居民的朋友，爲他們傳道並指教一切。他以命名禮（洗禮）、堅信禮、婚禮、葬禮種種儀式，及星期禱告、節日宴集或禁食等習慣，範成他們一生中並一年中底社會生活。教堂前面底草地，常是他們的遊戲場；鄉村的舞蹈大會亦常在那裏舉行。就是那教堂的鐘聲，亦給他們全體精神上一種維繫。

因爲全般生活環繞着地主和教堂爲中心，有這般底集團性；所以其一切建築自堡壘、邸第、禮拜堂、廳房、住房、農奴的茅舍、各種作坊、機房、倉庫以至馬棚、牛欄等，自都有其內外前後底配合布置，如記載或圖畫之所示。（註五）

以上不厭瑣細地說這許多，意在指證西方人在中古農業生活裏，實是集團底。像盧作孚先生所說「農業民族的經濟單位，非常簡單，只需要一個家庭；一像馮友蘭先生所說「在未經產業革命地方，無論東方西方都是生產家庭化，一個家庭是一個經濟單位」—由此皆證明其全然不對，他們皆以其所見於中國者來臆測一般中古社會；還以其臆想底中古文化來解釋中國的事情。而不知像中國一家人一家人各自過活，恰是中古世界所稀有。根本上在他們所謂「公開耕地制度」下，The Open Field system 農人們幾乎一舉手一投足都必是協同底，都不免受約束底，更何有一家為一經濟單位底事。甄克斯社會通詮上說「古之田法，以族姓鄉社為幺匿者也；今之田法，以一民小已為幺匿者也。」英語幺匿 Unit 便是單位的意思。必至近代社會乃「散鄉社之局，成地主之制；」—「人得自由，而土地為屬產業。」

其次再看他們中古的工商業。在上述鄉村各種作坊之外，十一世紀下半期有集中底工商業起來，嶄發達於各都市間。這些工商業者亦都過着集團生活，直至十七八世紀乃先後解體，而為近代自由制度所潛代。這在英語名為「基爾特」Guild 中譯「同業公會」或「行會。」它一面為自願底組織，一面含有合法底權力。它一面照顧到消費者之公眾利益，一面基於生產者自身的要求。其詳情各處不一，此可不述。所不可不知者，就是他們團結之固，干涉之強，進而形成一種力量，伸入地方政治，操持地方政治，絕非中國商人工人所能夢見。大約某地某業之基爾特，即為當地此行業之壟斷性團體，不輕易給人參加底機會。收學徒亦有嚴格規定，高其年限，並限制每一師傅收極少人數，既以排他而保護其同業利益，就不得不杜絕內部之有自由行動自相競爭之事而嚴密其監視，加強其干涉。更爲其不致以獨占而妨礙消費者公衆利益，引起不平；所以同業力求貨眞價實，公平交易而不許偸工減料與過分利得。如此則必需監視與干涉之事更多，所以就逐漸發展出來極煩瑣極拘泥底無數規條，成功其一套極周到之管理技術。而爲執行其管理，其團體自身便儼然成一小政府了。它有選舉之領袖職員有行政之組織及各種會議，有自治之規約，有其財政及金庫，有裁決爭議之法庭。再則，論其組織自是基於經濟意義而來；但當時任何組織却總離不了宗教。所以其團體除有經濟底機能外，復有其種種之社會底機能。各業各各有其守護神，及節日聚餐，游行賽會共同娛樂，種種社交；對於貧病死喪，互相顧恤。他們各有其旗幟，甚至還穿着特殊服裝。（註六）

這裏更有些好底左證：

他梓人丙爲丁築室而不堅，傾而圮焉。不獨丙償之也，丙之同行當共償之。使買人庚有逋於辛，辛之索者不獨於庚也，庚之同社皆可以索。古俗民之相聯繫以爲責任有如此者。所最怪者，則古商賈行社所有之執抵權利，於行中業。假如有倫敦商負白明罕商債，不以時還，設於時，倫有他商在白明罕者，則執其貨以抵前負；以其同行社故。（見嚴譯社會通詮國家刑法權分第十一。）

這好比說，如其你我兩家同在天津一個同業公會；我在上海欠他家的債，而你的貨物到上海，却會被他扣來作抵，視你我如一家。那麼，當時一個同業公會組織之密且強，事實豈不甚明！

試問讀與馮友蘭先生書中所舉一家子石印館一家子鐵匠舖之例有無相似處。

五　近代社會之萌芽

在彼時一同興起者，就是城市自治體，通稱「自由都市」。基爾特是一些職業組織；城市自治體是地方組織。亦可說，基爾特是一些經濟組織；自主城市是籠罩於其上底政治組織。

古代希臘羅馬文化，皆以城市爲中心；近代文明更是著名底「都市文明」；只有中古不是。但中古後半期，即十一世紀末期十二世紀初期，工商業和城市逐漸復興，便由此以渡進到近代了。工商業及城市之復興，在色彩上亦在事實上，爲一種對中古封建文化之反攻；以至將其顛覆爲止。這種反攻勢力之本身便是「自由空氣」。如史家所說，工商業人多是從封土中逃出者，或解放者；城市之興起都是對封建諸侯之和平底或武力底反抗。他們（工商業人）都是「自由人」，爲一嶄新階級，其意味直與一箇人進身爲僧侶，或進身爲騎士，相近似；即所謂「布爾喬亞」者是。但他們必須結成有力團體，始能自存，始能反攻而達成其歷史任務。這團體便是上面說底兩種組織；兩種組織互有助長作用，而同爲他們所憑藉。在團體作用上說，基爾特對內干涉較強，自主城市對外之抵抗較強。二者同爲集團生活之好例；後者更爲進步底團體生活之導源。

城市復興之初，各地莫不趨向自主（大抵皆先備城防，特設司法）；但其後來成就則等差不齊。極盛時期。有些大城市儼同一箇獨立國家，有主權，有海陸軍隊，對內施行統制，對外宣戰媾和。他們不獨講求其市政，並且講求外交。據說今日國際間一些外交方式和技術，還是沿自那時底。臨末入於近代以來，各民族國家一箇一箇成立，許多城市先後併合在內，而保有一種地方自治。如日耳曼境內漢堡等三大都市，直遲至十九世紀初乃併入德國。假若除去初興及臨末不論，中間至少約四百年，爲這些數不清底城邦與封建諸侯相爭，又彼此間爭鋒之時。中古歐洲千餘年擾攘，其後半期當以此爲有力因素。近代西洋人的國家意識及其愛國心情，首先養成於這範圍較小而親切確實的地方，而後擴大起來到民族國家。特別是他們的政治能力（組織國家底能力）都在這裏養成。

前文只說了基督教如何引起鬥爭，予集團生活以血底鍛鍊；而於基督教自身之團體組織，還沒有說。然而這裏卻是西方人學得了團體組織之本。第一，於此確認個人隸屬團體，團體直轄個人。第二，於此公認團體中個個人是同等底。此其重要，可說非常重要。中國所缺乏底，就是這個。——就是沒得機會有此認識。至於教會內部組織從大單位到小單位自成系統，此可不敍。我們只引錄何炳松教授中古歐洲史第十六章之一段話於此：

自羅馬帝國西部瓦解以後，西部歐洲制度之最永久而且最有勢力者，莫過於基督教之教會。（中略）中古史而無教會，則將空無一物矣。（註七）

中古教會與近世教會（無論新教或舊教，）絕不相同，言其著者，可得四端：

第一，中古時代無論何人均屬於教會，正如今日無論何人均屬國家一樣。無論何人不得叛離，不忠於教會者可以死刑處之。

第二，中古教會除廣擁土地外，並享有教稅。凡教徒均有納稅之義務，正與今日吾人捐輸國稅者同。

第三，中古教會實無異國家，既有法律又有法庭，並有監獄，有定人終身監禁之罪之權。

第四，中古教會不但執行國家之職務，且有國家之組織。教皇為最高立法者，亦為最高司法者，統治西部歐洲一帶之教會，政務殷繁。凡教皇內閣閣員及其他官吏合而為「教皇之朝廷」Buria 各地教會文書往來，以拉丁文為其統一之文字。

引錄這一段話的用意只在讓人想見彼時教會之強大，生息於其中之西方人將受到怎樣教訓與磨練。

（註一）參看商務出版蔣方震譯近世我之自覺史前半部。

（註二）英國前首相自由黨首領勞合喬治曾深有此嘆，見一九三四年二月報紙。

（註三）見馮雄譯桑戴克著世界文化史第一一七頁商務出版。

（註四）具見 Henri Pirenne 著中古歐洲社會經濟史，胡伊默譯本，商務出版。

（註五）參考胡譯中古歐洲社會經濟史，何炳松編譯中古歐洲史，馮雄譯世界文化史，各國社會經濟史叢書（以上均商務版）Haye and Moon 合作中古世界史，伍蠡甫譯本世界書局版。民十八年著者為河南村治學院旨趣書有云：中國社會一村落社會也；求所謂中國社會者不於三十萬村落其焉求之。或曰歐洲國家獨不有村落乎？曰其古之有村落也，則中世封建社會組織之基層。其今之有村落也，則近代資本社會組織之點綴。是社會有村落，而非即村落以為社會，固不得謂為村落社會也。正指此意而言。

（註六）以上參考胡譯中古歐洲社會經濟史，許譯英國社會經濟史，徐譯德國社會經濟史，陳譯中古及近代文化史，馮譯世界文化史，均商務出版。又伍譯中古世界史，世界書局出版。

（註七）何炳松中古歐洲史，商務出版。此段首句採自第二五頁以下見第一二七頁及一二九頁。

第四章　中國人缺乏集團生活

一　西人所長吾人所短

團體與個人是西洋人的老問題；全部西洋史幾乎都表見在這問題上面。他們在這問題上所受教訓及鍛鍊既多，自然有許多長處。這許多長處，亦可分兩面來看：關於個人一面底，且容後說。關於團體一面底，可以約舉為四點：

第一、公共觀念；

第二、紀律習慣；

第三、組織能力；

第四、法治精神；

這四點亦可總括以「公德」一詞稱之。公德，就是人類為營團體生活所必需底那些品德。這恰為中國人所缺乏，往昔不大覺得，自與西洋人遭遇，乃深切感覺到。距今四十五年前梁任公先生倡「新民說，」以為改造社會，挽救中國之本。他第一即揭「公德」為論題，已予指出。今在本書討究工作上，還要不放鬆地說一說。

先從末後第四點說起，此處所云法治精神，蓋就西洋人之執法與中國人之徇情，對照而說。在大團體中一辦公機關，應付衆人，處理百事，只有訂出律條而拘守之，無論什麼人來一律看待。然後乃少訾議，免糾紛，公事進行得快，而秩序以立，羣情以安。其中雖不免忽視個別情形，而強不齊以為齊，覺不洽情不中理者，却是不如此，大事小事都將辦不走。法治之必要即在此。然而在家庭間親族間就不然了。一家之中，老少，尊卑，男女，壯弱，其個別情形彰彰在目，既無應付衆人之煩，正可就事論事，隨其所宜。更且以密邇同處，一切隱微曲折彼此無不瞭然相喻，難以抹殺不顧。而相親如骨肉，相需如手足，亦必求其細膩熨帖，乃得關係圓滿，生活順暢。此時無所用其法治，抑且非法所能治，雖無所謂為徇情，而凡所斟酌，却莫非情致不同。

徇情的問題，是在較大範圍中乃發生底。此因其一面範圍漸大，人數漸衆，頗非隨便應付得了，漸有用法之必要；另一面則親疏厚薄，其間自有差別，尚難盡捨人情而專用法。中國人的生活，既一向倚重於家庭親族間，到最近方始轉趨於超家庭大集團；「因親及親，因友及友」其路仍熟，所以遇事總喜託人情。你若說「公事公辦，」他便說你「打官話。」法治不立，各圖僥倖，秩序紊亂，羣情不安。當然就痛感到民族品性上一大缺點，而深為時論所詬病了。

次說到組織能力。此所謂組織能力，即指如何作團體一份子底能力，其要素在對於團體之牢韌底向心力，和耐煩商量着向前進行底精神。有人說「中國人不是自暴自棄，就是自尊自大；」或者不要發言權亦不要監督權，乃至不要自由權作一箇順民亦可以；或者就是要想作皇帝底，乃至想給他皇帝也不作底。（註一）這種情形確隨處可見。例如近幾十年自有「有限責任股份公司」這種組織以來，往往都是極少幾個人把持其事，多數股東不聞不問，聽受支配。只要分到股息，心滿意足，假如虧折，自認晦氣而已。除非蓄意尋事，鮮有考研內情，查問賬目底。又如民國七八年以來，各地學生會其中熱心底廢寢忘食，真可犧牲一切；但事情必須聽他主張。如果他的主張行不去，他的意見沒人聽，馬上心灰意懶，好歹不問了。賭起氣來，鬧到分裂散夥亦可以；相持不下，將團體之事擱起來不進行亦可以。又如鄉鎮地方之事，由地方官以命令行之，大家聽從沒有話說；或由一二領袖作主，亦可行得通。一旦地方官好意召集衆人以問題付之公議解決，往往就議論歧出，商量不到一處，事情反而辦不動。此時再下命令，他們亦不願聽了。總之，或者受人支配作一個順民，或者讓他作主，衆人都依他底。獨於彼此商量大家合作，他却不會。凡此種種，例證甚多。時論所譏「一盤散沙」「沒有三人以上底團體，沒有五分鐘底熱氣，」大抵指此。

其實，這是不足怪底。中國人原來個個都是順民，同時亦個個都是皇帝。當他在家裏關起門來，對於老婆孩子，他便是皇帝。出得門來，以其巽順和平之第二天性，及其獨擅之「吃虧哲學」（見後），遇事隨和，便是順民。參加團體衆人之中，不卑不亢底商量，不卽不離底合作，則在他生活中夙少此訓練（尤以士人生活」見及農人生活爲然。）

往者胡石青先生（汝麟，）在民國初年嘗遍遊全球各地。特別是北美，南美，南太平洋多有華僑之處，他都到過。他常愛談所見華僑故事，而結論說華僑的才幹非他僑民（例如日本僑民）所及，亦非其當地人所及。不論幹那一項事業，皆能有他的表見；乃至當強盜，作乞丐，亦復出色當行。但有一點：這都是其個人本領，而非成功於羣策羣力底組織。就因在團體組織上不如人，又得不到國家保護，終爲日本僑民所勝，爲當地人之所欺。——這眞是很好例證。處此競爭世界，中國人所以歸於劣敗者，其最大原因實在此。

組織能力缺乏，即政治能力之缺乏；蓋國家正不外一個大團體。四十五年前梁任公先生嘗論中國人無政治能力，而辯其非困於專制政體。他反詰說：若謂爲專制政體所困，則何以專制政體所不能及之時如鼎革之交，專制政體所不能及之事如工商業如教育等，專制政體所不能及之地如殖民海外，特別是如百年前之舊金山者，均無所表見。（註二）另在其「新大陸遊記」中略點出其理由說，中國有「族民」而無西洋之「市民，」有族自治或鄉自治而無西洋之市自治。西洋之市自治爲其政治能力之濫觴，而中國之族自治鄉自治則其政治能力之煬竈（註三）雖於中西社會演進之兩條路，尙未言之深切著明，而所見正自不差了。

再其次，論紀律習慣。所謂紀律習慣，蓋指多人聚集寫面，而無待一條一條宣布，而羣衆早已習慣成自然底紀律。在消極一面，例如開會場中不交談，不咳嗽，走路不作聲響，出入不亂擠，一舉一動顧及前後左右而不妨礙旁人等等。在積極一面，例如：坐則循序成列，行則排隊成行，發言則當機得時，動作則彼此配合照應，種種細節難以枚舉。無論消極積極，扼要一句話：必求集體行動起來，敏捷順利，效率要高，不因人多而牽擾費時。試看車站或戲院的門窗前，西洋人自然魚貫成行，順序而進；中國人却總是爭前竄後，雖有警察，猶難維持秩序。其實不守順序之結果，事務進行反而緩慢，甚至進行不得。只有各守順序，乃得讓大家較快達到目的。西洋人從事實教訓上深明此理；中國人事實不夠，所以還不明白。又在開會場中，中國人還當他在家裏一樣，耳目四肢只爲其個人用，不曾意識到團體的要求，防礙公務於不自知；更爲習見不鮮。

這些都不是曾受教育沒有底問題。若以爲西洋教育普及，而中國人沒有受教育底太多，遂有此不同結果，便錯了。要知道這些多半不是意識之事，而寧爲習慣之事。習慣爲身體與環境間的產物，而養成於實際生活。假若一個人生長在敬重家庭生活之社會，如中國者，縱然受過大學教育，一樣犯這些毛病。西洋人之紀律習慣，不是出於它的文化，而寧出於它的武化——即仍爲其集團鬥爭之所鍛鍊者。好像今日學校裏，亦還是寓群育於體育，借着體育上種種運動競賽以訓練集體行動，其理正同。

人們的品性，固皆養成於不知不覺之間；但同時亦應承認，公共觀念不失爲一切公德之本。所謂公共觀念，即指國民之於其國，地方人之於其地方，教徒之於其教，黨員之於其黨，合作社社員之於其社……如是之類底觀念。中國人於身家而外漠不關心，素來缺乏於此。特別是國家觀念之薄弱，使外國人驚奇。一九三二年上海「一·二八」戰役中巴黎晨報記者行經上海不甚遠底地方看見一切如無其事然，不禁大大惶惑莫明其妙。後來馬君武先生曾寫一文，舉一九三四年三月十六日德國恢復徵兵之消息發布柏林一位六十多歲女房東聞訊歡喜過度，倒地而死之例，以爲對照。其實這種不同，絕不是天生底從血裏帶來，亦不是學說或教育（狹義）之結果，而是社會構造不同，生活環境有異，從而形成之情操習慣自不免兩樣耳。

二　中國人缺乏集團生活

從西方人鬧底最大問題而我們沒有，從西方人之所長恰即我們之所短，早已證明出中國人缺乏集團生活了。但我們仍不妨從宗教，經濟，政治各方面分別來檢看一番。

在檢看之先，却要把何謂集團生活確定了，才行。所謂集團生活，諸如前述誠然形形色色；但亦有其一致之點可指：

一、要有一種組織，而不僅是一種關係之存在。組織之特徵，在有範圍（不能無邊際）與主腦（需有中樞機關）。

二、其範圍超於家族，且亦不依家族爲其組織之出發點。——多半依於地域，或職業，或宗教信仰，或其他。

三、在其範圍內，每個人都感受一些拘束，更且時時有着切身利害關係。

合於此三條件者卽可說是集團生活；不合底，便不是。我們以此爲衡，則中國人是缺乏集團生活底。

第一，中國人百分之九十以上，怕都不在宗教組織中。一個中國青年到印度，人家問他是那一教？他回答：任何宗教都不是。當地人聞之全都詫訝不解。這回答若在歐洲中古，亦將爲人所不解底。然而這不是中國青年界極普通情形嗎？我却非說百分之九十底中國人都是這樣。大多數中國人恰與此相反。他們於聖賢仙佛各種偶像，不分彼此，一例崇拜，尙不及日本人進甲廟則不進乙廟，拜乙神則不拜甲神之稍有區別。區別都沒有，尙何組織可言。

第二，說到國家組織，中國人亦大成問題，如本書第一章所列中國文化第十一特徵，卽其問題之提出。於此而成問題，中國人之缺乏集團生活乃非同小可。在後邊將特加論列，此不多說。

從國家放得很鬆來推想，則地方自治體和職業自治體可能很發達。不錯，中國社會秩序之維持，社會生活之進行，寧靠社會自身而不靠國家；地方自治和職業自治是相當有底。可惜從現存史籍中大多不易考見，頗難論定。而說到地方自治更有可注意者兩點：一點是中國有鄉自治而沒有市自治，恰與西洋地方自治肇始於都市者相反；一點是地方自治體欠明確欠堅實，與官治有時相混。

關於前一點，梁任公先生在其早年「新大陸遊記」中卽已提出：

吾國社會之組織，以家族爲單位，不以個人爲單位；所謂家齊而後國治也。西方人之自治力發達固早，吾中國人地方自治亦不弱於彼，顧何以彼能組成一國家，乃我不能？則彼之所發達者，市制之自治，而我之所發達者，族制之自治也。試游我國之鄉落，其自治規模確有不可掩者，惜不過區區二三千人耳，而其立法行政之機關秩然具備，若此者，宜其爲建國之第一基礎也。乃一游都會之地，則其狀態之凌亂不可思議矣。凡此皆能爲族民不能爲市民之明證也。吾游美洲，觀於華僑而益信。彼既脫離其鄉井，以個人資格來居最自由之大都市，顧其所齎來所建設者，仍舍家族制度無他物，且其所得以維持社會秩序之一部分者，僅賴此焉。

任公先生晚年著「中國文化史」，其社會組織篇第七章講鄉治，第八章講都市，他經歷多年研究之最後結果還是「中國有鄉自治而無市自治」一句話。鄉治章中，特將他自己家鄉——廣東新會縣茶坑鄉——自治組織之梗概述出（註四）而作結論云：

此種鄉自治，除納錢糧外，以訟獄極少，幾與地方官府全無交涉。竊意國內具此規模者，尚所在多有，雖其間亦恆視得人與否爲成績之等差；然大體蓋相去不遠。此蓋宗法社會蛻餘之遺影，以極自然底互助精神，作簡單合理之組織，其於中國全社會之生存及發展，蓋有極重大之關係。

的確，這與中國社會之生存發展有極重大之關係。或徑直說：這卽是中國社會所以數千年生存發展可大可久底基礎。一定要認識它，乃認識得中國文化。但他是與西洋集團生活有區別底，看後文自詳。

再說後一點，地方自治總欠明確欠堅實，與官治有時相混。此謂其有時似屬自治，有時又代以官治，一時一代興廢無定。且其組織，權限與區劃，亦變更無常。即以民國以來言之，縣以下基層組織忽而併大，忽而劃小。制度紛更，幾於朝令而夕改；單是名色不知換了多少次。我們要談底雖在過去之中國，然借今證古，頗見其根基之不固。反觀西洋便不然了。一七八九年法國大革命時，於封建特權，農奴制度，行會制度種種一掃而空。教會田產被沒收。教士改民選。種種改革幾無所不至。獨於整理地方制度，對舊有四萬四千城鄉自治區，以其爲第十二世紀第十三世紀中自治制度及地方政府生機所寄之個體，故保存而無改（註五）。到一九二一年，又經過一百幾十年了，社會交通進步，單位自然減少，還保有三七九六三區。英國則自九世紀起，地方大小各區劃沿用無改，其間只有一種叫 Hundred 底是消滅了（註六）。這可見西洋人的地方自治體，是怎樣地堅實有根基。質言之，他們當真是一個單位一個團體；而我們則鄉黨之間關係雖親，團體性依然薄弱，若有若無。

——以上論地方團體。

再論到職業團體一面。第一，中國農人除爲看青而有「青苗會」一類組織外，是沒有今所謂農會底。他們不因職業而另自集中，便天然依鄉里鄉黨爲組織，就以地方團體爲他們的團體。而地方團體則常常建築於家族關係之上，如上已說過。有散在鄉村以農人而兼爲工人商人底，當然亦歸屬於此。第二，只有少數集於城市或較爲聚處一地底工人商人，始形成中國的職業團體。而仍無今所謂工會商會。農會，工會，商會，這些都基於新法令而來，非舊日有底。舊日工人商人的職業自治組織如何，今已不易考見；其詳而在其「行」「幫」「公所」「會館」之間，却有下列缺點可指：一是大抵沒有全國性底組織如今所謂「全國商會聯合會」之類——此見其同業之自覺殊有限。二是於同業組織中仍復因鄉土或族姓關係而分別自成組織，大大弛散其同業組織——此見鄉黨意識宗族意識之強於行業意識。三是由「同行是冤家」一句諺語，可知其同行業者彼此之嫉忌競爭，缺乏西洋中世紀基爾特那樣堅密團體精神。

在士農工商四民之中，士人原爲一種行業，他們止於做有聯絡而已，談不到有團體。因爲他們一面是最富有箇性底人，一面又是缺乏共同利害底人。如其說中國人散漫，那第一是從他們來底，第二是從農人來底。士人和農人是構成中國社會之最重要成分；他們散漫，中國便不得不散漫了。

往時柳詒徵先生撰有「述社」一文，刊於學衡第五十四期，從史籍上考證中國民間各種團體組織，極費蒐求之功。在形跡上，我們自不否認有其事；然而其貧乏，是嚴重底。像今天我們所見集會結社之事，倒回三十餘年去，在辛亥革命前是絕少底；在五六十年前，更看不見。即如大底學校、大底工廠、大底股分公司，亦俱是從外界潮流輸入。當初全是零散底私塾，零散底小農小工小商。至於政治活動而有所組織，更不許可。唐史宋史上之黨派，至多是一點聯絡而已，沒有今天底黨派組織。

三　團體與家庭二者不相容

集團生活在中國不能說沒有，只是缺乏。中西之不同，只是相對底，不是絕對底。然而我們早說過，人類社會之進化實爲生物進化之繼續。在生物界中就沒有絕對不同之事，雖植物動物亦不過是相對底不同，其他更不用說。蓋凡生物之所現示皆爲一種活動底趨勢或方向，但有相對之偏勝，而無絕對底然否。要劃一條界，是劃不出來底。雖劃不出界限，而由不同之趨向發展去，却可能相反對，成了極嚴重問題。西方人集團生活偏勝，中國人家族生活偏勝，正是分向兩方走去，由此開出兩種相反底文化。

集團生活與家庭生活，二者之間頗不相容；而基督教恰爲前者開路，以壓低後者。關於此點，已故張蔭麟教授有一論文曾予指出。

在基督教勢力下，個人所負宗教底義務，是遠超過家族的要求。教會的凝結力，是以家族的凝結力爲犧牲底。新約裏有兩段文字，其所表現之倫理觀念與中國傳統倫理觀念相悖之甚，使得現今通行底漢譯本不得不大加修改。其一段記載耶穌說「假若任何人到我這裏而不憎惡他的父母妻子兒女兄弟姊妹，甚至一己的生命，他就不能做我的門徒。」又一段記載耶穌說「我來並不是使世界安寧底，而是使它紛擾底；因爲我來了將使兒子與他父親不和，女兒與他母親不和，媳婦與他婆婆不和」（以上兩段並見韓亦琦氏新譯本。）（中略）基督教一千數百年底訓練，使得犧牲家族小羣而盡忠超越家族底大羣之要求，成了西方一般人日常呼吸底道德空氣。後來（近代）基督教勢力雖爲別底超越家族底大羣（民族國家）所取而代；但那種盡忠於超越家族底大羣之道德空氣，則固前後如一。（張著「論中西文化的差異，思想與時代第十一期）。

爲西方人集團生活開路底是基督教；同時不待說周孔教化便爲中國人開了家族生活之路。嚴格講家族生活集團生活同爲最早人羣所固有，並非自他們而開始。但這好比本能生活理智生活同爲動物界所固有，却到節足動物脊椎動物出現，而後本能理智兩路始分一樣。中西社會構造既於此而分途，所以我們正應該指出西方之路開於基督，中國之路開於周孔，而以宗教問題爲中西文化之分水嶺。

當基督教傳到中國來，此兩相反之趨向遭遇一處，這方一直未曾受變於那方。相反地，倒是那方妥協於這方。除新約譯文對於原文不得不修改外，他們教會人士且承認了中國人敬祖先和祭拜孔子各種禮俗。這種妥協承認，後來雖不免爭執衝突而一度翻案（羅馬教皇一七四二年斷然不許行中國禮，）但末後（一九三九年）終究還是承認了。（註七）此誠亦見出中國文化之深固不拔，但所以能取得對方承認底，還在其近情近理。蓋敬祖先不過盡人子孝思之誠，拜孔子則敬其爲人師表，全沒有什麽說不通之處也。迨新教起來，基督教本身既有變化，教會組織後來亦大不同於前，彼此遂慢慢相安。還有佛教精神與中國家族倫理亦是不合底，而它到中國後，卒亦受變於中國。此即前引稻葉君山太虛法師等所說，基督教和佛教都屈服了底話。

太虛法師論文內有云「此家族層套，一方易於分散大羣的合組，一方又牽制個人的特動，故無敵國外患，每能長治久安。」他正是看出了其間得失長短，暨團體與家族二者之不相容性。讀者試印證以前章所舉商鞅在秦變法之事，和雷海宗教授只認戰國七雄是國家而說西漢家族復盛後之中國不成國家，自更明白。商鞅種種作爲，無非站在國家立場，要直接控制到個人，便不得不破壞家族倫理，而遺儒家詬病。戰國七雄在國際競爭緊張局面下，各自加強其對內控制，始成國家；而自漢代恢復了家族生活，則二千年來底中國，在史學家只能說是一箇龐大底社會，一箇大文化區了。關於國家問題，後當詳論。此不過就集團生活家族生活之難並存，用以指證集團生活在中國之缺乏。

從家族生活發展去，豈止不成國家，抑且一箇眞底大地方自治體亦難構成。前引梁任公的話，說中國有族民而無市民，有族自治鄉自治而無都市自治；他正是無意中發覺了此一問題。凡此亦當並論於後。

亡友盧康濟（瀚）穎悟過人。十餘年前嘗對我說，馬克斯著「資本論」，於是西方社會賴以闡明；我今要著「家族論」以說明中國的社會史。他曾東游日本，研究此題，數年間積稿盈篋。可惜書未成而身死，其稿我亦未得見。這箇工作，今後學術界上還須有人擔負。行筆至此，特爲附誌。

（註一）見傅大齡「眞正中國人及其病源」一文，國聞週報第九卷十七期。

（註二）見梁氏所著「新民說」，華人之移植舊金山係以帆船而往，遠在一八五一——一八七四年間，距美國開國不過數十年耳。

（註三）此梁氏原著詞句，濫觴爲導源之意，煬竈爲前人掩蔽後人之意。

（註四）梁著中國文化史，見飲冰室合集之專集第十八冊，中華書局出版。

（註五）桑代克著世界文化史，馮譯本第五六八頁，商務版。

（註六）海烈斯著王檢譯：各國地方自治綱要第二二五頁，大東書局出版。

（註七）當十六世紀耶穌會士利瑪竇等在中國傳教，以中國禮俗與彼教無悖，取承認態度。其後教會內部發生爭執，羅馬教皇與中國皇帝之間亦因而衝突，卒至決裂翻案，一時天主教在中國幾致絕滅，後來中國方面不甚認眞而緩和下來，一九三九年羅馬教皇亦卒加以解釋而承認中國禮之可行。

第五章　中國是倫理本位底社會

一　何謂倫理本位

即此缺乏集團生活，是中國人歆重家庭家族之由來，此外並不須其他解釋。（如馮盧諸君所說者）蓋缺乏集團生活與歆重家族生活，正是一事之兩面，而非兩事。這是既經上面種種指證中西社會生活之不同以後，十分明白底事。

是人類都有夫婦父子，即都有家庭；何爲而中國人的家庭特見重要？家庭誠非中國人所獨有，而以缺乏集團生活，團體與箇人的關係輕鬆若無物，家庭關係就自然特別顯著出了。——抑且亦不得不著重而緊密起來。西洋人未始無家庭，然而他們集團生活太嚴重太緊張，家庭關係遂爲其所掩。鬆於此者，緊於彼；此處顯，則彼處隱。所以是一事而非兩事。在緊張底集團中，團體要直接統制干涉到箇人；在個人有自覺時候，要爭求其自由和在團體中底地位。團體與箇人這兩面是相待而立底，猶乎左之與右。左以右見，右以左見。在西洋既富於集團生活，所以箇人人格即由此而茁露。在中國因缺乏集團生活，亦就無從映現箇人問題。團體與箇人，在西洋儼然兩個實體，而家庭幾若爲虛位。中國人卻從中間就家庭關係推廣發揮，而以倫理組織社會，消融了個人與團體這兩端。（這兩端好像俱非他所有）

我從前曾爲表示中國西洋兩方社會生活之不同，作了兩箇圖；（註一）其第一圖如左：

中國西洋第一對照圖

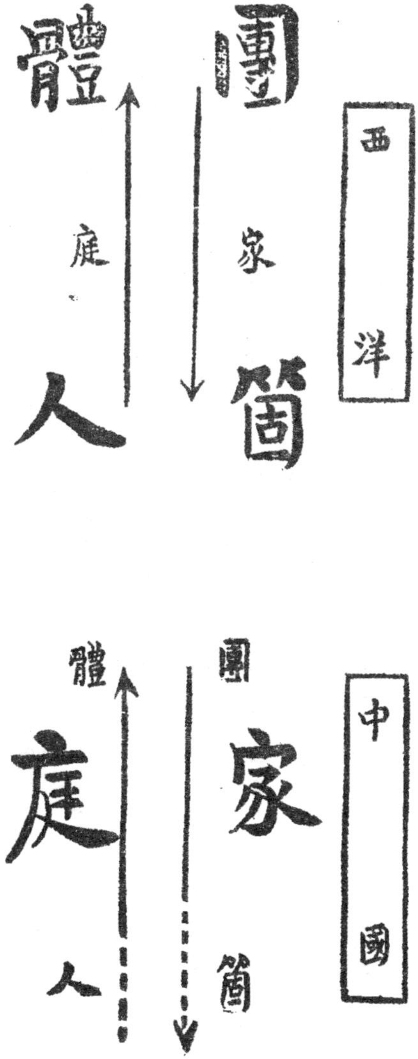

圖列

一、以字體大小表示其位置之輕重

二、以箭形綫一往一復表示其直接互相關係

三、虛綫則表示其關係不甚明確

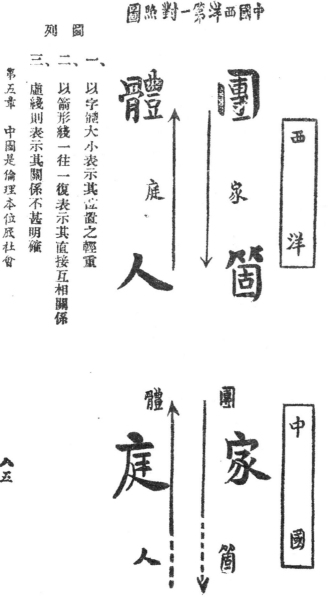

這種不同實是中西文化路徑不同。論者徒有見於近代產業興起，家庭生活失其重要不復鞏固如前；同時個人之獨立自由亦特著於近代思潮以後，其間互有因果關聯，從而蔚成西洋近代國家。便設想個人隱沒於家庭，家庭生活呆重如中國者，當必為文化未進之徵。而類同於西洋之中古。於是就臆斷其為社會演進前後階段之不同。他不從雙方歷史背景仔細比較以理解現在，而遽憑所見於後者以推論其前，焉得正確！

然則中國社會是否就一貫底是家族本位呢？否，不然。我們如其說，西洋近代社會是個人本位底社會——英美其顯例；而以西洋最近趨向為社會本位底社會——蘇聯其顯例。那我們應當說中國是一「倫理本位底社會。」「家族本位」這話不恰當，且亦不足以說明之。只有宗法社會可說是家族本位，此見甄克斯社會通詮。中國卻早蛻出宗法社會，章太炎先生作「社會通詮商兌」嘗辨明之。（註二）要知在社會與個人相互關係上，把重點放在個人者，是謂個人本位；同在此關係上而把重點放在社會者，是謂社會本位；皆從對待立言，顯示了其間存在底關係。此時必須用「倫理本位」這話，乃顯示出中國社會間底關係而解答了重點問題。若說家族本位，既嫌狹隘，且嫌偏在一邊。

人一生下來，便有與他相關係之人（父母、兄弟等），人生且將始終在與人相關係中而生活（不能離社會），如此則知人生實存於各種關係之上。此種種關係，即是種種倫理。倫者，倫偶；正指人們彼此之相與。相與之間，關係遂生。家人父子，是其天然基本關係；故倫理首重家庭。父母總是最先有底，再則有兄弟姊妹。既長，則有夫婦，有子女；而宗族戚黨亦即由此而生出來。到社會上，於教學則有師徒；於經濟則有東夥；於政治則有君臣官民；平素多往返，遇事相扶持，則有鄉鄰朋友。隨一個人年齡和生活之開展，而漸有其四面八方若近若遠數不盡底關係。是關係，皆是倫理；倫理始於家庭，而不止於家庭。

吾人親切相關之情，發乎天倫骨肉，以至於一切相與之人，隨其相與之深淺久暫，而莫不自然有其情分。因情而有義。父義當慈，子義當孝，兄之義友，弟之義恭。夫婦、朋友，乃至一切相與之人，莫不自然互有應盡之義。倫理關係，即是情誼關係，亦即是其相互間底一種義務關係。倫理之「理」，蓋即於此情與義上見之。更為表示彼此親切，加重其情與義，則於師恆曰「師父」，而有「徒子徒孫」之說；於官恆曰「父母官」，而有「子民」之說；於鄉鄰朋友，則互以伯叔兄弟相呼。舉整個社會各種關係而一概家庭化之，務使其情益親，其義益重。由是乃使居此社會中者，每一個人對於其四面八方底倫理關係，各負有其相當義務；同時，其四面八方與他有倫理關係之人，亦各對他負有義務。全社會之人，不期而輾轉互相聯鎖起來，無形中成為一種組織。——前說「中國人就家庭關係推廣發揮，以倫理組織社會」者指此。此種組織與團體組織是不合底；它沒有邊界，不形成對抗，恰相反，它由近以及遠，更引遠而入近，泯忘彼此，尚何有於界劃？自古相傳底是「天下一家」，「四海兄弟」。試問何處宗法社會有此超曠意識？——宗法社會排他性最強。如只是家族本位、宗法制度，怎能把中國民族在空間上恢拓這樣大，在時間上綿延這樣久？要知家族宗法之依稀猶存，正為其有遠超過這些著，而非就是這些。

那麼，其組織之重點又放在那裏呢？此且看後文。

二　倫理之於經濟

大抵社會組織，首在其經濟上表著出來。西洋近代社會之所以爲個人本位者，卽因其財產爲個人私有。恩如父子而異財；親如夫婦而異財，偶爾通融，仍出以借貸方式。兒子對父母，初無奉養責任；——社會無此觀念，法律無此規定。（註三）父母年老而寓居其子之家，應付房租飯費。其子或予免費，或減收若干者，非彼例。如同各人有其身體自由一樣，「財產自由」是受國家法律社會觀念所嚴格保障底。反之，在社會本位底社會如蘇聯者，便是以土地和各種生產手段統歸社會所有。倫理本位底社會於此兩無所似。

倫理社會中，夫婦、父子、情如一體，財產是不分底。而且父母在堂，則兄弟等亦不分；祖父在堂，則祖孫三代都不分底。分則視爲背理。（古時且有禁）——是曰共財之義。不過倫理感情是自然有親疏等差底，而日常生活實以分居爲方便，故財不能終共。於是弟兄之間，或近支親族間，便有分財之義。初次是在分居時分財，分居後富者或再度分財於貧者。親戚朋友鄰里之間，彼此有無相通，是曰通財之義。通財，在原則上是要償還底；蓋其分際又自不同。然而作爲周濟不責償，亦正是極普通情形。還有遇到某種機會，施財亦是一種義務；則大概是倫理上關係最寬泛底了。要之在經濟上皆彼此顧恤，互相負責；有不然者，羣指目以爲不義。此外，如許多祭田、義莊、義學等，爲宗族間共有財產；如許多社倉、義倉、學田等，爲鄉黨間共有財產；大都是作爲救濟孤寡貧乏之和補助教育之用。這本是從倫理負責觀念上產生出來底一種措置和設備，却與團體生活頗相近似了。

從某一點上來看，這種倫理底經濟生活隱然亦有似一種共產。不過它不是以一個團體行共產，其相與爲共底，視其倫理關係之親疏厚薄爲準；愈親厚，愈要共，以次遞減。同時亦要看這財產之大小；財產愈大，將愈爲多數人之所共；蓋無力負擔人亦相諒，既有力量則所負義務隨之而寬。此所以有「蛇大窟窿大」之諺語。又說「有三家窮親戚，不算富；有三家闊親戚，不算貧」。然則其財產不獨非個人有，非社會有，抑且亦非一家庭所有。而是看作凡在其倫理關係中者，都可有份底了。謂之「倫理本位底社會」，誰曰不宜。

中國法律早發達到極其精詳地步。遠如唐律，其所規定且多有與現代各國法典相脗合者。但各國法典所致詳之物權債權問題，中國幾千年却一直是忽略底。蓋正爲社會組織從倫理情誼出發，人情爲重，財物斯輕；此其一。倫理因情而有義，中國法律一切基於義務觀念而立，不基於權利觀念；此其二。明乎此，則對於物權債權之輕忽從略，自是當然底。此一特徵，恰足以證明我們上面所說財產殆屬倫理所共有那句話。

再與西洋對照來看，像英美等國常有幾百萬失業工人，整年從國家領取救濟金維持生活，實爲過去中國所未聞。在他們非獨失業問題如此，什麼問題來了，都是課問政府。因爲西洋原是團體負責制，中國則各人有問題時，各尋自己的關係想辦法。而由於其倫理組織，亦自有爲之負責者。因此，有待救恤之人便能消納於無形。此次抗戰，在經濟上支撑八年，除以農村生活偏於自給自足，具有甚大伸縮力外，其大量知識份子和一部分中上階級之遷徙流離，卒得存活者，實大有賴於此倫理組織。中外人士固多有能察識及此而道之者。

隨此社會經濟倫理化之結果，便是不趨向所謂「生產本位」底資本主義之路。後面第十章當論之。

三　倫理之於政治

就倫理組織說，旣由近以及遠，更引遠而入近，故爾無邊界無對抗。無邊界無對抗，故無中樞，亦即非團體。非團體，卽無政治。政治非他，不外團體公共之事而已。但一家族却可自成範圍而有其中樞，有其公共事務，卽政治。不過這按之前說集團生活三條件，（見第四章）不算眞團體。中國過去之鄉治與國政，大抵都是本於這種方式。

舊日中國之政治構造，比國君爲大宗子，稱地方官爲父母，視一國如一大家庭。所以說「孝者所以事君，弟者所以事長，慈者所以使衆；」而爲政則在乎「如保赤子。」自古相傳二三千年一直是這樣。這樣，就但知有君臣官民彼此間之倫理底義務，而不認識國民與國家之團體關係。因而在中國，就沒有公法私法的分別，刑法民法亦不分了。一般國家固非階級統治；階級統治是立體底，而倫理關係則是平面底。雖事實逼迫到中國要形成一個國家，然條件既不合，（後詳）觀念亦異。於是一般國家之階級統治，在這裏不免隱晦或消融了。

不但整個政治構造納於倫理關係中；抑且其政治上之理想與途術，亦無不出於倫理歸於倫理者。福利與進步，爲西洋政治上要求所在；中國無此觀念。中國的理想是「天下太平。」天下太平之內容，就是人人在倫理關係上都各自作到好處，（所謂父父子子）大家相安相保，養生送死而無憾。至於途術呢，則中國自古有「以孝治天下」之說。近代西洋人不是相信，從人人之開明底利己心可使社會福利自然增進不已嗎？這正好相比。這是說：從人人之孝弟於其家庭，就使天下自然得其治理；故爲君上者莫若率天下以孝。兩方目標雖不同，然其都取放任而不主干涉又卻相近。孟德斯鳩法意上有兩三段話，大致不差：

（前略）是故支那孝之爲義，不自事親而止也，蓋資於事親而百行作始。惟彼孝敬其所生，而一切有於所親表其年德者皆將爲孝敬之所存。則長年也，主人也，官長也，君上也，且從此而有報施之義焉。以其子之孝也，故其親不可以不慈；而長年之於稚幼，主人之於奴婢，君上之於臣民，皆對待而起義。凡此謂之倫理；凡此謂之禮經。倫理、禮經，而支那所以立國者胥在此。（嚴譯本十九卷十九章）

支那之聖賢人，其立一王之法度也，所最重之祈嚮，曰惟吾國安且治而已。夫如此，故欲其民之相敬。知其身之倚於社會而交於國人者，有不容已之義務也。則禮儀三百，威儀三千，從而起矣。是以其民雖在草澤州里之間，其所服習之儀容殆與居上位者無攸異也。因之其民爲氣柔而爲志遜，常有以保其治安，存其秩序。懲忿窒慾，期戾氣之常屏而莫由生。（十九卷十六章）

（前略）而支那政家所爲尙不止此。彼方合宗教法典儀文習俗四者，於一爐而治之。凡此皆民之行誼也，皆民之道德也。總是四者之科條，而一言以括之曰禮。使上下由禮而無違，斯政府之治定，斯政家之功成矣。此其大道也。幼而學之，學於是也。壯而行之，行於是也。教之以一國之師儒，督之以一國之官宰。舉民生所日用常行，一切不外於是道。使爲上能得此於其民，斯支那之治爲極盛。（十九卷十七章）

四　倫理有宗教之用

中國人似從倫理生活中，深深嘗得人生趣味。像孟子所說：

仁之實，事親是也。義之實，從兄是也。智之實，知斯二者弗去是也。禮之實，節文斯二者是也。樂之實，樂斯二者。樂者生矣，生則惡可已也。惡可已，則不知足之蹈之，手之舞之！

朱註：「樂則生矣」，謂事親從兄之意，油然自生，如草木之有生意。既有生意，則其暢茂條達自有不可遏者；所謂「惡可已」也。其又盛則至於「手舞足蹈」而不自知矣！

固然其中或有教化設施的理想，個人修養的境界，不是人人現所嘗得底。然其可能有此深醉樂趣，則信而不誠，普通人所嘗得者不過如俗語「居家自有天倫樂」，而因其有更深意味之可求，幾千年中國人生就向此走去，而不回頭了。

反之，鰥、寡、孤、獨，自古看作人生之最苦，謂曰「無告」。此無告二字，頗可玩味。「無告」是無所告訴；何以無所告訴便為最苦？固然有得不到援助之意，而要緊尚不在援助之有無，要在有與我情親如一體底人，形骸上日夕相依，神魂間尤相依以為安慰。一啼一笑，彼此相和答；一痛一癢，彼此相體念，——此即所謂「親人」。人互喜以所親者之喜，其喜彌揚；人互悲以所親者之悲，悲而不傷。蓋得心理共鳴，衷情發舒，合於生命交融活潑之理。所以疾苦一經訴說，不待解救，其苦已殺也。西洋親子異居，幾為定例；夫婦雖合，視同尋常。直是不孤而孤之，不獨而獨之；不務於相守，而恆相離；我以為變，彼以為常。籍此不同底習俗，而中國人情之所尚，更可見。

同時又因為中國是職業社會而不是階級社會（詳後）之故，每一家人在社會中地位可能有很大升降。這給予家庭倫理以極大鼓勵作用。一家人（包含成年的兒子和兄弟）總是為了它一家的前途而共同努力。就從這裏，人生的意義好像被他們尋得了。何以能如此？其中有幾點道理：（一）他們是在共同努力中，如所謂「三兄四弟一條心，門前土地變黃金」；「家和萬事興」一類諺語，皆由此而流行。熙熙融融，協力合作，最能使人心境開豁，忘了自己。此時縱然處境艱難，大家吃些苦，正亦樂而忘苦了。（二）所努力者，不是一己的事，而是為了老少全家，乃至為了先人，為了後代。或者是光大門庭，顯揚父母；或者是繼志述事，無墜家聲；

或者積德積財，以遺子孫。這其中可能意味嚴肅、隆重、崇高、正大，隨各人學養而認識深淺不同。但至少，在他們都有一種神聖般底義務感在。盡了他們義務底時候，睡覺亦是魂夢安穩底。（三）同時，在他們面前都有一遠景，常常在鼓勵他們工作。當其厭倦於人生之時，總是在這裏面（義務感和遠景）重新取得活力，而又奮勉下去。每每在家貧業薄寡母孤兒的境遇，愈自覺他們對於祖宗責任之重，而要努力興復他們的家。歷史上偉大人物由此產生者不少。

中國人生便由此得了努力底目標，以送其畢生精力，而精神上若有所寄託。如我夙昔所說，宗教都以人生之慰安勗勉爲事；那麼，這便恰好形成一宗教的替代品了。（註四）

蓋人生意味最忌淺薄，淺薄了，便牢攏不住人類生命，而使其甘心送他的一生。飲食男女，名位權利，固爲人所貪求；然而太淺近了。事事爲自己打算，固亦人之恆情；然而太狹小了。在淺近狹小中混來混去，有時要感到乏味底。特別是生命力強底人，要求亦高，他很容易看不上這些，而偏對於相反一面——如貞潔禁慾，慷慨犧牲——感覺有味。權利慾所以不如義務感之意味深厚，可能引發更強生命力出來，表見更大成就者，亦正爲此。這種情形，是原於人的生命本具有相反之兩面：一面是從軀殼起念之傾向；又一面是傾向於超軀殼或反軀殼。兩面中間，則更有複雜無盡之變化。宗教正是代表後一傾向。其所以具有穩定人生之偉大作用者，就爲它超越現實，超越軀殼，不使人生局於淺近狹小而止。生命力強底人，得其陶養而穩定，庸衆亦隨之而各安其生。中國之家庭倫理，所以成一宗教替代品者亦即爲它融合人我泯忘軀殼雖不離現實而拓遠一步使人從較深較大處尋取人生意義。它實在是那兩面中間變化之一種。

以上皆說明倫理有宗教之用意謂中國缺乏宗教以家庭倫理生活來塡補它。但我們假如說中國亦有宗教底話那就是祭祖祀天之類。從前在北京有太廟、社稷壇、天壇、地壇、先農壇等爲皇帝行其典禮之處在老百姓家裏則供有「天地君親師」牌位。禮記上曾說明「萬物本乎天人本乎祖」祭天祭祖的意義是一貫底在於「報本反始」。從這種報本反始以至崇德報恩等意思他可有許多崇拜（例如四川有「川主廟」祀開創灌縣水利工程底李冰父子之類。）不以拜天而止不能稱之曰拜天教不以拜祖先而止亦不是宗法社會的祖先教它沒有名稱更沒有其教徒們的教會組織。不得已只可說爲「倫理教」。因其教義恰不外乎這倫理觀念；而其教徒亦就是這些中國人民。正未知是由此信仰而有此社會抑或由此社會而有此信仰？總之二者正相合相稱。

五　此其重點果何在

中國人的神情，總是從容不迫。這自然是農業社會與工商業社會不同處。然而一個人在家裏較之在團體組織中，亦是不同底。就在這寬鬆自然不甚經意底家人父子生活中，讓人的情感發露流行。同時又以其爲職業社會之故，在實際生活上便得這一家八口相依為命；（後詳）於是其情感更深相纏結。擴演之結果，倫理底社會就是重情誼底社會。反之，在中國，社會處處見彼此相與之情者，在西洋，社會卻處處見出人與人相對之勢。非唯人民與其政府相對，勞工與其業主相對，甚至夫婦兩性亦且相對，然此自是兩方文化成熟後之情形；溯其所源，皆甚遠。西方且另談。中國之所以走上此路，蓋不免有古聖人之一種安排在內，非是由宗法社會自然演成。

這即是說：中國之以倫理組織社會，最初是有眼光底人看出人類真切美善底感情，發端在家庭，培養在家庭。他一面特為提掇出來，時時點醒給人；——此即「孝弟、」「慈愛、」「友恭」等。一面則取義於家庭之結構，以制作社會之結構；——此即所謂倫理。於此，我們必須指出：人在情感中，恆只見對方而忘了自己；反之，人在慾望中，卻只知為我而顧不到對方。前者如：慈母每為兒女而忘身；孝子亦每為其親而忘身。夫婦間、兄弟間、朋友間，凡感情厚底必處處為對方設想，念念以對方為重，而把自己放得很輕。所謂「因情而有義」之義，正從對方關係演來，不從自己立場出發。後者之例，則如人為口腹之慾，不免置魚肉於刀俎；狎妓者不復顧及婦女人格，皆是。人間一切問題，莫不起自後者——為我而不顧人；而前者——因情而有義——實為人類社會凝聚和合之所託。古人看到此點，知道孝弟等隨厚底情感要提倡，更要者，就是把社會中的人各就其關係，排定其彼此之名分地位，而指明相互間應有之情與義，要他們時時顧名思義。主持風教者，則提挈其情，即所以督責其義。如古書所云「為人君止於仁；為人臣止於敬；為人子止於孝；為人父止於慈；與國人交止於信。」如是，社會自然鞏固，一切事可循軌而行。此種安排提倡似不出一人之手，亦非一時之功，舉其代表人物，自是周公孔子。

倫理社會所貴者，一言以蔽之曰：尊重對方。何謂好父親？常以兒子為重底，就是好父親。何謂好兒子？常以父親為重底，就是好兒子。何謂好哥哥？常以弟弟為重底，就是好哥哥。何謂好弟弟？常以哥哥為重底，就是好弟弟。客人來了，能以客人為重底，就是好主人。客人又能顧念到主人，不為自己打算而為主人打算，而是好客人。一切都是這樣。所謂倫理者無他義，就是要人認清楚人生相關係之理，而於彼此相關係中，互以對方為重而已。

我舊著於此曾說「倫理關係即表示一種義務關係；一個人似不為其自己而存在，乃彷彿互為他人而存在者」（註五）今見張東蓀先生「理性與民主」一書第三章論人性與人格，恰有同樣底話：

在中國思想上，所有傳統底態度總是不承認個體的獨立性，總是把個人認作「依存者」Dependent Being 不是指其生存必須依靠於他人而言，乃是說其生活在世必須盡一種責任，無異為了這個責任而生。

張先生還有一段話，足以印證上面我的說話：

我嘗說，中國的社會組織是一個大家庭而套著多層底無數小家庭。可以說是一個「家庭底層系。」 A

Hierarchica Syst m of families 所謂君就是一國之父，臣就是國君之子。在這樣層系組織之社會中，沒有「個人」觀念。所有底人，不是父，即是子。不是君，就是臣。不是夫，就是婦。不是兄，就是弟。中國的五倫就是中國社會組織；離了五倫別無組織，把個人編入這樣層系組織中，使其居於一定之地位，而課以那個地位所應盡底責任。如為父則有父職，為子則有子職。為臣則應盡臣職，為君亦然。（中略）在一個家庭中，不僅男女有別是出於生理，即長幼之分亦成於天然。用這種天然底區別來反映在社會的組織上，則社會便變由各種不同底人們配合而成底了。（見張著「理性與民主」第八頁）

此外則費孝通教授最近在倫敦經濟學院，一篇「現代中國社會變遷之文化癥結」講演，向英國人以他們的 Sportsman Ship 比喻中國的社會結構，其意見亦足相印證。此不具引。

在中國沒有個人觀念；一個中國人似不為其自己而存在。然在西洋，則正好相反了。張先生書中，把西洋個人觀念之淵源，從希臘文化、希伯來文化、羅馬法等等說起，極有學術價值。但我們先不說那樣遠。我只指出它是近代產物，打從中古西洋人生之反動而來。誰都知道，西洋近代潮流主要在「個人之覺醒」，促使「個人之覺醒」者有二：第一，是西洋中古基督教禁慾主義逼著它起反動，就爆發出來近代之欲望本位底人生；肯定了欲望，就肯定個人。第二，是西洋中古過強底集團生活逼著它起反動，反動起來底當然就是個人了。一面有慾望之抬頭，一面個人又受不了那過分干涉；兩面合起來，不是就產生人權自由之說了嗎？近代以來，所謂「箇人本位底社會」即由這樣對中古革命而出現於世。在社會組織上是箇人本位；到法律上，就形著爲權利本位底法律。於是在中國。瀰天漫地是義務觀念者，在西洋世界上却活躍著權利觀念了。在中國幾乎看不見有自己，在西洋恰是自己本位，或自我中心。——這眞是很好底一種對映。

此其相異，於中西日常禮儀上即可看出。如西洋人宴客，自己坐在正中，客人反在他的兩旁。尊貴底客人，近在左右手；其他客人便愈去愈遠。宴後如或拍影，數十百人皆爲自己作陪襯，亦復如是。中國則客來必請上座，自己在下面相陪。宴席之間，貴客高居上座，離主人最遠；其近在左右手者，不過是末座陪賓了。尋其意味，我則尊敬對方，謙卑自處；西洋則自我中心，示其親昵。——這完全是兩種精神。

權利一詞，是近數十年之舶來品，譯自英文 Rights。論其字之本誼，爲「正當合理」，與吾人之所尙初無不合。但有根本相異者，即它不出於對方之認許，或第三方面之一般公認，而是由自己說出。例如子女享受父母之教養供給，誰說不是應當底。但如子女對父母說，「這是我的權利」，「你應該養活我」，「你要給我相當教育費」，——便大大不合中國味道。假如父母對子女說，「我應當養活你們到長大」；「我應給你們相當教育」；——這便合味道了。就是父母對子女而主張自己權利，亦一樣不合。不過沿着自幼小教導子女而來底習慣，父母責子女以孝養聽着好像不如是之不順耳而已。其他各種關係，一切準此可知。要之，各人盡自己義務爲先；權利則待對方賦與，莫自己主張。這是中國倫理社會所準據之理念。而就在彼此各盡其義務時，彼此權利自在其中，並沒有漏掉，亦沒有遲延。事實不改，而精神却變了。自第一次大戰後，世界風氣亦有許多轉變，却總沒有轉到如此，他們一種轉變是：個人對於國家當初只希望它不干涉者，此時轉而希望它能積極負責。於是許多國家的新憲法（一九一九年德憲爲其代表）於人民消極性權利之外，多規定些積極性權利，類如什麼生存權、要工作權、受教育權等等。又一種轉變是：社會本位思想抬頭了，國家要採干涉主義加重人民的義務。於是新憲法又添上：如何運用財產亦是人民的義務，如何受教育亦是人民的義務，如何工作亦是人民的義務，乃至選舉投票亦是人民的義務，國家得從而強制之。這兩種轉變，顯然都是出於一個趨勢，就是國家這一團體愈來愈見重要。雖是一個趨勢，而因爲說話立場不同，有時站在這面，有時站在那面，却不免矛盾起來。其所以起矛盾者，卽爲兩面各自主張其權利，而互以義務課於對方。若以我們倫理眼光來看，在國家一面，要把選舉認爲是國民的權利而尊重之，而以實行公開選舉爲國家必踐之義務；在國民一面，則承認國家有權召集我們投票，承認投票是我們的義務而履行之。其他準此推之，無不迎刃而解。試問還有什麼紛歧，還有什麼矛盾呢？但習慣於自我中心底西方人，則不會這樣想這樣說。他或者就爲個人設想，爲個人說話；——他若是個人本位主義者便如此。他或者就爲國家設想，爲國家說話；——他若是團體本位主義者，便如此。

前曾說，在社會與個人相互關係上把重點放在個人者，是謂個人本位；同在此關係上，把重點放在社會者，是謂社會本位。誠然，中國之倫理只看見此一人與彼一人之相互間，而忽視社會與個人相互間的關係。——這是由於他缺乏集團生活，勢不可免之缺點。但他所發揮互以對方為重之理，卻是一大貢獻。這就是：不把重點固定放在任何一方，而從乎其關係，彼此相交換；其重點實在放在關係上了。倫理本位者，關係本位也。非唯鞏固了關係，而且輕重得其均衡不落一偏。若以此理應用於社會與個人之間，豈不甚妙！

團體權力與個人自由，在西洋為自古訖今之一大問題，難於解決。平心而論，各有各理；固執一偏，皆有所失。最合理想底解決，是這樣：

一、平常時候，維持均衡，不落一偏；

二、於必要時，隨有軒輊，伸縮自如。

但有何方法能達成這理想呢？如果說：「兩邊都不要偏，我們要一個均衡！」則只是一句空話，不著邊際，說了等於不說。如要有所指示，使人得所循守，而又不偏到一邊去；那只有根據倫理，指示站在團體一面必尊重個人；而站在個人一面，則應以團體為重。此外更無他道。其實從現在看來，當初要確定「個人本位」或要確定「團體本位」，都是錯底。根本不應當定一客觀標準令人循從。話應當看是誰說底。離開說話底人，不能有一句話標準。是隨人底，沒有一個絕對標準；此即所謂相對論。相對論是真理，是天下最通達底道理。中國倫理思想，就是一個相對論。兩方互以對方為重，才能產生均衡。而由於不呆板底以團體為重，亦不呆板底以個人為建，而具一活道理，於必要時自能隨其所需而申縮。——一個難題，圓滿解決。

（註一）見留著鄉村建設理論第五四頁。

（註二）嚴先生據社會通詮以排滿爲宗法思想，章先生則據歷史指出春秋戰國許多不排外之事，以明中國早與宗法社會條件不合，參看本書第八章。

（註三）但對於無謀生能力不能維持生活之父母，則民法上大都規定其子女有扶養之義務。

（註四）亡友王鴻一先生嘗謂：禽獸但知有現在，人類乃更有過去未來觀念，故人生不能以現在爲止。宗教即爲解決此三世問題者，是以有天堂淨土地獄輪迴一類說法。中國人則以一家之三世——祖先、本身、兒孫——爲三世。過去信仰，寄於祖先父母；現在安慰，寄於家室和合；將來希望，寄於兒孫後代。此較之宗教，徹底解決，爲明通切實云云，附此以備參考。

（註五）見「中國民族自救運動之最後覺悟」第八六頁，中華書局出版。

第六章　以道德代宗教（註一）

一　宗教是什麼

家族生活、集團生活同為最早人群所固有；但後來中國人家族生活偏勝，西方人集團生活偏勝，各走一路。西方之路，基督教實開之；中國之路則打從周孔教化來底：宗教問題實為中西文化的分水嶺。凡此理致，於上已露其端。現在要繼續闡明底，是周孔教化及其影響於中國者；同時，對看基督教所予西洋之影響。於此，必須一談宗教。

人類文化都是以宗教開端；且每依宗教為中心。人群秩序及政治，導源於宗教；人的思想知識以至各種學術，亦無不導源於宗教。並且至今尚有以宗教包辦一切底文化；——西藏其一例。不僅文化不甚高底時候如此，便是高等文化亦多託庇在一偉大宗教下，而孕育發展出來；——近代歐美即其例。我們知道，非有較高文化不能形成一大民族；而此一大民族之統一，却每都有賴一個大宗教。宗教之漸失其重要，乃只晚近之事耳。

蓋人類文化佔最大部份底，誠不外那些爲人生而有底工具手段、方法技術、組織制度等。但這些雖極佔分量，却只居從屬地位。居中心而爲之主底，是其一種人生態度，是其所有之價值判斷。——此即是說，主要還在其人生何所取捨，何所好惡，何是何非，何去何從。這裏定了，其他一切莫不隨之。不同底文化，要在這裏辨其不同。文化之改造，亦重在此，而不在其從屬部分。否則，此處不改，其他儘多變換，無關宏旨。此人生態度或價值判斷寓於一切文化間，或隱或顯，無所不在。而尤以宗教、道德、禮俗、法律這幾樣東西特爲其寄寓之所。道德、禮俗、法律皆屬後起，初時蓋蘊孕於宗教之中而不分。是即所以人類文化不能不以宗教開端，並依宗教作中心了。

人類文化之必造端於宗教，尙自有故。蓋最早之人羣，社會關係甚疏，彼此相需相待不可或離之結構未著；然若分離零散則不成社會，亦將無文化。宗教於此，恰好有其統攝凝聚的功用。此其一。又社會生活之進行，不能不賴有一種秩序；但羣衆間互相了解，彼此同意，從理性而建立秩序，自不能期望於那時底人。而且因衝動太強，蠻不畏死，峻法嚴刑亦每每無用。建立秩序之道，幾窮。宗教恰好在此處，有其統攝馴服的功用。此其二。此兩種功用皆從一個要點來，即趁其在惶怖疑惑及種種不安之幻想中，而建立一共同信仰目標。一共同信仰目標既立，渙散底人羣自能收攝凝聚，而同時宰制衆人調馴獷悍的種種方法，亦從而得到了。

宗教是什麼？此非一言可答。但我們却可指出所有大大小小高下不等底種種宗教，有其共同之點，就是：

一切宗教都從超絕於人類知識處立他的根據，而以人類情志之安慰勗勉爲事（註十二）分析之，可得兩點：

一、宗教必以對於人的情志方面之安慰勗勉爲其事務；

二、宗教必以對於人的知識方面之超外背反立其根據。

世間不拘何物，總是應於需要而有宗教之出現，即是爲了人類情志不安而來。人類情志方面安或不安，強或弱，因時代變化而異，所以自古訖今，宗教亦時盛時衰。——這是從前一面看。從後一面看：儘管宗教要在超絕於知識處立足，而如何立足法（如何形成其宗教）却必視乎其人之知識文化而定。人類知識文化各時各地既大爲不等，所以其宗教亦就高下不等。

據此而談，人類文化初期之需要宗教，是當然底。因那時人類對於自然環境，一切不明白；由於不明白，亦就不能控制；因於不能控制，亦就受其威脅禍害，而情志遂日在惶怖不安之中。同時，其只能有極幼稚之迷信，極低等之宗教，亦是當然底。因那時人的知識文化，原只能產生這個。在此後，一般說來人類對付自然之知能是進步了。而天災雖減，人禍代興，情志不安底情形還是嚴重。且其法律和道德雖漸漸有了，還不足以當文化中心之任；爲了維持社會發展文化，尤其少不了宗教。所以上古中古之世宗教稱盛，必待有如歐洲近代文明者出現，局勢乃爲之一變；

第一、科學發達，知識取迷信玄想而代之。

第二、征服自然之威力猛進，人類意態轉強。

第三、富於理智批評的精神，於信仰之不合理者漸難容認。

第四、人與人相需相待不可或離之結構，已從經濟上建築起來，而社會秩序則受成於政治；此時作為文化之中心者，已漸在道德、禮俗、法律。

第五、生活競爭激烈，物質文明之誘惑亦多，人生疲於對外，一切模糊混過。

人們對於宗教之需要，既遠不如前，而知見明利，又使宗教之安立倍難於前；於是從近代到今天，宗教之失勢，遂不可挽。

有些人，輕率推斷宗教後此將不復在人類文化中有其位置。此證之以最近歐美有識之士，警覺於現代文明之危機者，又轉其眼光及興趣於宗教，而有以知其不然。我們說到此，亦不能不更向深處說一說。

宗教是什麼？如我在東西文化及其哲學所說：

> 宗教者，出世之謂也。方人類文化之萌，而宗教萌焉；方宗教之萌，而出世之傾向萌焉。人類之求生活傾向為正，為主；同時此出世傾向為反，為賓。一正一反，一主一賓，常相輔以維繫生活而促進文化。（東西文化及其哲學第一一三頁）

本書前章亦曾提及：

人類的生命具有相反之兩面：一面是從軀殼起念之傾向；又一面是傾向於超軀殼或反軀殼。（中略）宗教正是代表後一傾向。

宗教的眞根據是在出世。出世間者，世間之所託。世間有限也，而託於無限；世間相對也，而託於絕對；世間生滅也，而託於不生滅。超軀殼或反軀殼，無非出世傾向之異名。這傾向，則爲人類打開一般生物之錮閉性而有。（上略）蓋生物進化到人類，實開一異境；一切生物均限於「有對」之中，唯人類則以「有對」超進於「無對」，──他一面還是站脚在「有對」，一面實又超「有對」而進於「無對」了。（中國民族自救運動之最後覺悟第三四二頁）

世間，出世間，非一非異，隔而不隔。從乎有對，則隔；從其無對，則不隔。──這些話只是說在這裏，不及講明；講明待另成專書。

人總是若明若昧地，或直接或間接地，傾向於出世，蓋不容已。此亦不必皆形成宗教，而宗教之本則在此。

費爾巴赫 L. Feuerbach 著「宗教之本質」一書，其第一章總括地說「依賴感乃是宗教的根源」。我們說到信教，亦恆云「皈依」。其情恰亦可見。然依賴却有多種不同。宗教最初可說是一種對於外力之假借；此外力却實在就是自己。其所依賴者，原出於自己一種構想。但這樣轉一灣過來，便有無比奇效。因爲自己力量卑自絕遠，而自己不能發現。宗教中所有對象之偉大、崇高、永恆、真實、美善、純潔，原是人自己本具之德，而自己卻相信不及。經這樣一轉灣，自己隨即偉大，隨即純潔，於不自覺。其自我否定，每每就是另一方式並進一步之自我肯定。宗教最後則不經假借，徑直出世，依賴，所依賴，混合無間，由解放自己而完成自己。所以同一禮拜祈禱，同一懺悔清修，恆視其人而異其內容。宗教之恆視其時代文化而異其品第，亦正為此。

「弱者而後需要宗教，愚者而後接受宗教；」過去或不免有此情形，非所論於一切。胡石青先生有云「理智盡處生信仰；」此謂理智有盡，理智與信仰非必不相容。基督徒有云「宗教之可貴在它使人得到最大底好處；」此好處謂「永生。」「永生」雖為基督教名詞，而其旨引申可通於一切。這兩則說話都不及深而宗教，可能宗教之必要可識已。

二　宗教在中國

宗教在中國，有其同於他方之一般底情形，亦有其獨具之特殊底情形。文化都是以宗教開端，中國亦無例外。有如王治心「中國宗教思想史大綱」所述最早之圖騰崇拜，庶物崇拜、羣神崇拜等，即其一般底情形。其自古相傳未斷之祭天祀祖，則須分別觀之：在周孔教化未興時，當亦為一種宗教；在周孔教化既興之後，表面似無大改，而留心辨察實進入一特殊情形了。質言之，此後之中國文化，其中心便移到非宗教底周孔教化上面祭天祀祖只構成周孔教化之一條件而已。

往者胡石青先生論中國宗教，（註三）似未曾留心此分別。茲先引述其說，再申明我的意見。胡先生列世界宗教爲三大系：希伯來一系，印度一系，中國亦爲一系。他說「大教無名，惟中國系之宗教是以當之」其內容「合天人包萬有」約舉要義則有三：

一、尊天。「天之大德曰生」「萬物本乎天」人之存在，不能自外於天地。

二、敬祖。「人爲萬物之靈」而「人本乎祖」究本身之由來，不能自外於祖先。

三、崇德報功。漁牧工農宮室舟車文物制度，凡吾人生活日用皆食古人創造之賜，要莫能外。——按祭孔應屬於此一則中。

此三原則皆有充量誠信之價值；決不利用人民因理智不到而生畏懼之弱點，以別生作用。亦不規定入教之形式，不作教會之組織，以示拘束。與此不悖之各地習俗或外來宗教，亦不加干涉，不事排斥。亘古不見宗教戰爭。故實爲人類信仰中之唯一最正大最自由者。——以上均見胡著人類主義初草第一篇第三章。

胡先生一面不把中國劃出於宗教範圍外，一面亦不曾歪曲了中國的特殊事實，貶損了中國的特殊精神。這是一種很通達說法，我們未嘗不可以接受之。却是我願點出：凡此所說，都是早經周孔轉過一道手而來底，恐怕不是古初原物。如我推斷，三千年前底中國不出一般之例，近三千年底中國，則當別論。胡先生似不免以近三千年底中國爲準，而渾括三千年前底中國在內。以下接續申明我的意見。

前於第一章列舉「幾乎沒有宗教底人生」爲中國文化一大特徵，說中國文化內缺乏宗教，卽是指近三千年而言。何以說中國文化斷自周孔以後，而以前不計？則以中國文化之發展開朗，原是近三千年底事，卽周孔以後底事；此其一。中國文化之流傳到現在，且一直爲中國民族所實際受用者，是周孔以來底文化；三千年以上者於後世生活無大關係，僅在文化史上佔分量而已；此其二。周孔以來底中國文化，其中有一些成分顯然屬於宗教範疇；何以說它缺乏宗教，說它是「幾乎沒有宗教底人生」？則以此三千年底文化，其發展統一不依宗教做中心。前說，非較高文化不能形成一大民族，而此一大民族文化之統一，每有賴一大宗教。中國以偌大民族，偌大地域，各方風土人情之異，語音之多隔，交通之不便，所以樹立其文化之統一者，自必有爲此一民族社會所共信共喻，共涵育生息之一精神中心在。唯以此中心而後文化推廣得出，民族生命擴延得久，異族迭入而先後同化不爲礙。此中心在別處每爲一大宗教者，在這裏卻誰都知道是周孔教化而非任何一宗教。

兩千餘年來中國之風教文化，孔子實爲其中心。不可否認地，此時有種種宗教並存。首先有沿襲自古底祭天祀祖之類。然而卻已變質，而構成孔子教化內涵之一部分。再則有不少外來宗教，如佛教、回教、基督教等等。然試問：這些宗教進來，誰曾影響到孔子的位置？非獨奪取中心地位談不到，而且差不多都要表示對孔子之尊重，表示彼此並無衝突，或且精神一致。結果，彼此大家相安，而他們都成了「幫腔」。這樣，在確認周孔教化非宗教之時，我們當然就可以說中國缺乏宗教這句話了。

三　周孔教化非宗教

中國數千年風教文化之所由形成，周孔之力最大。舉周公來代表他以前那些人物；舉孔子來代表他以後那些人物；故說「周孔教化」。周公及其所代表者，多半貢獻在具體創造上，如禮樂制度之制作等。孔子則似是於昔賢制作，大有所悟，從而推闡其理以教人。道理之創發，自是更根本之貢獻，啟迪後人於無窮，所以在後兩千多年底影響上說，孔子又遠大過周公。為判定周孔教化是否宗教，首先要認清孔子為人及孔門學風。

孔子及其門徒之非宗教論者已多。例如美國桑戴克 Lynn Thorndike 世界文化史一書所說就很好；他說：

> 孔子絕不自稱為神所使，或得神啟示，而且「子不語怪、力、亂、神。」
>
> 孔子沒後，弟子亦未奉之為神。
>
> 孔子不似佛之忽然大覺，但「學而不厭，」「過則勿憚改。」
>
> 孔子絕無避世之意，而周遊列國，求有所遇，以行其改革思想。（這對於宗教出世而說，孔子是世俗底。）

孔子嘗答其弟子曰：「未能事人，焉能事鬼；」「未知生，焉知死，」「務民之義，敬鬼神而遠之，可謂知矣；」

其自表甚明。

在賀兒巴赫「宗教本質講演錄」中，曾說「唯有人的墳墓才是神的發祥地；」又說「若世上沒有死這回事，那亦就沒宗教了。」這是絕妙而又精確底話。世間最使人情志動搖不安之事，莫過於所親愛者之死和自己的死。而同時生死之故，最渺茫難知。所以它恰合於產生宗教底兩條件：情志方面正需要宗教，知識方面則方便於宗教之建立。然在宗教總脫不開生死鬼神這一套底，孔子偏不談它。這就充分證明孔子不是宗教。

隨着生死鬼神這一套而來底，是宗教上之罪福觀念和祈禱禳祓之一切宗教行為。但孔子對人之請禱，先反問他「有諸？」繼之則曰「丘之禱也久矣！」對人媚奧媚竈之問，則曰「不然，獲罪於天無所禱也！」

宗教所必具之要素，在孔子不具備；在孔子有他一種精神，又為宗教所不能有。這就是他相信人都有理性，而完全信賴人類自己所謂「是非之心，人皆有之；」什麼事該作，什麼事不該作，從理性上原自明白。一時若不明白，試想一想看，終可明白。因此孔子沒有獨斷地標準給人，而要人自己反省。例如宰我嫌三年喪太久，似乎一週年亦可以了。孔子絕不直斥其非，和婉地問他「食夫稻，衣夫錦，於汝安乎？」他回答曰「安。」便說「汝安則為之。夫君子之居喪，食旨不甘，聞樂不樂，居處不安，故不為也。今汝安，則為之！」說明理由，仍讓他自己判斷。又如子貢欲去告朔之餼羊，孔子亦只婉歎地說「賜也！爾愛其羊，我愛其禮！」指出彼此之觀點，而不作斷案。誰不知儒家極重禮，但你看他卻可如此隨意拿來討論改作；這就是宗教裏所萬不能有底事。各大宗教亦莫不各有其禮而往往因末節一點出入，引起凶爭慘禍。試舉一例，以資對照：

英王亨利第八曾親身審判信奉 Zwingli 主張之新教徒，並引據聖經以證明基督之血與肉，果然存在於儀節之中，定以死刑，用火焚而殺之。一五三九年國會又通過法案曰「六條」Six Articles 宣言基督之血與肉果然存在於行聖餐禮時所用之麵包與酒中。凡膽敢公然懷疑者則以火焚之。（下略）（見何炳松中古歐洲史第二七八頁）

這是何等迷信固執不通！在我們覺得可駭亦復可笑，其實在他們是不足怪底。宗教上原是奉行神的教誡，不出於人的制作。其標準爲外在底，呆定底，絕對底。若孔子教人所行之禮，則是人行其自己應行之事，斟酌於人情之所宜，有如禮記之所說「非從天降，非從地出，人情而已矣」。其標準不在外而在內，不是呆定底而是活動底。

照王治心先生「中國宗教思想史大綱」所述，中國古來崇信「天」之宗教觀念，沿至東周而有變化，至春秋戰國百家爭鳴之時而分兩路。儒家和道家皆懷疑一路之代表，唯墨家則代表信仰一路。道家老子莊子，顯然具有無神論及唯物論機械論之論調。儒家孔子雖沒有否定神之存在，而言語間模棱含糊，其神好像存於主觀而止。所以墨子「非儒篇」譏評他們「無鬼而學祭禮」，是很切當的。下傳至孟子荀子。孟子還從民意驗取天意荀子就根本否認天的意志而說君子「敬其在己而不慕其在天。」其反對「錯人而思天，」與左傳上「國將興，聽於民；國將亡，聽於神；」意思相同。後來漢朝王充作「論衡，」極力破除迷信，似淵源於荀派。墨子學派後來不傳，其所根源古代的天神崇拜，則影響於中國下層社會甚大云。——這所說，大體都很對；只末一句，待商。

四　中國以道德代宗教

孔子並沒有排斥或批評宗教（這是在當時不免爲愚蠢之舉底。）但他實是宗教最有力底敵人，因他專從啓發人類的理性作功夫。中國經書在世界一切所有各古代經典中，具有誰莫與比底開明氣息，最少不近理底神話與迷信。這或者它原來就不多，或者由於孔子的刪訂。這樣，就使得中國人頭腦少了許多障蔽。從「論語」一書我們更可見孔門的教法，一面極力避免宗教之迷信與獨斷 Dogma 而一面務爲理性之啓發。除上舉宰我子貢二事例外，其他處處亦無非指點人用心回省。例如——

己所不欲，勿施於人。

曾子曰，吾日三省吾身：爲人謀而不忠乎？與朋友交而不信乎？傳不習乎？

三人行必有我師焉：擇其善者而從之，其不善者而改之。

見賢思齊焉；見不賢而內自省也！

子曰：已矣乎！吾未見能見其過而內自訟者也！

司馬牛問君子。子曰，君子不憂不懼。曰，不憂不懼，斯謂之君子已乎？子曰，內省不疚，夫何憂何懼。

子曰，吾與回言終日，不違如愚。退而省其私，亦足以發，回也不愚。

君子有九思：視思明，聽思聰，色思溫，貌思恭，言思忠，事思敬，疑思問，忿思難，見得思義。

蘧伯玉使人於孔子；孔子與之坐而問焉，曰，夫子何為？對曰，夫子欲寡其過而未能也！

子貢方人。子曰，賜也賢乎哉！夫我則不暇。

子曰，不憤不啓，不悱不發；舉一隅不以三隅反，則不復也。

論語中如此之例，還多得很，從可想見距今二千五百年前孔門的教法與學風。他總是教人自己省察，自己用心去想，養成你自己的辨別力。尤其要當心你自己容易錯誤，而勿甘心於錯誤。儒家沒有什麼教條給人；有之，便是教人反省自求一條而已。除了信賴人自己的理性，不再信賴其他。這是何等精神！人類便再進步一萬年，怕亦不得超過罷！

請問：這是什麼？這是道德，不是宗教。道德為理性之事，存於個人之自覺自律。宗教為信仰之事，寄於教徒之恪守教誡。中國自有孔子以來，便受其影響，走上以道德代宗教之路。這恰恰與宗教之教人舍其自信而信他，要其自力而靠他力者相反。

宗教道德二者，對個人，都是要人向上遷善；然而宗教之生效快，而且力大，並且不易失墜，對社會，亦是這樣。二者都能為人群形成好底風紀秩序，而其收效之難易，卻簡直不可以相比。這就為宗教本是一個方法，而道德則否。宗教如前所分析，是一種對於外力之假借；而此外力實在就是自己。它比道德多一個彎，而神妙奇效即在此。在人類文化歷史上，道德比之宗教，遠為後出。蓋人類雖為理性底動物，而理性之在人，卻必漸次以開發。在個體生命上，要隨着年齡及身體發育成長而後顯；在社會生命上，則須待社會經濟文化之進步為其基礎，乃得透達而開展。不料古代中國竟要提早一步，而實現此至難之事。我說中國文化是人類文化的早熟，正指此。

孔子而後，假使繼起無人，則其事如何，仍未可知。卻恰有孟子出來，繼承孔子精神。他是最能切實指點出理性，給人看底。茲略舉其言以見一斑：

（上略）所以謂人皆有不忍人之心者，今人乍見孺子將入於井，皆有怵惕惻隱之心；非所以內交於孺子之父母也，非所以要譽於鄉黨朋友也，非惡其聲而然也。由是觀之，無惻隱之心，非人也。

惻隱之心，人皆有之；羞惡之心，人皆有之；恭敬之心，人皆有之；是非之心，人皆有之。惻隱之心，仁也；羞惡之心，義也；恭敬之心，禮也；是非之心，智也。仁、義、禮、智，非由外鑠我也，我固有之也，弗思耳矣！

（上略）故曰，口之於味也，有同嗜焉；耳之於聲也，有同聽焉；目之於色也，有同美焉；至於心，獨無所同然乎？心之所同然者何也？謂理也，義也。聖人先得我心之所同然耳。故理義之悅我心，猶芻豢之悅我口。

可欲之謂善。（下略）

無爲其所不爲，無欲其所不欲，如此而已矣！

生，亦我所欲也；義，亦我所欲也。二者不可得兼，舍生而取義者也。生亦我所欲，所欲有甚於生者，故不爲苟得也。死亦我所惡，所惡有甚於死者，故患有所不辟也。

人能充無欲害人之心，而仁不可勝用也。人能充無欲穿窬之心，而義不可勝用也。

後來最能繼承孟子精神底，爲王陽明；他就說「祇好惡，便盡了是非。」他們徑直以人生行爲準則，交託給人們的感情要求，真大膽之極！我說它「完全信賴人類自已」，就在此。這在古代，除了中國，除了儒家，沒有誰敢公然這樣主張。

徑直以人生行爲的準則，交託於人們的感情要求，是不免危險底。他且不冒舉一個與宗教對照之例於此：在中國的西北如甘肅等地方，回民與漢民雜處，其風紀秩序顯然兩樣。回民都沒有吸鴉片底，生活上且有許多良好習慣。漢民或吸或不吸，而以吸者居多。吸鴉片，就懶惰，就窮困，許多缺點因之而來。其故，就爲回民是有宗教底。其行爲準於教規，受教會之監督，不得自便。漢民雖號稱尊奉孔聖，卻沒有宗教規條及教會組織，就在任聽自便之中而許多人墮落了。

這種失敗，孔孟當然沒有看見。看見了，他仍未定放棄他的主張。他們似乎徹底不承認有外在準則可循。所以孟子總要爭辯義在內而不在外。在他看，勉循外面標準，只是義的襲取，只是「行仁義」而非「由仁義行」——其論調之高如此。然這是儒家真精神。這才真是道德，而分毫不雜不假；不可不知。

但宗教對於社會所担負之任務，是否就這樣以每箇人之自覺自律可替代得了呢？當然不行。古代宗教往往臨乎政治之上而涵容禮俗法制在內，可以說整箇社會靠它而組成，整箇文化靠它作中心，豈是輕輕以人們各自之道德所可替代！縱然欲重在道德上，道德之養成似亦要有箇依傍，這箇依傍便是「禮」。事實上，宗教在中國卒於被替代下來之故，大約由於二者：

一、安排倫理名分以組織社會；

二、設爲禮樂揖讓以涵養理性。

二者合起來，遂無事乎宗教。（註四）此二者在古時原可攝之於一「禮」字之內。在中國代替宗教者，實是周孔之「禮」。不過其歸趣，則在使人走上道德之路，恰有別於宗教。因此我們說：中國以道德代替宗教。

五　周孔之禮

道德、宗教皆今世才有之名詞，古人無此分別。孔子更未必有以道德代宗教的打算。不過我們從事後看去，中國歷史上有此情形，而其關鍵則在孔子而已。孔子深愛理性，深信理性。他要啓發衆人的理性；他要實現一箇「生活完全理性化底社會」——而其道則在禮樂制度。蓋理性在人類，雖始於思想或語言；但要啓發它實現它，却非僅從語言思想上所能爲功。抽象底道理，遠不如具體底禮樂。具體底禮樂，直接作用於身體，作用於血氣；人的心理情致隨之頓然變化於不覺，而理性乃油然現前，其效最大最神。這些禮樂，後世久已不得而見；其流傳至今者不過儒書（如「禮記」「儀禮」等）上一些記載而已。在把它通盤領會以後，我們知道禮樂設施之眼目，蓋在清明，安和四字，試看它所說底：

清明在躬，志氣如神。

是故君子反情以和其志，廣樂以成其教。樂行而民鄉方，可以觀德矣。德者，性之端也；樂者，德之華也；金石絲竹，樂之器也。詩，言其志也；歌，詠其聲也；舞，動其容也。三者本於心，然後樂器從之。是故情深而文明，氣盛而化神，和順積中，而英華發外，唯樂不可以爲僞。

禮樂不可斯須去身。致樂以治心，則易直子諒之心，油然生矣。易直子諒之心生，則樂；樂則安；安則久；久則天；天則神。天則不言而信；神則不怒而威；致樂以治心者也。致禮以治躬，則莊敬；莊敬則嚴威。心中斯須不和不樂，而鄙詐之心入之矣。外貌斯須不莊不敬，而易慢之心入之矣。故樂也者，動於內者也。禮也者，動於外者也。樂極和，禮極順。內和而外順，則民瞻其顏色而非與爭也；望其容貌而民不生易慢焉。故曰，致禮樂之道，舉而飾之天下皆寧矣！

（上略）故樂行而倫淸，耳目聰明，血氣和平，移風易俗，天下皆寧。

理性是什麼，下章隨有分析說明。這裏且以淸明安和四字點出之，形容之而顯然與理性相違者，則有二：一是愚蔽偏執之情，一是強暴衝動之氣。二者恆相因而至；而有一於此，理性即受到妨礙。質言之，人即遠失於理性。這是孔子所最怕底。孔子本無所憎惡於宗教；然而他卻容受不了這二者。這二者在古代宗教每不能免；他既避之若不及，於是亦就脫出宗教之路。

人類的最大禍患，即從人類而來。天災，人禍二者相較，人禍遠凶過天災。在沒有文化時，還差些；愈有文化，愈不得了。今日世界戰爭，是其顯例。「移風易俗，天下皆寧，」是儒者所抱志願；照我替他解說，就是要使人間無人禍而已。人禍如何得免？此應察看人禍究由何起。很多說是由自私起底，並以為自私是人的本性。這完全是一說；解此暫不加剖辨。我且提出一問題來：一個明白人是否亦要自私？或許有人承認，明白人不自私罷。然則病在不明白而已。再試問：一個自私底人若極其明白，是否還必得損人以求利己？似乎許多事理所詔示吾人者，不如此罷（所詔示者，都是兩利為利，損人亦將損己，為了利己不必損人。）然則問題還是怕不明白而已。再設想：人雖自私，卻絕不殘暴，是否禍害可以減輕呢？諒來必亦承認是可減輕底。然則自私還不可怕，可怕是強暴凶殘了。總起來說，人禍之所由起及其所以烈，實為愚蔽偏執之情與強暴衝動之氣兩大問題，若得免於二者，自私未足爲禍。更實在講，若免於二者，則亦無自私；不過此理深細，人多不識罷了。總之，愚蔽、強暴、自私、是一邊；清明安和底理性，又是一邊；出於此則入於彼。人而爲禍於人，總由前者；從乎理性，必無人禍。古時儒家澈見及此，乃苦心孤詣努力一偉大底禮樂運動，以求消弭人禍於無形。它要把人生一切安排妥當而優美化之，深醇化之，亦卽澈頭澈尾理性化之。古時人的公私生活，從政治、法律、軍事、外交，到養生送死之一切，既多半離不開宗教，所以它首在把古宗教轉化爲禮，更把宗教所未及者，亦無不禮樂化之。所謂「禮樂不可斯須去身，」蓋要人常不失於清明安和，日遠於愚蔽與強暴而不自知。

儒家之把古宗教轉化爲禮，馮友蘭先生見之最明，言之甚早。他先以一篇論文發表，後又著見於他的中國哲學史四一七——四三二頁。他引證儒家自己理論，來指點其所有祭祀喪葬各禮文儀式，祇是詩、祇是藝術，而不復是宗教。這些禮文，一面既妙能慰安情感，極其曲盡深到；一面復見其所爲開明通達，不悖理性。他說：

近人桑戴延納 Gerge Santa Yana 主張宗教亦宜放棄其迷信與獨斷，而自比於詩。但依儒家對於其所擁護之喪祭各禮之解釋，則儒家早已將古時之宗教，修正爲詩。古時之喪祭各禮，或爲宗教儀式，其中包含不少之迷信與獨斷。但儒家以述爲作，加以澄清，與之以新意義，使之由宗教變而爲詩。斯乃儒家之大貢獻也。

本來在儒家自己的話中，亦實在說得太分明了。例如：

祭者，志意思慕之情也，忠信愛敬之至矣；禮節文貌之盛矣！苟非聖人，莫之能知也。聖人明知之，君子安行之；官人以爲守，百姓以成俗。其在君子，以爲人道也；其在百姓，以爲鬼事也。（荀子禮論篇）

雩而雨，何也？曰，無他也，猶不雩而雨也。日月食而救之，天旱而雩，卜筮然後決大事，非以爲求得也，以文之也。故君子以爲文，而百姓以爲神。（荀子天論篇）

大約從祀天祭祖以至祀百神這些禮文，在消極一面可說是不欲驟改驟廢，以驚駭世俗人的耳目；在積極一面，則一一本皆有其應有之情文，宜爲適當之抒表。馮先生所謂「與之以新意義」者，其實不過使之合理化而已。（凡不能使之合理化底，則不在祀典禮如記祭法之所說。）這些禮文，或則引發崇高之情，或則綿永篤舊之情，使人自盡其心而涵厚其德，務鄭重其事而妥安其志。人生如此，乃安穩牢韌而有味，却並非要向外求得什麼。——此爲其根本不同於宗教之處。

表面上看，其不同於宗教者在其不迷信。然須知一般人爲何要迷信？孔子又如何便能教人不迷信？一般地說，迷信實根於人們要向外有所求得之心理而來。我在舊著中曾說：

宗教這樣東西，饑不可爲食，渴不可爲飲，而人們偏喜歡接受它，果何所爲呢？這就因爲人們的生活多是靠希望來維持，而它是能維持希望底。人常是有所希望，要求，就靠着希望之滿足而慰安；對着前面希望之接近而鼓舞；因希望之不斷而忍耐勉勵。失望與絕望，於他是難堪。然而怎能沒有失望與絕望呢！恐怕人們所希求者，不得滿足是常，得滿足或是例外哩！這樣一覽而盡狹小迫促底世界，誰能受得？於是人們自然就要超越知識界限，打破理智冷酷，闢出一超絕神秘底世界來，使他的希望要求範圍更拓廣，內容更豐富意味更深長，尤其是結果更渺茫不定。一般底宗教就從這裏產生；而祈禱禳祓爲一般宗教所不可少，亦就爲此。雖然這不過是世俗人所得於宗教底受用，了無深義；然宗教即從而穩定其人生，使得各人能以生活下去，而不致潰裂橫決。（中國民族自救運動之最後覺悟六七頁）

孔子正亦要穩定人生，但其所以穩定之者，又別有其道。我在舊著中曾說：

（上略）他給人以整箇底人生。他使你無所得而暢快，不是使你有所得而滿足；他使你忘物、忘我、忘一切，不使你分別物我而逐求。怎能有這大本領？這就在他的禮樂。（同前書六八頁）

禮樂使人處於詩與藝術之中，無所謂迷信不迷信，而迷信自不生。孔子只不教人迷信而已，似未嘗破除迷信。他的禮樂有宗教之用，而無宗教之弊；亦正唯其極鄰近宗教，乃排斥了宗教。

六　以倫理組織社會

設爲禮樂揖讓以涵養理性，是禮的一面；還有「安排倫理名分以組織社會」之一面，略說如次：

前章講中國是倫理本位底社會；此倫理無疑地是脫胎於古宗法社會而來，猶之禮樂是因襲自古宗教而來一樣。孔子自己所說「述而不作」大約即指此等處。而其實呢，恰是寓作於述，以述爲作。古宗教之蛻化爲禮樂，古宗法之蛻化爲倫理，顯然都經過一道手來底。禮樂之制作，猶或許以前人之貢獻爲多；至於倫理名分，則多出於孔子之教。孔子在這方面所作功夫，即論語上所謂「正名」。其教蓋萃於「春秋」。「春秋以道名分」（見莊子天下篇）正謂此。

我起初甚不喜「名分」之說，覺得這誠然是封建了。對於孔子之強調「正名」，頗不感興趣；所以東西文化及其哲學講孔子處各樣都講到，獨不及此。心知其與名學論理不甚相干，但因不了然其真正意義所在，亦姑妄聽之。我之恍然有悟，實在經過幾多步驟來底。領悟到社會結構是文化的骨幹，而中國文化之特殊，正須從其社會是倫理本位底社會來認識，這是初一步。這是早先講東西文化及其哲學時全未曾懂得底。到講鄉村建設理論時，固已點出此倫理本位底社會如何不同於西洋之個人本位底社會或社會本位底社會；然只模糊意識到它是家族本位底宗法社會之一種蛻變，還未十分留意其所從來。最後方曉得孔子特別着眼到此，而下了一番功夫在。這就是我以前所不了然底「名分」與「正名」。假若不經過這一手歷史亦許輕輕滑過，而倫理本位底社會未必能形成。

封建社會例有等級身分等區別，此所謂「分名」似又其加詳者。等級身分之所以立，本有其政治底意義和經濟底意義；但其建立與鞏固，則靠宗教。蓋一切宗法的秩序封建的秩序要莫不仰託神權，而於宗教補其根此驗之各地社會而胥然者。階級身分之幾若不可踰越不可侵犯者，正爲此中國之倫理名分，原出於古宗法古封建，誰亦不否認；却是孔子以後，就非宗法封建原物，愈到後來愈不是。此其變化，與禮樂宗教之一興一替，完全相聯爲一事，同屬理性抬頭之結果。

我們試舉幾箇淺明事例——

印度和中國，同爲具有古老傳統底社會，在其社會史上皆少變化進步。但他們却有極端不同處：印度是世界上階級身分區別最多最嚴底社會，而中國却最少，且不嚴格。（這種較量當然不包含近代歐美社會。）像印度之有幾千種區別，舉其著者猶有八十幾種，在中國人是不得其解底，且不能想像底。像印度有那種「不可撫觸底人」，中國人聽說只覺好笑，沒有人會承認這事。此一端極不同，與另一極端不同相聯。另一極端不同是：印度宗教最盛，而中國恰缺乏宗教。前者正是由於宗教而使得社會上固執不通底習俗觀念特別多；後者之開豁通達，則理性抬頭之明徵也。

再一箇例，是日本。日本渡邊秀方著「中國國民性論」一書（北新書局譯本）曾指出中國人計君恩之輕重而報之以忠義，不同乎日本武士爲忠義的忠義（見原書廿三頁）。如諸葛亮感念於三顧之恩，其忠義實由感激先帝知遇；在日本的忠臣更無此計較之念存。難道若非三顧，而是二顧或一顧，就不必如此忠義嗎？他不曉得這原是倫理社會的忠義和封建社會的忠義不同處，而却被他無意中點出了。封建社會底關係是呆定底倫理社會，則其間關係準乎情理而定。孟子不是說過：君之視臣如手足，則臣視君如腹心；君之視臣如犬馬，則臣視君如國人；君之視臣如土芥，則臣視君如寇讎。儒家的理論原如是，受儒家影響底中國社會亦大致如是。唯日本過去雖承襲中國文化，而社會實質不同於中國，亦猶其後來之襲取西洋文化而社會實質不同於西洋一樣。關於此層（日本社會是封建底而非倫理底，）本書以後還論到，可參看。

三則中國社會向來強調長幼之序；此固倫理秩序之一原則，封建秩序所無有。然即在重視長幼之序中，仍有諺語云「人長理不長，那怕鬍拖尺把長；」可見其邁往於理性之精神。

從上三例，恰見有一種反階級身分底精神，行乎其間。其所以得如是結果，正由當初孔子所下底功夫（所謂「正名，」所謂「春秋以道名分，」）初非強調舊秩序，而是以舊秩序為藍本，却根據理性，作了新估定，隨處有新意義加進去。舉其顯明之例：世卿，（卿相世襲）在宗法上說，在封建上說，豈非當然底？而春秋却譏世卿非禮。又如弒君弒父，於宗法封建之世，自應絕對不容；然而依春秋義例，其中儘多曲折。有些是正弒君的罪名，使亂臣賊子懼；有些是正被弒者的罪名，使暴君凶父懼。後來孟子說底「聞誅一夫紂，未聞弒君，」正本於此。司馬遷說「春秋文成數萬，其指數千；」如此之類底「微言大義」「非常異義可怪之論，」是很多底。舊秩序至此慢慢變質，一新秩序不知不覺誕生出來。

新秩序，指倫理社會底秩序，略如我前章所說者。其誕生尚遠在以後，——須在封建解體之後，約當西漢世。不過尋根溯源，不能不歸功孔子。孔子的春秋大義，對當時封建秩序作修正功夫，要使它理想化，結果是白費底。但雖沒有其直接地成就，却有其間接地功效：第一。便是啓發出人的理性，使一切舊習俗舊觀念都失其不容懷疑。不容商量底獨斷性，而濟着情理作權衡。固然那些細微曲折底春秋義例，不能喩俗而情理自在人心，一經啓發，便蔚成勢力，寖寖乎要來衡量一切，而莫之能禦。此卽新秩序誕生之根本。第二便是諄諄於孝弟，敎篤家人父子間的恩情，並由近以及遠，善推其所爲，俾社會關係建築於情誼之上。這又是因人心所固有而爲之導達，自亦有沛然莫禦之勢。中國社會上溫潤之氣，餘於等威之分，而倫理代封建爲新秩序者，原本在此。

倫理之代封建爲新秩序，於此可舉一端爲證明。例如親兄弟兩個，在父母家庭間，從乎感情之自然，夫豈有什麼差別兩樣？然而在封建社會一到長大，父死子繼，則此兄弟兩個就截然不同等待遇了。——兄襲爵祿財產，而弟不與。此種長子繼承制由何而來：梅因 Henrys S. Maine 在其古代法名著中曾指出一個原則：「凡繼承制度之與政治有關係者，必爲長子繼承制。」大抵封建秩序宗法秩序都是爲其時政治上經濟上有其必要而建立；而超家庭底大集團生活則具有無比強大力量，抑制了家庭感情。及至時過境遷，無復必要而習俗相沿，忘所自來，此一制度每每還是機械地存在着。戰前（一九三六）我到日本參觀其鄉村，見有所謂「長子學校」者，訝而問之。乃知農家土地例由長子繼承，餘子無分。餘子多轉入都市謀生，長子多留鄉村；因而其教育途徑有不同。此足見其去封建未久，遺俗猶存。其實，就在歐洲國家亦大多保留此種風俗至於最近。唯中國獨否。中國實行遺產均分諸子辦法，據梁任公先生中國文化史說，幾近二千年了（見飲冰室合集之專集第十八册）這不是一件小事；這亦不是偶然。這就是以人心情理之自然，化除那封建秩序之不自然。所謂以倫理代封建者，此其顯著之一端。在一般之例，都是以家庭以外大集團的勢力支配了家庭關係，可說由外而內；其社會上許多不近情不近理不平等底事，非至近代未易糾正。而此則把家庭父子兄弟的感情關係推到大社會上去，可說由內而外；就使得大社會亦從而富於平等氣息，親切意味，為任何其他古老社會所未有。這種變化行乎不知不覺；倫理秩序初非一朝而誕生。它是一種禮俗；它是一種脫離宗教與封建，而自然形成於社會底禮俗。——禮俗，照一般之例恆隨附於宗教；宗教例必擁護封建；而禮俗則得封建之支持。但此則受啟發於一學派，非附麗於宗教；而且宗教卒自此衰歇。它受到社會廣泛支持，不倚靠封建或任何一種勢力，而且封建正為它所代替。

即此禮俗，便是後二千年中國文化的骨幹；它規定了中國社會的組織結構，大體上一直沒有變。舉世詫異不解底中國社會史問題，正出在它身上。所謂歷久鮮變底社會，長期停滯底文化，皆不外此。何以它能這樣長久不變？十八世紀歐洲自然法思潮中魁斯奈 Francois Qusnay，1694—1774 嘗解答說：中國所喚作天理天則，底正是自然法；其物中國文物制度正是。根本於自然法，故亦與自然同其悠久。這話不為無見。禮俗本來隨時在變底其能行之如此久遠者，蓋自有其根據於人心，非任何一種勢力所能維持。正如孟子所說，「聖人先得我心之所同然，」孔子原初一番啓發功夫之恰得其當，實最關緊要。

以我推想孔子最初着眼底，與其說在社會秩序或社會組織，毋寧說是在個人。——一個人如何完成他自己。中國老話「如何作人，」不過，人實是許多關係交織着之一個點，作人問題正發生在此，則社會組織社會秩序自亦同在着眼之中。譬如古希臘一個完滿底人格與最好底市民兩個觀念是不易分別底。這就是從團體（城市國家）之一份子來看個人團體關係遂為其着眼所及。中國情形大約最早就不同，因而孔子亦就不是這看法，而着眼在其為家庭之一員，而在家庭呢，又很容易看到他是父之子，子之父，……一類底倫偶相對關係，而置全體（全家）之組織關係於其次。一個完滿底人格，自然就是孝子、慈父……一類之綜合，却不會說一個完滿底人格就是最好底「家庭之一員」那樣抽象不易捉摸底話。——這是開初一步。兩條路就從此分了：一則重在團體與個人之間底關係；一則重在此一人與彼一人之間底關係，且近從家庭數起。一個人既在為子能孝，為父能慈，……而孝也，慈也，却無非本乎仁厚肫摯之情；那麼，如何敦厚此情感，自應為其着眼所在。——這是第二步。而孔子一學派所以與其他學派（中國的乃至世界的）比較不同之點，亦遂著於此：這就是人所共知底，孔子學派以敦勉孝弟和一切仁厚肫摯之情為其最大特色。孝子、慈父……：在個人為完成他自己，在社會，則某種組織與秩序，亦即由此而得完成。這是一回事，不是兩回事。猶之希臘人於完成其個人人格時，恰同時完成其城市國家之組織，是一樣底。不過，市民在其城市國家中之地位關係與權利義務，要著之於法律；而此則只可演爲禮俗，却不能把它作成法律。——這是第三步。而儒家倫理名分之所由興，即在此了。

禮俗與法律有何不同？孟德斯鳩「法意」上說：

蓋法律者，有其立之，而民守之者也；禮俗者，無其立之，而民成之者也。禮俗起於同風；法律本於定制。（嚴譯本十九卷十二章）

這是指出二者所由來之方式不同。其實還一不同，亦還爲其本質有着分別：禮俗示人以理想所尚，人因而知所自勉，以企及於那樣；法律示人以事實確定那樣，國家從而督行之，不得有所出入。雖二者之間有時不免相滲，然大較如是。最顯明底，一些缺乏客觀標準底要求，即難以訂入法律，而凡有待於人之自勉者，都只能以風教禮俗出之。法律不責人以道德；以道德責人，乃屬法律以外之事，然禮俗却正是期望人以道德；道德而通俗化，亦即成了禮俗。——明乎此，則基於情義底組織關係，如中國倫理者，其所以只可演爲禮俗而不能成法律，便亦明白。

張東蓀先生在其所著「理性與民主」一書上說，自古希臘羅馬以來，彼邦組織與秩序即著見於其法律。唯中國不然。中國自古所謂法律，不過是刑律；凡所規定都必與刑罰有關。它却沒有規定社會組織之功用，而只有防止人破壞已成秩序之功用。社會組織與秩序大部分存在於「禮」中，以習慣法行之，而不見於成文法（見原書六二——六七頁，原文甚長，大意如此。）他正亦是見到此處，足資印證。不過爲什麼一則走向法律，一則走向禮俗，張先生却沒有論到。現在我們推原其故，就是：上面所舊之第三步，早決定於那開初一步。西洋自始（希臘城邦）即重在團體與個人間底關係，而必然留意乎權力（團體的）與權益（個人的）；其分際關係似爲硬性底，愈明確愈好。所以走向法律，只求事實確定，而理想生活自在其中。中國自始就不同，周孔而後則更清楚地重在家人父子間底關係，而映於心目者無非彼此之情與義；其分際關係似爲軟性底，愈敦厚愈好。所以走向禮俗，明示其理想所尚，而組織秩序即從以奠定。

儒家之倫理名分，自是意在一些習俗觀念之養成。在這些觀念上，明示其人格理想；而同時一種組織秩序，亦即安排出來。因爲不同底名分，正不外乎不同底職位，配合攏來，便構成一社會。春秋以道名分，實無異乎外國一部法典之釐訂。爲文化中心底是非取舍，價值判斷，於此昭示；給文化作骨幹底社會結構，於此備具；真是重要極了。難怪孔子說，「知我者其唯春秋乎；罪我者，其唯春秋乎！」然而却不是法典，而是禮。它只從彼此相對關係上說話，只從應有之情與義上說話，而期望各人之自覺自勉（自己顧名思義。）這好像鋪出路軌，引向道德；同時，使前所說之禮樂揖讓乃得有所施。於是道德在人，可能成了很自然底事情。除了輿論制裁（社會上循名責實）而外，不像法典有待一高高在上底強大權力爲之督行。所謂以道德代宗教者，至此乃完成否則，是代不了底。

不過像春秋所設想底那套秩序，却從未曾實現。此即前面所說底，「孔子對當時封建秩序，作修正功夫，要使它理想化，結果是白費。」其所貽於後世者，只有那倫理秩序的大輪廓。

（註一）關於中國缺乏宗教之故，常燕生先生嘗從地理歷史為之解說，見於國論第三卷第十二三四期合刊「中國民族怎樣生存到現在」一文。茲引錄於此，備參考。——

中國民族是世界一切古文化民族中，唯一生長於溫帶而非生長於熱帶底民族。中國文化不起於肥饒底揚子江流域或珠江流域，而起於比較貧瘠底黃河平原。原始底中國人，無論是西方侵入，或由土著部落開化而來，總之有史之初他們所處自然環境，是比較清苦底。這裏沒有像尼羅河流域那樣定期泛濫，亦沒有像恆河平原那樣豐富底物產。黃河大約在古代已經不斷地給予兩岸居民以洪水的災害。西北方山脈高度，擋不住沙漠吹來底冷風。人類在洪水期間，就只好躲到山西西南部的高原裏去，和毒蛇猛獸爭山林之利。黃河既然不好行船，因此交通比較困難，知識總換的機會較少。人們需要終日胼手胝足，才能維持他們的生活，因此沒有餘暇以騁身外之思。像埃及和印度那樣宏大底宗教組織和哲理，以及由宗教所發生想像豐富底神話文學，不能產生於中國。中國原始底宗教大抵是於人事有關底神祇崇拜及巫術之類。這樣，使中國老早已蹤受了現代世界「人」的觀念。中國民族是第一個生在地上底民族；古代中國人的思想既先從未超過現實底地上生活，而夢想什麼未來底天國。

唐虞夏商的史實，未易詳考。但有一件事，是我們知道底，就是當時並沒有與政權並峙底教權，如埃及式底僧侶，猶太式底祭司，印度式底婆羅門，在中國史上還未發見有與之相等底宗教權力階級。中國古代君主都是君而兼師底；他以政治領袖而兼理教務，其心思當然偏重在人事。中國宗教始終不能發展到唯一絕對底大神觀念當然亦是教權不能凌駕政權之上的原因。在宗教上底統一天國尚未成熟之前，政治上底統一帝國已經先建立起來；因此宗教底統治，便永不能再出現了。

商民族或許是古代唯一最先崇拜大神底人。上帝之觀念，自淮河流域的商人帶來，加入中國文化系統。然而商民族與其先進底夏民族的關係，正和亞述人與巴比侖人的關係相似。武力征服之後，文化上建設能力却不充分，免不得沿襲其被征服民族文化遺產。因此上帝觀念之輸入，不過使舊有宗教之上增加一箇較大底神，而未能消滅或統治了原有底多神。並且受了原始中國人實際思想之同化，所謂上帝已與天地之「天」的觀念合而爲一。因爲中國古文化的特質，是近於唯物底，其所崇奉之每一神祇，就代表一件有利於民生底實物。（如天地山川等）上帝於是乃成了自然界一個最大物質的代表。後來墨子——他是宗教底商民族之遺裔——想替中國增設一個以上帝崇拜爲中心底宗教，終歸沒有成功，似乎那時間已經太晚了。此外王治心著中國宗教思想史大綱，於此問題亦有類似之解說。又近見新出版「東方與西方」第一第二期有許思園「論宗教在中國不發達之原因，」唐君毅論「墨子與西方宗教精神」兩文，皆值得參看。

（註二）見東西文化及其哲學第九十頁。

（註三）見胡著「人類主義初草」第三十四頁。此書胡氏自印，坊間無售處。

（註四）舊著東西文化及其哲學曾說孝弟的提倡，禮樂的實施，二者合起來就是孔子的宗教。見原書第一四〇——一四一頁，可參看。

第七章　理性——人類的特徵

一　理性是什麼

照以上之所論究，中西文化不同，實從宗教問題上分途；而中國缺乏宗教，又由於理性開發之早；則理性是什麼，自非究問明白不可。以我所見理性實爲人類的特徵，同時亦是中國文化特徵之所寄。它將是本書一最重要底觀念，雖闡發它尚待另成專書，但這裏却亦必須講一講。

理性是什麼？現在先回答一句：理性始於思想與說話。人是動物；動物是要動底。但人却有比較行動爲緩和爲微妙底說話或思想這事情。它較之不動，則爲動；較之動，則又爲靜。至於思想與說話二者，則心理學家曾說過「思想是不出聲底說話，說話是出聲底思想」，原不須多分別。理性誠然始於思想與說話；但人之所以能思想能說話，亦正原於他有理性。這兩面亦不須多分別。

你願意認出理性何在嗎？你可以觀察他人，或反省自家。當其心氣和平，胸中空洞無事，聽人說話最能聽得入，兩人彼此說話最容易說得通底時候，便是一個人有理性之時。所謂理性者，要亦不外吾人平靜通達底心理而已。這似乎很淺近，很尋常，然而這實在是宇宙間頂可貴底東西！宇宙間所有唯一未曾陷於機械化底是人，而人所有唯一未曾陷於機械化底，亦只在此。

一般底說法，人類的特徵在理智。這本來是不錯底。但我今却要說，人類的特徵在理性。理性，理智如何分別？究竟是一是二？原來「理性」「理智」這些字樣，只在近三四十年中國書裏才常常見到，習慣上似乎通用不分，而所指是一。二者分用，各有所指，尚屬少見。（註一）這一半由二者密切相聯，辨析未易；一半亦由於名詞尚新，字面相差不多，還未加訂定。但我們現在却正要分別它。

生物的進化，是沿着其生活方法而進底。從生活方法上看：植物定住於一所，攝取無機質以自養，動物則游走求食。顯然一動一靜，從兩大方向而各自發展去。動物之中，又有節足動物之趨向本能，脊椎動物之趨向理智之不同。趨向本能者，即是生下來依其先天安排就底方法以爲生活。反之，先天安排底不夠，而要靠後天想辦法和學習，方能生活，便是理智之路。前者，蜂者蟻是其代表；後者，唯人類到達此地步。綜合起來，生物之生活方法，蓋有如是三大脈路。

三者比較，以植物生活最省事；依本能爲活生者次之；理智一路，則最費事。寄生動物，即動物之懶惰者，又回到最省事路上去。脊椎動物自魚類、鳥類、哺乳類、猿猴類以訖人類，以次進於理智，亦即以次而遠於本能。他們雖同趨向於理智，但雖若在進程上稍有偏違，即不得到達。所謂偏違，即是不免希圖省事。凡早圖省事者，即導入歧途；只有始終不怕費事者，才得到達——這便是人類。

唯獨人類算得完成了理智之路。但理智只是本能中反乎本能底一種傾向；由此傾向發展下去，本能便渾而不著弱而不強。卻並不是人的生活，有了理智，就不要本能。其餘者理智發展愈不夠，當然靠本能愈多。因此，所以除人類而外，大致看去各高等動物依然是本能生活。

人類是從本能生活中解放出來底。依本能爲活者，其生活工具即寓於其身體，是有限底。而人則於身體外創造工具而使用之，爲無限底。依本能爲活者一生下來（或於短期內）便有所能，而止於其所能；是有限底。而人則初若無一能，其卒也無所不能。——其前途完全不可限量。

人類從本能生活中之解放，始於自身生命與外物之間不爲特定之行爲關係，而疏離淡遠以至於超脫自由。這亦即是減弱身體感官器官之對於具體事物的作用，而擴大心思作用。心思作用要在藉累次經驗化具體事物爲抽象觀念而運用之；其性質即是行爲之前底猶豫作用。猶豫之延長爲冷靜；知識即於此產生。更憑藉知識以應付問題，這便是依理智以爲生活的大概。

人類理智有二大見徵：一徵於其有語言；二徵於其兒童期之特長。語言即代表觀念者，實大有助於知識之產生。兒童期之延長，則一面鍛鍊官能習慣以代本能；一面師取前人經驗，阜豐知識。故依理智以爲生活者，即是依重於後天學習。

從生活方法上看，人類的特徵無疑是在理智；以上所講，無外此意。但這裏不經意地早隱伏一大變動，超過一切等差比較底大變動，就是：一切生物都盤旋於生活問題（兼括個體生存及種族蕃衍）以得生活而止，無更越此一步者；而人類却悠然長往，突破此限了。我們如不能認識此人類生命本質的特殊，而只在其生活方法上看，實屬輕重倒置。

各種本能都是營求生活底方法手段，一一皆是有所爲底。當人類向著理智前進，其生命超脫於本能，即是不落於方法手段，而得豁然開朗，達於無所爲之境地。他對於任何事物均可發生興趣行爲，而不必是爲了生活——自然亦可能（意識地或無意識地）是爲了生活。譬如求眞之心，好善之心，祇是人類生命的高強博大，自然要如此，不能當作營生活底手段或其一種變形來解釋。

蓋理智必造乎「無所爲」底冷靜地步，而後得盡其用；就從這裏不期而開出了無所私底感情（Impersonal feeling）——這便是理性。理性，理智爲心思作用之兩面：知的一面曰理智，情的一面曰理性，二者本來密切相聯不離。譬如計算數目，計算之心是理智，而求正確之心便是理性。數目算錯了，不容自昧，就是一種有力的感情。這一感情是無私底，不是爲了什麼生活問題。分析、計算、假設、推理、……理智之用無窮，而獨不作主張；作主張底是理性。理性之取舍不一，而要以無私底感情（註二）爲中心。此即人類所以於一般生物只在覓生活者，乃更有向上一念，要求生活之合理也。

本能生活，行乎其所不得不行，止乎其所不得不止，不須操心自不發生錯誤。高等動物間亦有錯誤，而難於自覺，亦不負責。唯人類生活處處有待於心思作用，即隨處皆可致誤。錯誤一經自覺，每不甘心。沒有錯誤，不足貴；錯誤非所貴；錯誤而不甘心於錯誤，可貴莫大焉！斯則理性之事也。故理性貴於一切。

以理智爲人類的特徵，未若以理性當之之深切著明；我故曰：人類的特徵在理性。

二　兩種理和兩種錯誤

人類之視一般動物優越者，實爲其心思作用。心思作用，是對於官體（感官器官）作用而說底。在高等動物，心思作用初有可見，而與官體作用渾一難分，直不免爲官體作用所掩蓋。必到人類，心思作用乃發達而超於官體作用之上。故人類的特徵，應該說是在心思作用。俗常「理智」「理性」等詞通用不分者，實際亦皆指此心思作用。即我開頭說「理性始於思想與說話」者，亦是指此心思作用。不過我以心思作用分析起來，實有不同底兩面，而各有其理，乃將兩詞分當之；而舉「心思作用」一詞，表其統一之體。似乎這樣處分，最清楚而當得。（借「心思作用」表不出合理循理之意。）

心思作用爲人類特長，人類文化即於此發生。文化明盛如古代中國，近代西洋者，亦各曾把這種特長發揮到很可觀地步。但似不免各有所偏：就是西洋偏長於理智而短於理性，中國偏長於理性而短於理智。爲「

證實我的話，須將理性理智的分別，再加申說。

從前中國人常愛說「讀書明理」一句話。在鄉村中，更常聽見指說某人為「讀書明理之人」。這個理何所指？不煩解釋，中國人都明白底。它絕不包含物理的理、化學的理、一切自然科學的理；就連社會科學上許多理，亦都不包括在內。卻是同此一句話，在西洋人聽去，亦許生出不同的了解罷！中國有許多書，西洋亦有許多書；書中莫不講到許多理。但翻開書一看，卻似不同。中國書所講總偏乎人世間許多情理，如父慈、子孝、知恥、愛人、公平、信實之類。若西洋書，則其所談底不是自然科學之理，便是社會科學之理，或純抽象底數理與論理。因此當你說「讀書明理」一句話，他便以為是明白那些科學之理了。

科學之理，是一些靜底知識，知其「如此如此」而止，沒有立即發動什麼行為的力量。而中國人所說底理，卻就在指示人們行為的動向。它常常是很有力量底一句話，例如：「人而無信，不知其可也！」「臨財毋苟得，臨難毋苟免！」它儘可是抽象底，沒有特指當前某人某事，然而是動底，不是靜底。科學之理，雖亦可與行為有關係，但卻沒有一定方向指給人。如說：「觸電可以致死」；觸不觸，卻聽你。人怕死，固要避開它；想自殺底人，亦許去觸電，沒有一定。科學上大抵都是「如果，如此則將如彼，」這類公式。

所謂理者既有此不同，似當分別予以不同名稱。前者為人情上底理，不妨簡稱「情理」；後者為物觀上底理，不妨簡稱「物理」。此二者，在認識上本是有分別底。現時流行有「正義感」一句話。正義感是一種感情，對於正義便欣然接受擁護；對於不合正義底便厭惡拒絕。正義感，即是正義之認識力；離開此感情，正義就不可得。一切是非善惡之理皆同此例。點頭即是，搖頭即不是。善，即存乎悅服崇敬讚歎的心情上；惡，則存乎嫌惡憤嫉不平的心情上。但在情理之理雖則如此，物理之理，恰好不然。情理離却主觀好惡即無從認識；物理，則不離主觀好惡即無從認識。物理得自物觀觀測；觀測靠人的感覺和推理；人的感覺和推理，原是人類超脫於本能而冷靜下來底產物，亦必要屏除一切感情而後乃能盡其用。因此科學家都以冷靜著稱。但相反之中，仍有相同之點。即情理雖著見在感情上，却必是無私底感情。無私底感情同樣地是人類超脫於本能而冷靜下來底產物。此在前已點出過了。

總起來兩種不同底理分別出自兩種不同底認識：必須屏除感情而後其認識乃銳入者，是之謂理智；即不欺好惡而判別自然明切者，是之謂理性。

動物倚本能為活，幾無錯誤可言，更無錯誤之自覺。錯誤只是人的事。人類是極其容易錯誤底，其錯誤亦兩有種不同。譬如學校考試，學生將考題答錯，是一種錯誤——知識上的錯誤。若在考試上舞弊行欺，則又是另一種錯誤——行為上底錯誤。前一錯誤，於學習上見出低能，應屬智能問題；後一錯誤，便屬品性問題。智能問題於理智有關，品性問題於理性有關。事後他如果覺察自己錯誤，前一覺察屬於理智，後一覺察發乎理性。

兩種不同底錯誤，自是對於兩種不同底理而說。我們有時因理而見出錯誤來，亦有時因錯誤而肯定其理。特別是後一種情理之理，乃是因變而識常；假若沒有錯誤，則人固不知有理也。理爲常，錯誤爲變；然却幾乎是變多於常。兩種錯誤人皆容易有，不時地有，這是什麼緣故？蓋錯誤生於兩可之間（可彼可此）兩可不定，則由理智把本能鬆開而來。生命的機械地方被鬆開了；不靠機械，而生命自顯其用，那自然會非常靈活而處處得當，再好沒有。但生命能否恆顯其用呢？問題就在此了。若恆顯其用，就沒有錯誤。錯誤却是生命擺脫於機械之後，就有興奮與懈惰，而不能恆一。那鬆開底空隙無時不待生命去充實它；一息之懈，錯誤斯出。蓋此時既無機械之準確，復失生命之靈活也。錯誤雖有兩種，其致誤之由，則大都在是人的生命之不懈實難；人的錯誤乃隨時而不可免。

不懈之所以難，蓋在懈固是懈，興奮亦是懈。何以興奮亦是懈？興奮總是有所引起底。引起於彼，走作於此；興奮同樣是失於恆一。失於恆一，即爲懈。再申明之：本能是感官器官對於外界事物之先天有組織底反應；理智是本能中反乎本能底一種傾向，即上文所說「鬆開」。生命充實那鬆開底空隙，而自顯其用，是爲心。但心不一直對外，還是要通過官體（感官器官）而後顯其用。所不同者，一則官體自爲主，一則官體待心爲主。其機甚妙，其辨甚微。要恆一，即是要恆一於微妙。這豈是容易底？微妙失，即落於官體機械勢力上，而心不可見。興奮懈惰似相反，在這裏實相同。

抑錯誤之嚴重者，莫若有心爲惡，而無心之過爲輕。無心之過，出於疏懈。有心爲惡則或忿或慾隱蔽了理性。而假理智爲工具。忿與慾是激越之情所謂「衝動」者。衝動附於本能而見；本能附於官體而見。前已言之，各種本能皆有所爲，即有所私底；而理性則無所爲無所私。前又言之，理智理性爲心思作用之知情兩面，而所貴乎人類者，即在官體反應減弱而心思作用擴大，行爲從容而超脫。是故忿慾障蔽理性而假理智爲工具者，偏私代無私而起，從容失沒於激越，官體自爲主而心思爲之役也。心思作用非惡所在，抑且爲善之所自出。官體作用非惡所在，抑善固待其行動而成。在人類生命中，覓惡了不可得。而卒有惡者，無他，即此心思官體顛倒失序而已。一切之惡，千變萬化，總不出此一方式。消乎激越者消停，而後悔焉，則理性顯而心思官體復其位也。

是故：人之不免於錯誤，由理智；（疏闊）人之不甘心於錯誤，由理性。（無私）

兩種錯誤人皆容易有，不時地有。然似乎錯在知識者問題小，錯在行爲者問題大，試看世界上到處發生糾紛，你說我不對，我說你不對，彼此責斥，互相爭辯，大率在於後者。而由錯誤所引起的禍害，亦每以後者爲嚴重。今日科學發達，智慮日周，而人類顧有自己毀滅之虞；是行爲問題，不是知識問題；是理性問題，不是理智問題。

三　中國民族精神所在

我常常說，除非過去數千年的中國人都白活了；如其還有他的貢獻，那就是認識了人類之所以爲人。而恰恰相反地，自近代以至現代歐美學術雖發達進步，遠過前人，而獨於此則甚幼稚。二十多年來我準備寫「人心與人生」一書，以求教當世；書雖未成，而一年一年果然證實了我的見解。在學術發達，而人禍彌以嚴重之今日，西洋人已漸悟其一向皆務為物的研究，而太忽略於人。以致對於物所知道底雖多，而於人自己卻所知甚少。（註三）最近學者乃始轉移視線，而致力乎此，似乎還談不到什麼成就。

何以敢說他們幼稚呢？在現代亦有好多門學問講到人；特別是心理學，應當就是專來研究人底科學。但心理學應該如何研究法，心理學到底研究些什麼，（對象和範圍）各家各說，至今莫衷一是。這比起其他科學來，豈不證明其幼稚！然而在各執一詞底學者間，其對於人底認識，卻幾乎一致地與中國古人不合，而頗有合於他們的古人之處。西洋自希臘以來，似乎就不見有人性善的觀念；而從基督教後，更像是人生來帶著罪過。現在底心理學資藉於種種科學方法，資藉於種種科學所得，其所見亦正是人自身含著很多勢力，不一定調諧。他們說：「現在需要解釋者不是人為什麼生出許多不合理底行為，而是為什麼人居然亦能行為合理。」（註四）此自然不可與禁慾底宗教，或把人身體認為罪惡之源底玄學視同一例，卻是他們不期而然，前後似相符順。

恰成一對照：中國古人卻正有見於人類生命之和諧。——人自身是和諧底（所謂「無體之禮，無聲之樂」指此；）人與人是和諧底（所謂「能以天下為一家，中國為一人」者在此；）以人為中心底整個宇宙是和諧底（所以說「致中和天地位焉萬物育焉」「贊天地之化育與天地參」等等。）儒家對於宇宙人生，總不勝其讚歎；對於人總看得十分可貴；特別是他實際上對於人總是信賴，而從來不曾把人當成問題，要尋覓什麼辦法。

此和諧之點，即清明安和之心，即理性。一切生物均限於「有對」之中，唯人類則以「有對」超進於「無對」。清明也，和諧也，皆得之於此。果然有見於此，自爾無疑。若其無見，尋求不到。蓋清明不清明，和諧不和諧，都是生命自身的事，在人自見自知，自識自信。一尋求便向外去，而生命却不在外。今日科學家的方法，總無非本於生物有對態度向外尋求，止於看見生命的一些影子而且偏於機械一面。和諧看不到，問題却看到了。其實，人絕不是不成問題。說問題都出在人身上，這話並沒有錯。但要曉得問題在人；問題之解決仍在人自己，不能外求；不信賴人，又怎樣？信賴神嗎？信賴國家嗎？或信賴……嗎？西洋人如此；中國人不如此。

孔子態度平實，所以不表樂觀，（不倡言性善）唯處處教人用心回省，（見前引錄論語各條）即自己誘發理性。孟子態度軒豁，直拔出理性以示人。其所謂「心之官則思」，所謂「從其大體……從其小體」，所謂「先立乎其大者，則小者不能奪」，豈非皆明白指出心思作用要超於官體作用之上，勿為所掩蔽。其「理義悅心，芻豢悅口」之喻，及「怵惕」「惻隱」等說，更從心思作用之情底一面，直指理性之所在。最後則說「無為其所不為，無欲其所不欲，如此而已矣！」何等斬截了當，使人當下豁然無疑。

日本學者五來欣造說：在儒家，我們可以看見理性的勝利。儒家所尊崇底，不是天，不是神，不是君主，不是國家權力，並且亦不是多數人民。祇有將這一點（天、神、君、國、多數，）當作理性之一箇代名詞用時，儒家才尊崇它。這話是不錯底。儒家假如亦有其主義底話，推想應當就是「理性至上主義」。

就在儒家領導之下，二千多年間中國人養成一種社會風尚，或民族精神，除最近數十年寖寖澌滅，今已不易得見外，過去中國人的生存及其民族生命之開拓，胥賴於此。這種精神分析言之，約有兩點：一為向上之心強，一為相與之情厚。

向上心，即不甘於錯誤底心，即是非之心，好善服善底心，要求公平合理底心，擁護正義底心，知恥要強底心，嫌惡懶散而喜振作底心，……總之，於人生利害得喪之外，更有向上一念者是；我們總稱之曰「人生向上」。從之則坦然泰然，怡然自得而殊不見其所得；違之則歉然不安，彷彿若有所失而不見其所失。在中國古人，則謂之「義」，謂之「理」。這原是人所本有的；然當人類文化未進，全為禁忌 taboo 崇拜、迷信、習俗所蔽，各箇人意識未曾覺醒活動，雖有都不被發見。甚至就在文化已高底社會，如果宗教或其他權威強盛，宰制了人心，亦還不得發達。所以像歐洲中古之世，尚不足以語此。到近代歐洲人，誠然其箇人意識覺醒活動了；却惜其意識只在求生存求幸福，一般都是功利思想，馳騖於外，又體認不到此。現代人生，在文化各方面靡不邁越前人，夫何待言；但在這一點上，却絲毫未見有進。唯中國古人得脫於宗教之迷蔽而認取人類精神獨早；其人生態度，其所有之價值判斷，乃悉以此爲中心。雖因提出大旱，卒擧而不得行；（註五）然其風尙所在固彰彰也。

在人生態度上通常所見者，像不外兩邊：譬如在印度，各種出世底宗教爲一邊；順世外道爲一邊。又如在歐洲，中古宗教爲一邊；近代以至現代人生爲一邊。前者否定現世人生要出世而禁欲；後者肯定現世人生，就以爲人生不外乎種種欲望之滿足。雖會看見更有真正底第三條路？但中國人就特闢中間一路，（這確乎很難）而殊非斟酌折衷於兩邊。（此須認清）中國人肯定人生而一心於現世；這就與宗教出世而禁欲者，絕不相涉。然而他不看重現世幸福；尤其貶斥了欲望。他自有其全副精神傾注之所在：

德之不修，學之不講，聞義不能徙，不善不能改，是吾憂也！

食無求飽，居無求安，敏於事而慎於言，就有道而正焉，可謂好學也已。（以上均見論語）

試翻看全部論語，全部孟子，處處表見如此者不一而足，引證不勝其引證。其後「理」「欲」之爭，「義」「利」之辨，延二千餘年未已，爲中國思想史之所特有，無非反覆辨析其間之問題，而堅持其態度。語其影響，則中國社會經濟停滯不進者，未始不在此。一直到近代西洋潮流輸入中國，而後風氣乃變。

儒家蓋認爲人生的意義價值，在不斷自覺地向上實踐他所看到的理。寬泛言之，人生向上有多途：嚴格地講，唯此爲真向上。此須分兩步來說明：第一，人類凡有所創造，皆爲向上。蓋唯以人類生活不同乎物類之「

就是這麼一回事」也。其前途乃有無限地開展。有見於外之開展，則為人類文化之遷進無已；古今一切文物制度之發明創造，以至今後理想社會之實現，皆屬之。有存乎內之開展，則為人心日造乎開大通透深細敏活而映現之理亦無盡。此自通常所見教育上之成就，以至古今東西各學派各宗教之修養功夫（如其非妄）所成就者皆屬之。前者之創造在身外，後者之創造在生命本身上。其間一點一滴莫不由向上努力而得；故有一於此，即向上矣。第二當下一念向上，別無所取，乃為真向上。偏乎身外之創造者遺漏其生命本身，務為其本身生命之創造者（特如某些宗教中人）置世事於不顧。此其意皆有所取，不能無得失之心；衡以向上之義猶不盡符合。唯此所謂「人要不斷自覺地向上實踐他所看到的理」，其理存於我與人世相關係之上；「看到」即看到我在此應如何；「向上實踐」即看到而力行之。念念不離當下，唯義所在，無所取求。古語所謂聖人「人倫之至」者，正以此理不外倫理也。此與下面「相與之情厚」相聯，試詳下文。

人類生命廓然與物同體，其情無所不到。所以昔人說：

（上略）是故見孺子之入井，而必有怵惕惻隱之心焉；是其仁之與孺子而為一體也。孺子猶同類者也。見鳥獸之哀鳴觳觫，而必有不忍之心焉；是其仁之與鳥獸而為一體也。鳥獸猶有知覺者也。見草木之摧折，而必有憫恤之心焉；是其仁之與草木而為一體也。草木猶有生意者也。見瓦石之毀壞，而必有顧惜之心焉；是其仁之與瓦石而與一體也。（見王陽明全集大學問）

前曾言：一切生物均限於「有對」之中，唯人類則以「有對」超進於「無對」；蓋指此。屈伸不出乎利用與反抗，是曰「有對」；「無對」則超於利用與反抗而恍若其爲一體也。此一體之情，發乎理性；不可與高等動物之情愛，視同一例。高等動物在其親子間，兩性間，乃至同類間，亦頗有相關切之情可見。但那是附於本能之情緒，不出乎其生活（種族蕃衍、箇體生存）所需要，一本於其先天之規定。到人類，此種本能猶未盡泯，却也大爲減弱。是故，篤於夫婦間者，在人不必人人皆然；而在某一鳥類，則箇箇不稍異，代代不稍改。其他鳥獸篤於親子之間者，亦然。而人間慈父母固多，却有溺女殺嬰之事。情之可厚可薄者，與其厚則厚，薄則薄，固定不易者，顯非同物也。動物之情，因本能而始見；人類情感之發達，則從本能之減弱而來；是豈可以無辨？

理智把本能鬆開，鬆開的空隙愈大，愈能通風透氣。這風就是人的感情，人的感情就是這風。而人心恰是一無往不通之竅。所以人的感情豐嗇，視乎其生命中機械成分之輕重而爲反比例（機械成分愈輕，感情愈豐厚）不同乎物類感情僅隨附於其求生機械之上。人類生命通乎天地萬物而無隔；不同乎物類生命之錮於其求生機械之中。

前曾說，人在慾望中恆只知爲我而顧不到對方；反之，人在感情中，往往只見對方而忘了自己；（見第五章）當時，此時對方就是自己。凡痛癢親切處，就是自己，何必區區數尺之軀。普泛地關情，卽不啻普泛地負擔了任務在身上，如同母親要爲他兒子服務一樣。所以昔人說「宇宙內事，卽己分內事」（陸象山先生語。）

人類理性，原如是也。

然此無所不到之情，却自有其發端之處，即家庭骨肉之間是。愛倫凱 Ellen Key「母性論」中說，小兒愛母為情緒發達之本，由是擴充以及遠；此一順序，猶樹根不可朝天。中國古語，「孝弟為仁之本」，又曰「親親而仁民，仁民而愛物」；其間先後遠近，厚薄自是天然底。「倫理關係始於家庭，而不止於家庭」；這是由近以及遠。「舉整個社會各種關係而一概家庭化之」（見第五章）這是更引遠而入近，唯恐其情之不厚。中國倫理本位底社會之形成，無疑地，是旨向於「天下為一家，中國為一人」；雖因提出太早，牽掣而不得行（註五）然其精神所在，固不得而否認也。

中國倫理本位底社會，形成於禮俗之上，多由儒家之倡導而來；這是事實。現在我們說明儒家之所以出此，正因其有見於理性，有見於人類生命一個人天然與他前後左右底人與他的世界不可分離。所以前章「安排倫理組織社會」一段，我說孔子最初所著眼，倒不在社會組織，而寧在一個人如何完成他自己。

一個人的生命，不自一個人而止，是有倫理關係，倫理關係即是情誼關係，亦即是其相互間底一種義務關係。所貴乎人者，在不失此情與義。「人要不斷自覺地向上實踐他所看到的理，」大致不外是看到此情義，實踐此情義。其間「向上之心」「相與之情」有不可分析言之者已。不斷有所看到，不斷地實踐，則卒成所謂聖賢。中國之所尚，在聖賢；西洋之所尚，在偉人；印度之所尚，在仙佛。社會風尚民族精神各方不同，未嘗不可於此識別。

人莫不有理性，而人心之振靡，人情之厚薄，則人人不同；同一人而時時不同。無見於理性之心理學家其難爲測驗者在此。有見於理性之中國古人，其不能不兢兢勉勵者在此。唯中國古人之有見於理性也，以爲「是天之所予我者」，人生之意義價值在焉；外是而求之。無有也已！不此之求，奚擇於禽獸？在他看去，所謂學問，應當就是講求這個底；舍是無學問。所謂教育，應當就是教導培養這個底；舍是無教育。乃至政治，亦不能舍是。所以他納國家於倫理，合法律於道德，而以教化代政治（或政教合一）。自周孔以來二三千年，中國文化趨重在此，幾乎集全力以傾注於一點。假如中國人有其長處，其長處不能舍是而他求。假如中國人有其所短，其所短亦必坐此而致。中國人而食福，食此之福；中國人而被禍，被此之禍。總之，其長短得失，禍福利害，舉不能外乎是。

凡是一種風尚，每每有其擴衍太過之處，尤其是日久不免機械化，原意浸失，只餘形式。這些就不再是一種可貴底精神，然而却是當初有這種精神的證據。若以此來觀察中國社會，那麽，沿著「向上心強」「相與情厚」而餘留於習俗中之機械形式就最多。譬如中國人一說話便易有「請教」「賜教」等詞，順口而出。此即由古人謙德所餘下之機械形式，源出於當初之向上心理。又譬如西洋朋友兩個人同在咖啡館吃茶，可以各自付茶資，中國人便不肯如此，總覺各自付錢，太分彼此，好難爲情。此又從當初相與之情厚而有之餘習也。這些尚不足爲病。更有不止失去原意，而且演成笑話，滋生弊端者，其事亦甚多，今舉其中關係最大之一事。此事卽中國歷代登庸人才之制度。中國古代封建之世，亦傳有選賢制度，如「周禮」「禮記」所記載者，是否事實，不敢說。從兩漢選舉，魏晉九品中正，隋唐考試，這些制度上說，都是用人唯賢，意在破除階級，立法精神彰然而不可掩。除考試以文章才學爲準外，其鄉舉里選，九品中正，一貫相沿以人品行誼爲準。例如「孝廉」「孝弟」、「賢良」、「方正」、「敦厚」、「遜讓」、「忠恪」、「信義」、「勞謙」等等，皆爲其選取之目。這在外國人不免引以爲異，却是熟習中國精神之人，自然懂得。儘管後來有名無實，笑話百出，却總不能否認其當初有此一番用意。由魏晉以訖隋唐，族姓門第之見特著，在社會上儼然一高貴之階級，而不免與權勢結託不分。然溯其觀念（族姓門第觀念）所由形成，則本在人品家風爲衆矜式，固非肇興於權勢，抑且到後來仍自有其價値地位，非權勢所能傾。唐文宗對人歎息，李唐數百年天子之家尚所不及者，卽此也。以意在破除階級者，而卒演出階級來，這自然是大笑話大弊病；却是其笑話其偏弊，不出於他而出於此，則其趣尚所在，不重可識乎！

一般都知道，世界各處，在各時代中，恆不免有其社會階級之形成。其間或則起於宗教，或則起於強權，或則起於資產，或則起於革命（無產專政）一時一地，各著色采，紛然異趣。獨中國以理性早得開發，不爲成見之固執，不作勢力之對抗，其形成階級之機會最少。顧不料其竟有淵源於理性之階級發生，如上之所說。此其色采又自不同。殆可以爲世界所有階級中添多一格。——這雖近於笑談，亦未嘗不可資比較文化者之一助。

（註一）張東蓀著「思想與社會」有張君勱序文一篇，其中以理智爲理性之一部份，對於二者似有所分別。惜於其分合之間特別是「理性是什麽」言之不甚明瞭。

（註二）無私底感情 Impersonal Feeling 在英國羅素著「社會改造原理」中，曾提到過；我這裏的意思和他差不多。讀者亦可取而參詳。

（註三）觀察周刊第一卷二期，潘光旦著「人的控制與物的控制」一文，說目前底學術與教育，已經把人忘記得一乾二淨；人至今未得爲科學研究的對象，而落在三不管地帶。美國嘉瑞爾 Alexis Barrel 著「未了知之人類」Man,The unknown 一書，亦有慨乎此而作也。

（註四）語出心理學家麥獨孤 Mc Dougall 氏，擅說本能，亦被玄學之譏。

（註五）關於此兩點提出太早，牽鞔不得行之故，在後面第十三章有說明。

第八章　階級對立與職業分途

一　何謂階級

從第二章到第七章，全爲說明中國社會是倫理本位，與西洋之往復於個人本位社會本位者，都無所似。但倫理本位只說了中國社會結構之一面；還有其另一面。此即在西洋社會，中古則貴族地主與農奴兩階級對立，近代則資本家與勞工兩階級對立。中國社會於此，又一無所似。假如西洋可以稱爲階級對立底社會，那麼，中國便是職業分途底社會。

我們要討論階級問題，第一還須問清楚，何謂階級？一般地說，除了人類社會之初起和人類社會之將來，大概沒有階級之外，在這中間一段歷史內，階級都是有底。假使我們不能把階級從沒有到有，從有到沒有，首尾演變之理了然於胸，便不足以論斷文化問題而瞭望人類前途。階級既然是這樣一個大問題，殊非短短數十行，所能了當。玆且試爲說之如次。——

從寬泛說，人間貴賤貧富萬般不齊，未嘗不可都叫作階級。但階級之爲階級，要當於經濟政治之對立爭衡底形勢求之。這裏既特指西洋中古近代爲例，而論證像那樣「階級對立」底階級非中國所有；則玆所說亦即以此種爲限。而且真底階級，在文化過程中具有絕大關係底階級，亦只在此。所以即此固已得其要。

此種對立底階級，其構成是在經濟上。社會經濟莫不以農工生產爲先爲本。除近代工業勃興壓倒農業外，一般地又都以農業爲主要。農業生產離不開土地。假若一社會中，土地掌握在一部分人手裏，而由另一部分人任耕作之勞；生產所得，前者所享每多於後者，那麼，便形成一種剝削關係。中古之封建地主階級對農奴，即如此。又近代工業生產離不開工礦場所的機器設備。假若一社會中，此項設備掌握在一部分人手裏，而由另一部分人任操作之勞；生產所得，前者所享每多於後者。那麼，便又形成一種剝削關係。近代之產業資本階級對勞工，即如此。總起來說，在一社會中生產工具與生產工作分家，佔有工具之一部分人不工作，擔任工作之一部分人不能自有其工具，就構成對立之階級。對立云者，在一社會中，彼此互相依存，分離不開；而另一面又互相矛盾，彼此利害適相反也。

此種經濟關係，當然要基於一種制度秩序而存立。例如中古社會上承認封建地主之領有其土地，以及其他種種；近代社會上承認資本家之私有其資產，以及其他種種。不論宗教、道德、法律、習慣，都這樣承認之保護之。此即造成其一種秩序。其社會中一切活動即因之而得遂行。秩序之成功，則靠兩面：一面要大家相信其合理；更一面有賴一大強制力爲其後盾。此一大強制力即國家。於是說到政治上了。政治就是國家的事。國家即以釐訂秩序而維持秩序為其第一大事；——是即所謂統治。經濟上之剝削階級，即為政治上之統治階級；此一慣例，殆不可易。土地壟斷於貴族，農民附着於土地而貴族即直接以行其統治；此為中古之例。人人皆得私有財產，以自由競爭不覺造成資本階級；資本階級利用種種方便間接以行其統治；此為近代之例。以統治維持其經濟上之地位，以剝削增強其政治上之力量；彼此扣合，二者相兼從而階級對立之勢更著。

形勢以明朗而後有力，階級以穩定而後深固。是故下列幾點卻值得注意——

一、一切迷信成見足使階級之劃分嚴峻者；

二、習俗制度使階級之間不通婚媾者；

三、階級世襲制度或在事實上幾等於世襲者。

這些——特別是第三點——均大足以助成階級。反之，如其不存成見，看人都是一樣底，婚姻互通，沒有界限；尤其是階級地位升沉不定，父子非必蟬連，那麼，階級便難於構成。中古封建差不多於此三點通具，所以階級特著。近代以來，前二點似逐漸消失，末一點則從世襲制度變為事實上有世襲之勢，所以依然有階級存在。

階級之發生，蓋在經濟上對他人能行其剝削，而政治上爲土地等資源均各被人佔領之時。反之，在當初自然界養生資源，任人取給；同時，社會沒有分工，一個人勞力生產於養活他自己外，不能有多餘；階級便不會發生。無疑地，階級不是理性之產物，而寧為反乎理性底。它構成於兩面之上：一面是以強力施於人；一面是以美利私於己。但它雖不從理性來，理性卻要從它來。何以言之？人類雖爲理性底動物；然理性之在人類，卻必漸次以開發。在個體生命，則有待於身心之發育；在社會生命，則有待於經濟之進步。而階級恰爲人類社會前進程中所必經過之事。沒有它，社會進步不可能。此其理須稍作說明。

前章曾講，人類的特長在其心思作用。（賅具理性與理智）凡社會進步，文化開展，要莫非出於此。但這裏有一顯明事實；一個人的時間和精力，假若全部或大部分爲體力勞動所佔據，則心思活動即被抑阻，甚至於不可能。而心思不活動，即無創造，無進步，又是萬要不得底事。那麽，騰出空閒來給心思自在地去活動，卽屬必要。——老實說，有眼光底人早可看出，自有人羣那一天起，造物卽在向着此一目的而前進；原是從有生物那一天起，造物卽在爲着人類心靈之開闢而前進之繼續。但既沒有造物主出面聲言，人們又不自覺，誰能平均支配，讓每個人都有其一部分空閒呢？其結果便落在一社會中一部分人偏勞，一部分人悠閒了。——此卽是人世對立底兩階級之出現。從古代之奴隸制度，到中古之農奴制度，到近世之勞工制度，雖曰「天地不仁，」卻是自有其歷史任務底。後人談起學術來，都念希臘人之賜；談起法律制度來，都念羅馬人之賜。那就不可不知當初都是以奴隸階級之血汗換得來底。同樣，中古文明得力於農奴，近世文明得力於勞工。凡一切創造發明，延續推進，以有今日者，直接貢獻固出自一班人；間接成就，又賴有一班人。設若社會史上而無階級，正不知人類文明如何得產生？

然則人類就是這樣以一部分人為犧牲底生活下去嗎？當然不是。歷史顯然昭示進步之所向，正逐步地在一面增加生產之中而一面減輕人力（特別是體力）負擔。——此即經濟之進步。由於經濟之進步而人們一面享用日富，一面空閒有多；求知識受教育之機會，自然大為擴充。人們的心思欲望，亦隨以發達。——此即文化之進步。凡此文化之進步，在一社會中之下一階級亦豈無所分享？而在心思欲望抬頭之後，他們此時當然不能安於其舊日待遇。社會構造至此乃不能不有一度變更調整。調整之後，略得安處；而經過一時期又有進步，又須調整，社會構造又一變。如是者，自往古訖於未來，蓋劃然有不可少之三變。第一變，由古代奴隸制度到中古農奴制度。這就是由完全不承認其為人，（只認他作物）改變到相當承認其為人。在前奴隸生產所得，全部是主人底；只不過主人要用其中一部分養活奴隸。今農奴生產所得除以一部分貢繳地主外，全部是自己底。他開始同人一樣亦有他的一些地位權利，但尚非眞自由人。第二變由中古農奴制度到近世勞工制度。這就是由相當承認其為人底，改變到完全承認了。大家都正式同處在一個團體裏面。團體對任何個人，原則上沒有差別待遇。彼此各有自由及參政權。不過在生活實質上，（生產勞動上和分配享受上）則還不平等；——即經濟上不平等。第三變，由近世勞工制度到階級之澈底消滅。這就是社會主義之實現。經濟不平等，繼其他之不平等而同歸於消除。其他之不平等更因經濟之平等而得以消除淨盡。社會當眞回復到一體，而無階級之分。凡此社會構造之三變，每一變亦就是國家形式之改變。——由奴隸國家到封建國家，再到立意國家，最後到國家形式之化除，而每一度國家形式之改變，亦即是政治之進步。經濟進步、文化進步、政治進步，事實上循環推進，非必某爲因而某爲果。不過說話不能不從中截取一端以說之，而經濟既若一機械力，以作用於其間，說來容易明白。又一切變易進步，事實上恆行於微細不覺，並不若是其粗然；說話却僅及粗跡，在短文內尤不能不舉其劃然可見者而說之。又事實上一時一地情勢不同，生命創進尤不如是整齊規律。然學問却貴乎尋出其間理致，點醒給人。讀者有悟於其理，而不概執爲規律，斯善矣。

要緊一句話：生產技術不進步，所生產底不富，就不能無階級。古語云「不患寡而患不均，」其實寡了就不能均。要達於均平，（經濟底，政治底，）必須人人智識能力差不多才行。不是享受的均平，就算均平；要能力均平，才是均平。明白說，非大家同受高等教育，階級不得消滅。然而教育實在是一種高等享受。（高等教育更是高等享受）這其中表示着有空閒；空閒表示着社會的富力。像今天我們這一班人得以受到教育，實爲生產力相當進步，而又有好多人在生產上服勞，才騰出空閒來給我們。假如要他們同時亦受同等教育，那麼大家便都吃不成飯。想要同受教育，還同要吃飯，那必須生產力極高，普遍用物理的動力代替人力才行。且須明白：所謂同受教育，必須是同受高等教育；吃飯亦是同吃上好底飯。如其說，同受中等教育，同吃次等飯，那又是寡中求均，那又是不行底。所以此所說生產力極高，眞是極高極高。然後乃得一面凡所需求無不備，一面却空閒儘多。然後同受高等教育，乃爲極自然之事。人人同受到高等教育，知識能力差不多，然後平等無階級，乃爲極自然之事。反乎此，而以勉強行之，皆非其道。

這其中含藏有生產手段歸公之一義，未曾說出。只有生產手段歸公，經濟生活社會化，而後乃完成了社會的一體性。大家在社會中如一體之不可分，其間自然無不均平之事。均平不能在均平上求，卻要在這社會一體上求，才行。

關於國家必由階級構成，和階級在政治進步上之必要作用，容後再談。茲先結束上面的話。由上所說，人類歷史先形成社會階級，然後一步一步次第解放它。每一步之階級解放，亦就是人類理性之一步發展。末了平等無階級社會之出現，完全符合於理性要求而後已。此其大勢彰彰在目，毫無疑問。上面說，階級雖不從理性來，而理性卻要從階級來，正指此。因此孟子所說底「勞心者治人，勞力者治於人；治人者食於人，治於人者食人。「那在當時倒是合乎歷史進步原則。而許行主張「賢者與民並耕而食，饔飧而治，」不要「厲民以自養」」其意雖善，卻屬空想，且不免要開倒車了。

二　中國有沒有階級

對於人類文化史之全部歷程，第二章曾提出我的意見說過。除了最初一段受自然限制，各方可能互相類似，和今後因世界交通將漸漸有所謂世界文化出現外，中間一段大抵各走一路，彼此不必同。像上面所敘之社會階級史，恰是在那中間一段。凡所說階級如何一步一步解放，只在敍明其理有如此者（卽循容易如此演進）不是說它必然如此。淺識之人，聞唯物史觀之說，執以爲有一定不易之階梯，於是定要把中國歷史自三代以訖清末，按照次第分期，納入其公式中。遇着秦漢後底兩千年，強爲生解而不得，事實怪歷史之爲謎，不自悟其見解之不通，實在可笑。我自己的學力，根本不夠來闡明全部中國歷史底；而我的興趣亦只求認識百年前底中國社會。本書既非專研究中國社會史之作，對此自亦不及多談。第爲討論階級問題，以下要說一說百年前底中國社會，並上溯周秦略作解釋。

百年前底中國社會，如一般所公認是沿着秦漢以來兩千年未曾大變過底。我常說它是入於盤旋不進狀態，已不可能有本質上之變革。因此論「百年以前」差不多就等於論「二千年以來」。但亦有點不同。一則近百年到今天尚未解決之中國問題，正形成於百年前底中國社會之上，故對它亟有認識之必要。同時，我們對近百年底事知道較親切，亦復便於討論。再則在階級對立與職業分途之間，兩千年來雖大體趨向於後者，卻亦時而進（向着階級解消而職業分途）時而退（向着階級對立）時而又進，時而又退，輾轉往復。而百年前之清代，正爲其趨向較著之時，所以就借它來說。又所謂「百年以前者，」初非在年限上較量，蓋意指中國最近而固有之社會情形，未受世界大交通後之西洋影響者而言。

在農業社會如中國者，要討論其有沒有階級，則土地分配問題自應爲主要關鍵所在。此據我們所知，先說兩點：

第一、土地自由買賣，人人得而有之。

第二、土地集中壟斷之情形不著；一般估計，有土地底人頗佔多數。

對於第一點，大致人人都可承認，不待論證。第二點易生爭論，須得一爲申說。中國土地廣大，人口衆多，而地籍不清理者久而又久。民國以來，縱有一些調查統計，如北伐前北京政府農商部所爲者，如北伐中及北伐後國共黨人所爲者，皆根本不可靠。其間有可靠者，則國內外學術專家私人之所舉辦，又嫌規模小，不可以一隅而概全局。故土地分配情況究竟如何，無人能確知。就耳目常識之所及，則北方各省自耕農較多，東南西南佃農較多。然在南方某些地方並不見土地集中者，亦非罕例。同時北方如山東之單縣曹縣，亦有大地主累代相承。抑且不止此。好些地方，一縣城東之情形或與其城西不同，城南又異乎城北。總之，話難講得很。因此論者恆不免各就所見而主張之。我自然亦只能就我所見者而說，但平情立論，不作過分主張。

我家兩代生長北方，居住北方，已經可說是北方人。我所見者，當然亦就是北方的情形。北方情形，就是大多數人都有土地。雖然北平附近各縣（舊順天府屬）有不少「旗地」（八旗貴族所有）但他們佃農却有永佃權。例不准增租奪佃，好像平分了地主的所有權。（類如南方地面權地底權。）我所曾從事鄉村工作之河南山東兩省地方，大地主雖亦恆有，但從全局大勢論之，未見集中壟斷之象。特別是我留居甚久之鄒平，無地之人極少。我們在鄒平全縣所進行之整理地籍工作，廿六年上半年將竣事而抗戰遽作，今手中無可資之統計報告。但確實可說一句：全縣百分之九十以上底人都有土地。不過有些人的地很少罷了。這情形正與河北定縣——另一鄉村工作區——情形完全相似。定縣則有「定縣社會概況調查」一巨册，其中有關於此問題之報告。（註一）據其報告，分別在不同之三個鄉區作調查：一區六十二村，一萬零四百四十五家；一區七十一村，六千五百十五家；一區六十三村，八千零六十二家。總起來，可得結論如下——

一、百分之九十以上人家都有地。

二、無地者（包含不以耕種為業者）佔百分之十以內。

三、有地一百畝以上者佔百分之二三；三百畝以上者佔千分之一二。

四、有地而不自種者佔百分之一二。

此調查工作係在社會調查專家李景漢先生領導之下，又得當地民衆之同情了解與協助，絕對可靠。而準此情形以言，對於那一部份人有地而不事耕作，一部分人耕作而不能自有土地底階級社會，相離是太遠了。我承認這情形不普通。但我們兩個鄉村工作區域，當初之擇取鄒平定縣為工作區域，却並沒有意在揀全省中或河北全省中，特選其土地最不集中之縣份。乃結果竟不期而然，兩處情形如此相同；則至少這情形在北方各省亦非太不普通了。

要知道此種情形並非奇蹟，而是有其自然之理底。在當時定縣中等土地每畝値錢普通不過四十元。而一個長工（僱農）食宿一切由主人供給外，每年工資普通都在四十元以上。節儲幾年，他自己買一畝地，有何不可能？這是說有地並不難。有地人家百分比之高在此。又中國社會通例，一個人的遺產由他諸子均分。（註二）所以大地產經一代兩代之後，就不大了。若遇着子弟不知勤儉，沒落更快。這是說，縱有大地產，保持正不易。一百畝以上人家百分比之低在此。河北省諺語，「一地千年百易主，十年高下一般同」；（十年間的幾化，可能富者不富，貧者不貧）又說，「窮伴富，伴得沒了褲；」都是由此而發。

既然如此，那麽南方各省土地集中，佃農頗多，又何自而來呢？這一半來自工商業勢力，一半來自政治勢力。古語早已說過，「用貧求富，農不如工，工不如商。」（見史記貨殖列傳）現在之經濟學家則指出農業上遠沒有像工商業那樣底競爭；土地集中遠沒有像資本集中那樣底容易；大規模經營壓倒小經營，工商業有之，而農業不必然。從封建解放後之土地自由經營，其本身是不可能發展出這局面來底。只有由工商業發財者，或在政治上有錢有勢者，方能弄到大量土地並維持之。而一般說來，中國的工商業家和官吏出在北方者遠不如南方之多。土地分配情形，南北所以不大同，其故似在此。但他們要土地，不過覺得不動產牢穩，用以貽子孫；其積極興趣不在此，絕不是想要改行。雖土地分配情形不免時時受其影響，而土地集中總不是一種自然趨勢所在。造成此種不自然趨勢，固有可能；亦必非工商業勢力所能爲（理由見後）而必在政治勢力。由政治勢力而直接地或間接地使全國土地見出集中壟斷之勢。那對於從封建解放出來底社會說，即是形勢逆轉。此種逆轉，勢不可久。歷史上不斷衰演，不斷收場，吾人固已見之矣。

故我以自耕農較多之北方和佃農較多之南方，兩下折衷起來，以歷史順轉時期和其逆轉時期，兩下折衷起來，儱侗說：「土地集中壟斷之情形不著；一般估計，有地底人顧佔多數。」——土地集中壟斷情形是有底；但從全局大勢來說，尚不著；以有地者和無地者相較，當不止五十一對四十九之比，而是多得多。自信所說絕不過分。

中國工商業發達，儘管像先秦戰國那樣早，像唐代元代那樣盛，卻是從唐代至清季（雅片戰爭）一千二百年之久，未見更有所進。（某些點上，或反見遜退）其間蓋有兩大限制存在。我們知道工商業是互相引發底。要商業上有廣大市場，乃刺激工業生產猛進；要工業生產增多，乃推動着商業向前。反之，無商則工不興，無工則商亦不盛。而商業必以海上交通，國際互市為大宗。西洋古代則得力於地中海，到後來更為遠洋貿易。近代工業之飛躍，實以重洋冒險，海外開拓為之先。歷史所示甚明。然中國文化卻是由西北展向東南，以大陸控制沿海與西洋以沿海領導內地者恰相反。數千年常有海禁。雖然亦許禁不了，且有時而開禁。還有許多矛盾情形，如王孝通著「中國商業史」一面述唐代通外商之七要道四大港，（龍編、廣州、泉州、揚州，）一面卻說：

(上略)是唐時法制，實主極端之閉關主義。雖以太宗高宗兵力之盛，大食、波斯皆爲屬地，而國外貿易曾未聞稍加提倡，轉從而摧抑之；亦可見吾國人思想之錮蔽矣。(見原書第一一二頁)

所以綜而論之，至多不過給予外商與我交易機會，而少有我們商業向海外發展，推銷國貨的情形。這樣，就根本限制了商業只爲內地城鄉之懋遷有無；其所以刺激工業生產者之有限可知。在內地像長江一帶，有水運方便還好；否則，凡不便於運輸，即不便於商業。以舊日交通之困難，內地社會雖甚廣大，正不必即爲現成市場。直接限制了商業，即間接限制了工業。同時，工業還有其本身之限制。

工業本身一面之限制，是人們的心思聰明不用於此；因之生產工具生產技術無法進步，而生產力遂有所限。(關於此層詳論在後)近代西洋在此方面之猛進，正爲其集中了人們的心思聰明於此之故。在此之前，亦是同一樣不行。所以說：

直到十八世紀之中葉，發明很爲稀見。事實上技術的情況在一七五〇年以前，相當停滯，達數千年。到了現代，往往一年間所發明，要超過一七五〇年以前一千年所發明底。(巴恩斯 H. E. Barnes 社會進化論，王斐孫譯本第二一一頁，新生命書局版)

換言之，若依然像中古人生態度而不改，便再經一千年，產業革命在西洋亦不得發生。從來之中國人生態度與西洋中古人生態度誠然有異，但二者之不把心思聰明引用於此，正無二致；其相異，不過在後者自有一天轉變到心思聰明集中於此，而前者殆無轉變之一天，那亦就是若無西洋工業新技術輸入中國，中國自己是永不會發明它底。

那面限制了商業發展，這面限制了工業進步。在工業上復缺乏商業的刺激，在商業上復缺乏工業為推進。他且不談，就在這兩大限制之下，中國工商業往復盤旋二千多年而不進，試問有什麼稀奇呢！似此只附於農業而立底工商業，雖說便於發財而不免賺求土地，却又不能為發財而經營它，其勢不能凌越農業而操縱了土地，則甚明白，所以由此而壟斷土地形成地主佃農兩階級，那是不必慮底。而在這種工商業本身，一面沒有經過產業革命，生產集中資本集中之趨勢不著；一面循着遺產諸子均分之習俗，資本縱有積蓄，旋即分散；所以總不外是些小工小商。像近代工業社會勞資兩階級之對立者，在此談不到，所不待言。可以說：秦漢以來之中國，單純從經濟上看去，其農工生產都不會演出對立之階級來。所可慮者，仍在政治勢力之影響於土地分配。

三　何謂職業分途

我們知道經濟上之剝削階級，政治上之統治階級，例必相兼。上面對於經濟上有無階級之對立，已略為考查；下面再看它政治上階級的情況如何，俾資互證。

中國社會在政治上之得解放於封建，較之在經濟上尤爲顯明。中國之封建貴族，唯於周代見之。自所謂「分封而不錫土，列爵而不臨民，食祿而不治事」（見續文獻通考）實際卽早已廢除。戰國而後自中央到地方，一切當政臨民者都是官吏。官吏之所大不同於貴族者，卽他不再是爲他自己而行統治了。他誠然享有統治之權位，但既非世襲，亦非終身，只不過居於一短時之代理人地位。爲自己而行統治，勢不免與被統治者對立；一時代理者何必然？爲自己而行統治，信乎其爲統治階級；一時代理者，顯見其非是。而况作官的機會原是開放給人人底。如我們在清季之所見，任何人都可以讀書，任何讀書人都可以應考，而按照所規定一一考中，就可作官。這樣，統治被統治常有時而易位，更何從而有統治被統治兩階級之對立？英國文官之得脫於貴族勢力而依考試任用，至今未滿百年。以此較彼，不可謂非奇蹟。無怪乎羅素揭此以爲中國文化三大特點之一也。

今人非有相當本錢，不能受到中等以上教育。但從前人要讀書卻極其容易，有非現在想像得到者：

第一、書只有限底幾本書，既沒有現在各門科學，外國語文這樣複雜，除了紙筆而外，亦不需什麼實驗實習的工具設備。

第二、不收學費底義塾，隨處可有。宗族間公產除祭祀外，莫不以獎助子弟讀書爲第一事。種種辦法甚多。同時，教散館底老師對於學生收費或多或少或不收，亦不像學校那樣機械規定。甚至老師可以甘願幫助學生讀書。

第三、讀到幾年之後，就可一面訓蒙，一面考課，藉以得到膏火補助自己深造。

那時一個人有心讀書絲毫不難。問題不在讀書上而在讀了書以後考中作官卻不那樣容易。一般說，其百分比極少極少人家子弟所以寧願走農工商各途者，就是怕讀了書窮困一生，「不發達」而並非難於讀書。所謂「寒士」「窮書生」「窮秀才」正是那時極耳熟底名詞。但卻又說不定那個窮書生因考中而發跡，許多舊小說戲劇之所演，原屬其時社會本象。

我承認像蘇州等地方城裏多是世代作官人家而鄉間佃農則不存讀書之想，儼然就是兩個階級。但此非一般之例。一般沒有這種分別。「耕讀傳家」「半耕半讀」是人人熟知底口語。父親種地為業而兒子讀書成名或親兄弟而一個讀書一個種地，都是尋常可見到底事。諺語「朝為田舍郎，暮登天子堂」正指此。韋布林 T. Veblen 著「有閑階級論」，敘述各處社會都有視生產勞動為賤役可恥而迴避之習慣。（註三）要知中國卻不同。雖樊遲學稼學圃皆不為孔子所許；然弟子既以為請，正見其初不迴避。子路在田野間所遇之長沮、桀溺、荷蓧丈人，顯然皆有學養之賢者而耕耘不輟；其譏夫子「四體不勤，五穀不分，」更見其重視生產勞動。又天子親耕藉田，歷代著為典禮，則與賤視迴避顯然相反。許行「與民並耕」之說，非事實所能行；明儒吳康齋先生之躬在田間下力，亦事實所少見。最平允底一句話：在中國耕與讀之兩事，士與農之兩種人，其間氣脈渾然相通而不隔。士與農不隔，士與工商亦豈隔絕？士、農、工、商之四民，原爲組成此廣大社會之不同職業。彼此相需，彼此配合。隔則爲階級之對立；而通則職業配合相需之徵也。

由於以上種種情形，君臨於四民之上底中國皇帝，卻當真成了「孤家寡人」。與歐洲封建社會大小領主共成一統治階級，以臨於其所屬農民者，形勢大不同。試分析之：

一、他雖有宗族親戚密邇相依之人與他同利害共命運，但至多在中央握權，而因爲沒有土地人民，即終無實力。

且須知這種權貴只極少數人，其餘大多數，是否與他同利害共命運，尚難言之。像明嘉靖年間裁減諸藩爵祿米，「將軍」（一種爵位）以下貧至不能自存。天啓五年以後行限祿法，而貧者益多，時常滋事。當時御史林潤上言，竟有「守土之臣每懼生變」之語，是可想見。

二、他所與共治理者，爲官吏。所有天下土地人民皆分付於各級官吏，好多人代管。官吏則來自民間，（廣大社會）又隨時可能罷官歸田或告老還鄉，其勢固不與皇帝同其利害共其命運。

三、官吏多出自士人。他們的宗族親戚鄉里鄉黨朋友相交，仍不外士、農、工、商之四民，從生活上之相依共處，以至其往還接觸，自然使他們與那些人在心理觀念上實際利害上相近，或且相同。此即是說官吏大致都與衆人站在一面，而非必相對立。

四、

誠然官吏要忠於其君；但正爲要忠於其君，他必須「愛民如子」和「直言極諫」，因只有這樣，才是獲致太平而保持鼎祚永久之道。愛民如子，則每事必爲老百姓設想；直言極諫，則不必事事阿順其君。所以官吏的立場，恰就站在整箇大局上。

只有一種時機：他一箇人利祿問題和整箇大局問題，適不能得其一致，而他偏又自私而短視；那麼他便與大衆分離開了。然此固談不到什麼階級立場。

政治上兩階級對立之形勢既不存在，這局面正合了俗說「一人在上萬人在下」那句話。秦以後，封建既不可復，而皇室仍有時動念及此者，即爲其感到勢孤而自危。這時候，他與此大社會隔絕是不免隔絕，對立則不能對立。古語「得人心者昌，失人心者亡」，正是指出他只能與衆人結好感而不能爲敵。而萬一他若倒台，天下大亂；一發，大家亦眞受不了。彼此間力求適應，自有一套制度文化之形成。安危利害，他與大社會已牽渾而不可分。整箇形勢至此，他亦不在大社會之外，而與大社會爲一。

一般國家莫非階級統治；其實亦只有階級才能說到統治。在中國看不到統治階級，而只見有一箇統治者。然一箇人實在是統治不來底。小局面已甚難，越大越不可想像。你試想想看：偌大中國，面積人口直比於全歐洲，一箇人怎樣去統治呢？他至多不過是統治的一象徵，沒有法子眞統治。兩千年來常常只是一種消極相安之局，初未嘗眞積極統治之。實中國國家早已軼出一般國家類型，並自有其特殊之政治制度。凡此容當詳論於後。這裏要點出底，是政治上統治被統治之兩面沒有形成，與其經濟上剝削被剝削之兩面沒有形成，恰相一致；其社會階級之不存在，蓋彼此相因而互為影響。本來是階級之「卿、大夫、士」，戰國以後階級性漸失，變成後世之讀書人和官吏，而職業化了。他們亦如農工商其他各行業一樣，在社會構造中有其一職司，為其一項不可少之成分。此即於士農工商四民，若並列焉。「讀以代耕」之古諺，均足為其證明。而孟子對於「治人」「治於人」之所以分，絕不從人生來貴賤階級而引證「百工之事固不可耕且為」之社會分工原理。可見此種職業化之傾向，觀念上早有某樣，[illegible]。日本關榮吉論文化有其時代性，復有其個別性。論事之由階級而變到職業，關係於文化之時代性；然如中國此風氣之早開，卻是文化之個別性了。

我們當然不能說舊日中國是平等無階級底社會，但卻不妨說它階級不存在。[illegible]：

一、獨立生產者之大量存在。此即自耕農，自有生產工具之手藝工人、家庭工業等等，各人做各人的工、各人吃各人的飯。與英國人百分之九十為工資勞動者，而百分之四為雇主者相對照，便知其是何等不同。

二、在經濟上土地與資本皆分散而不甚集中，尤其是常在流動轉變，絕未固定地壟斷於一部分人之手。然在英國則集中在那百分之四底人手中，殆難免於固定。

三、政治上之機會亦是開放底。科舉考試且注意給予各地方以較均平之機會。功勳雖可蔭子，影響甚少。

政治地位未嘗固定地壟斷於一部分人之手。今雖無統計數字可資證明，推度當較十九世紀末二十世紀初之英國情形爲好。英國雖則選舉權逐步開放，政治機會力求均等；然據調查其一九〇五年以上半個世紀的情形（註四）內閣首相及各大臣、外交官、軍官、法官、主教、銀行鐵路董理等約百分之七十五還是某些世家出身。他們幾乎常出自十一間「公立學校」和牛津劍橋兩大學。名爲「公立學校」「其實爲私人收費很重底學校。普通人進不去，而卻爲某一些家庭祖孫世代讀書之地。

所以近代英國是階級對立底社會，而舊日中國卻不是。此全得力於其形勢分散而上下流通。說它階級不存在，卻不是其間就沒有剝削，沒有統治。無剝削即無文化，其理已說於前。人類平等無階級社會尚未出現，安得而無剝削無統治？所不同處就在一則集中而不免固定，一則分散而相當流動。爲　表明社會構造上這種兩相反之趨向，我們用「職業分途」一詞來代表後者，以別於前之「階級對立」。

於此，有兩層意思要申明：

一、如上所說未構成階級，自是中國社會之特殊性；而階級之形成於社會間，則是人類社會之一般性。中國。其勢。亦不能盡失其一般性。故其形成階級之趨勢，二千年間不絕於歷史。同時其特殊性亦不斷發揚。二者迭爲消長，表見爲往復之象，而未能從一面發展去。

二、雖未能作一面發展，然其特殊性彰彰具在，豈可否認？凡不能指明其特殊性，而第從其一般性以爲說者。不爲知中國。我於不否認其一般性之中，而指出其特殊性，蓋所以使人認識中國。

在第一章中，曾提到一句笑話：「若西洋是德謨克拉西，則中國爲德謨克拉東」。在近代英國——這是西洋之代表——其社會及政治信乎富有民主精神民主氣息；但舊日中國亦有其民主精神民主氣息。總肖待詳於後，即此缺乏階級詎非一證？若指摘中國，以爲不足；則如上所作中英社會之比較，正可以嚴重地指摘英國。所以只可說彼此表見不同，互有短長。亦猶之英國與蘇聯，此重在政治上之民主，彼重在經濟上之民主，各有其造詣，不必執此以非彼也。

（註一）據李景漢「定縣社會概況調查」，則該處土地分配情形有如下之三例：

第一例東亭鄉六二村一〇四四五家。除一五五五家不種地外，種地爲業者一〇二九〇家。其中種地一百畝以上者二二〇家，即佔百分之二；種地百畝以下者一〇〇七〇家，即百分之九十八。又調查其中之六村八三八家，除四八家不種地外，種地者七九〇家。其中完全無地而以佃種爲生者一一家；餘七七九家均自有土地多少不等。

第二例第一區七一村六五五五家，除三七九家不種地外，種地者六一七六家。其中多少自有土地者五五二九家，完全無地者六四七家。無地佃農視前例爲多，然亦只佔十分之一強。有地百畝以上者在六五五五家中佔百分之二，有地三百畝以上者佔千分之一。有地而不自種者，佔百分之一。

第三例：第二區六三村八〇六二家，除三二三家不種地外，種地者七七三九家。其中多少自有土地者七三六三家，餘爲無地之佃農傭農，約佔百分之五。在有地者之中，一百畝以上佔百分之二，三百畝以上佔千分之三。

以上均見該書第六一八——六六三頁。

（註二）大清律例關於遺產繼承有如下之規定：嫡庶之男，不問妻妾婢所生，以子數均分之；私生子及養子各與其半。

（註三）韋布林 T. Veblan 著有閒階級論，胡伊默譯本第二九——三七頁，中華書局出版。

（註四）此參取英人所著「蘇聯的民主」第三一九——三三四頁所述，書爲鄒韜奮譯，生活書店出版。

第九章　中國是否一國家

一　中國之不像國家

第一章列舉中國文化特徵，曾以中國不屬一般國家類型，列爲其中之一。（第十一特徵）中國何以會這樣特殊？這就爲一般國家都是階級統治，而中國卻趨向職業分途，缺乏階級對立。現在就這問題一爲申論。

中國之不像國家，第一可從其缺少國家應有之功能見之。此即從來中國政治上所表見之消極無爲。歷代相傳，「不擾民」是其最大信條；「政簡刑清」是其最高理想。富有實際從政經驗且卓著政績如明代之呂新吾先生（坤）在其所著「治道篇」上說：

爲政之道，以不擾爲安，以不取爲與，以不害爲利，以行所無事爲興廢除弊。（見呻吟語）

這是心得，不是空話。雖出於一人之筆，卻代表一般意見；不過消極精神在他筆下表出，格外透澈而已。所以有一副楹聯常見於縣衙門說「爲士爲農有暇各勤爾業，或工或商無事休進此門。」知縣號爲「親民之官」，猶且以毋相往來詔告民衆。說可想見一切了。

事實上，老百姓與官府之間底交涉，亦只有納糧，涉訟兩端。河北省民間諺語，說「交了糧，自在王」意思是：完過錢糧，官府就再管不到我。（亦更無其他管制）至於訟事，你不訴於官，官是不來問你底。不論民刑事件，通常多半是民間自了。（詳後）近代以前底西洋社會，多數人沒有自由；而昔日之中國人却可說是自由太多。——孫中山先生有此語。古傳「日出而作，日入而息；耕田而食，鑿井而飲；帝力何有於我哉！」或出文人想象，未必實有此謠。然而太平有道之世，國與民更仿佛兩相忘，則是中國真情。

這種無爲而治，如其不是更早，說它始於西漢，總是信而有徵底。當時相傳曹參爲相而飲酒不治事，汲黯爲太守而號曰「臥治」；如此一類有名故事可見。但我們不可就信他們只是受黃老思想的影響。主要是因爲中國倫理本位職業分途底社會構造，於此時慢慢展開，其需要無爲而治的形勢，（詳第十章）就被閑眼人發見了。

前引長谷川如是閑的話：「近代英國人以國家爲必要之惡，而不知中國人却早已把它當作不必要之惡；」正是指此而說底。

復次，中國之不像國家，又可於其缺乏國際對抗性見之。國家功能，一面是對內，一面是對外。中國對內鬆弛，對外亦不緊張。照常例說，國際對抗性之強弱，似與其國力大小不無相關。然在中國，國力未嘗不大，而其國際對抗性却總是淡底；國際對抗性儘缺乏，而仍可無害於其國力之增大。此缺乏之國際對抗性，有許多事實可見。——

第一就是疏於國防。例如沿海港口，爲國防重要秘密，引水權絕無委諸外人者。內河航行，尤准外人充當嚮導，尤爲世界所未聞。清光緒十年（一八八四）中法之役，法軍艦深入閩江，卽係由中國海關頒給執照之美國人引水。事載慕爾氏之國際公法；各國學者引爲奇談。據說在中國海關註册爲輪船引水者，外國人約佔半數。然這不過是其一端，類此不講國防之事例，大約要數出十件八件亦不難。

第二就是戶籍地籍一切國勢調查，中國自已通統說不淸。這原是國際對抗的本錢，家當，時時要算計檢討，時時要策劃擴充底。自家竟然一切不加淸理，足見其無心於此。不知者或以爲中國人頭腦知識尙不及此。那便錯了。史稱「蕭何入關，收秦圖籍，」那正是此物。其實早在先秦戰國便已有之。不過在二千年後倒不加講究罷了。

第三就是重文輕武，民不習兵，幾於爲「無兵之國」。所以我們在第一章中，曾據雷海宗教授「中國文化與中國的兵」一書所指出之「中國自東漢以降爲無兵底文化」，列以爲中國文化特徵之一。（第十二特徵）蓋立國不能無兵；兵在一國之中例皆有其明確而正當之地位。封建之世，兵與民分，兵爲社會上級專業；中國春秋以前合於此例。近代國家則兵民合一，全國皆兵；戰國七雄率趨於此，而秦首爲其代表。是以統一中國。但其後兩千年間，不能一秉此例，而時見變態。所謂變態者：卽好人不當兵，當兵底只有流氓匪棍或且以罪犯充數，演成兵匪不分，軍民相仇之惡劣局面。此其一。由此而馴至全國之大，無兵可用。有事之時，只得借重異族外兵，雖以漢唐之盛，屢見不鮮，習爲常事。此其二。所謂無兵者，不是沒有兵，是指在此社會中無其確當安排之謂。以中國之地大人多，文化且高於四鄰，而歷史上竟每受異族憑陵，或且被統治，詎非咄咄怪事。無論其積弱之因何在，總不出乎它的文化。看它的文化非不高，而偏於此一大問題少有確當安排，則謂之「無兵底文化」，謂其積弱正坐此，抑有何不可？頗有學者不同意吾說（註一）從歷史引出許多證據以明其不然。其實至多不過證明常態變態相間互見，固不能把變態否認掉。中國歷史原多往復之象，儘管未曾一變到底，而變態之發見不亦儘夠嚴重了嗎？即此已儘足顯示其文化之特殊，有大可注意論究者在。在這裏則至少見出國際對抗性之特弱，與其大有可觀之國力（地大、人多、文化高）絕不相稱。

最後，則從中國人傳統觀念中極度缺乏國家觀念，而總愛說「天下」，更見出其缺乏國際對抗性，見出其完全不像國家。於此，梁任公先生言之甚早。——

夫國家也者，對待之名辭也。標名某國，是必對於他國然後可得見。猶對他人，始見有我也。……非有國而不愛，不名爲國，故無所用其愛。……！外族入主而受之者，等是以天下人治天下事而已。既無他國相對峙，則國當如是。（下略）（見飲冰室文集「中國之前途與國民責任」一文）

（上略）其向外對抗之觀念甚微薄，故向內之特別團結亦不甚感其必要。就此點而論，謂中國人不好組織國家也可，謂中國人不能組織國家也可。無論爲不好或不能，要之國家主義與吾人夙不相習，則彰彰甚也。此種反國家主義，或超國家主義深入人心；以二千年來歷史校之得失蓋參半。常被異族蹂躪，是其失也；蹂躪我者不久便同化，是其得也。最後總結算，所得優足償所失而有餘。蓋其結果常增加「中國人」之組成份子，而其所謂「天下」之內容乃日益擴大也。歐洲訖今大小數十國，而我則久成一體，蓋此之由。（見梁著先秦政治思想史第一章。）

像今天我們常說的「國家」「社會」等等，原非傳統觀念中所有，而是海通以後新輸入底觀念。舊用「國家」兩字，並不代表今天這個義，大致是指朝廷或皇室而說。自從感受國際侵略，又得新觀念之輸入，中國人頗覺悟國民與國家之關係及其責任；常有人引用顧亭林先生「天下興亡匹夫有責」的話，以證成其義（甚且有人逕直寫成「國家興亡匹夫有責」）。這完全是不看原文。原文是：

有亡國，有亡天下。亡國與亡天下奚辨？曰：易姓改號，謂之亡國；仁義充塞，而至於率獸食人，人將相食，謂之亡天下。（中略）是故，知保天下然後知保其國。保國者，其君其臣肉食者謀之；保天下，匹夫之賤與有責焉耳矣。

此出顧氏「日知錄」論正始風俗一段。原文前後皆論歷代風俗之隆污，完全是站在理性文化立場說話。他所說我們無須負責底「國」，明明指着朝廷皇室，不是國家；他所說我們要負責底「天下」，又豈相當於國家？在顧氏全文中，恰恰沒有今世之國家觀念存在！恰相反，他所積極表示每箇人要負責衞護底，既不是國家，亦不是種族，却是一種文化。他未曾給人以國家觀念，他倒發揚了超國家主義。

「夷狄而中國，則中國之；中國而夷狄，則夷狄之。」——這是中國思想正宗，而顧先生所代表者正是這箇。它不是國家至上，不是種族至上，而是文化至上。於國家種族，仿佛皆不存彼我之見；而獨於文化定其取舍。九十年前，曾胡所以號召國人抗禦洪揚者，就是站在此文化立場說話（註二），而太平天國之所以命定地失敗，亦正為它違反固有風教之故。三十年前，我先父亦即以痛心固有文化之斲滅，而不惜以身殉之（註三）。此種衞道精神，近於宗教家之所為，却非出於迷信，而寧由於其富於愛理性之心。像共產黨為了爭求一種理想文化，不惜打破國界，其精神倒不無共同之處。

梁任公著先秦政治思想史，述各家思想不同，而言政治莫不抱世界主義，以天下為對象；其教的常向於其所及知之人類以行，絕不以一部分自畫。而儒家態度則尤其分明，茲引敘於下：

春秋之微言大義，分三世以明進化軌跡：

第一、據亂世——內其國而外諸夏；

第二、升平世——內諸夏而外夷狄；

第三、太平世——天下遠近大小若一，夷狄進至於爵。（見公羊傳注，哀公十四年）

蓋謂國家觀念僅爲撥亂時所宜有。「撥亂」云者，謂根據其時之亂世爲出發點而施之以治也。治之目的在平天下；故漸進則由亂而升至於平，更進則爲太平。太平之世，無復國家之見存，無復種族之見存。至孟子時，列國對抗之形勢更顯著，而其排斥國家主義也亦更力。（中略）凡儒家王霸之辨，皆世界主義與國家主義之辨也。（先秦政治思想第二六三——二六五頁）

後世讀書人之開口天下閉口天下，當然由此啓發。然不止讀書人，農工商等一般人的意識又何嘗不如此。像西洋人那樣明且強底國家意識，像西洋人那樣明且強底階級意識，（這是與國家意識相應不離底）像他們那樣明且強底種族意識，（這是先乎國家意識而仍以類相從者）在我們都沒有。中國人心目中所有者，近則身家，遠則天下；此外便多半輕忽了。

中國人頭腦何爲而如是？若一概認爲是先哲思想領導之結果，那便不對。此自反映着一大事實：國家消融在社會裏面，社會與國家相渾融。國家是有對抗性底，而社會則沒有；天下觀念就於此產生。於是我有中國西洋第二對照圖，如左；

中國西洋第二對照圖

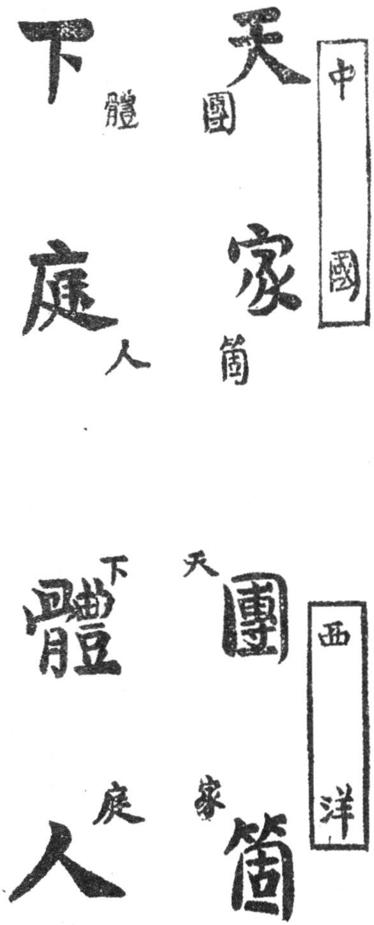

圖例；（一）「天下」泛指社會或世界人類或國際等；

（二）「團體」指國家或宗教團體或種族團體或階級團體等；

（三）「家庭」兼家族親戚等而言；

（四）字體大小即其意識強弱位置輕重之表示。

從箇人到他可能有之最大社會關係，由下至上共約之為四級，如圖。四級各具特徵：

一、箇人——出發點；

二、家庭——本於人生自然有底夫婦父子等關係；

三、團體——沒有界別底組織；

四、天下——關係普及不分畛域。

在西洋人的意識中，生活中，最佔位置者爲個人與團體兩級；而在中國人則爲家庭與天下兩級。此其大較也。

有人說歷史上中國的發展，是作爲一世界以發展底，而不是作爲一個國家。（註四）這話大體是不錯底。

二　國家構成於階級統治

在歐洲小國林立，國際競爭激烈，彼此間多爲世仇。人民要靠國家保衞自己，對國家自然很親切；國家要藉人民以與鄰國競爭，亦自必干涉一切而不能放任。但在同等面積之中國，却自秦漢大一統之後，無復戰國相角形勢；雖有鄰邦外族，文化又遠出我下，顯見得外面缺乏國際競爭。從而內部亦懈弛下來，而放任，而消極。正如近百年來，我們處於世界新環境中，政治上又不得不積極起來一樣。此種地理底和歷史底因素，雖亦不否認；然而其社會構造本身不適於對外抗衡競爭，不適於對內統治，却是基本底。此即上面我所云「國家消融在社會裏面，社會與國家相渾融」那一大事實。

難道「社會」與「國家」，必是分別對立底嗎？從西洋歷史事實所形成之觀念，確是如此底。與本海末爾在其名著「國家論」序言中說道：

與國家觀念相對立底社會觀念，最初於洛克 Locke 見之；從此以來，此種對立愈益確定。他並說明：始而是第三階級起來自己認作是「社會」，而據以反對封建之「國家」。繼而是第四階級起來，又自己認作「社會」，而把第三階級當作「國家」以反對之。他們觀念中共同之處，便是同認「國家」起源於侵犯自然法而存續下來底特權集體；「社會」方爲順乎自然法底人道結合型。他們蓋同認「國家」爲魔鬼之城 Civitas Diaboli 而「社會」則爲上帝之城 Civitas Dei 他們所不同者；前者宣稱資本主義社會便是自然法過程之結果；後者却謂這過程尚未到達其目的，必待社會主義社會出現乃是。大約在西歐，都是這樣觀念。只有德國學者多半崇拜國家，恰顛倒之，以國家爲天堂，以社會爲地獄。但其後亦轉變過來，而接受西歐觀念了；如馬克斯等其著者。奥本海末爾聲明自己亦是如此。

奥氏全書繁徵博引，正亦不外指出此一問題在歷史上如何興起，及其將如何消掉。他大意說，人類求生存，爲獲得其所必需之資料，有兩箇不同底手段。一是人們自己勞動，或以自己勞動與別人勞動爲等價交換；此卽謂之經濟手段。又一是強把別人勞動無代價收奪過來；此卽謂之政治手段。社會，便是從經濟手段發達而來；而國家，則起源於政治手段。自古訖今，人類歷史之發展，要不外經濟手段對於政治手段之爭衡，逐步驅除它，以至最後勝利而後已。最後，政治手段全消滅，有社會而無國家。國家就變成他所說之「自由市民團體」；

一其組織純基於自然關係，無復武力統治在內。——讀者試取前章講社會階級之所以形成而終於要解放者，與此互參，則其間理致自易明白。

國家寄託在武力上，這是沒有疑問底。但說武力專爲行剝削而來，而國家即起源於此，存在於此，則不免太偏。縱然國家可能起源於此，但國家之所以留存下來，而且還有其一段發展，顯然不在此。國家之所以存在，是爲它一面能防禦外來侵擾，一面能鎭抑內裏鬨亂，而給社會以安定和秩序。無安定，無秩序，大家不能生活。安定和秩序能得之於理性，自然最好。但於對外講不通之時，或對內講不通之時，其勢只有訴之於武力。掌握武力而負担此對內對外之責任者，即國家。必要到人類文化較之今日遠有高度發展，單恃理性即足以解決一切，而後武力自然可廢，國家自然必亦變形。然這却必待經濟極高進步之後，只可期諸未來，非所語於過去。

國家必然是一種武力統治，其理如上已明。但何以又必是階級統治呢？這因爲武力不過是一工具，還必得有一主體操持它。此主體恆爲一階級。照理說，武力應屬於國家，國家即爲其主體。但這不過是一句空話。要實際作到，必須全國人無論何時，始終只有一箇意志而無二。試問事實上可能不可能呢？照眼見之事實，一國之內恆有階級、種族、宗教、職業、地域、種種不同，而不免各有立場，其間意志統一而出於非勉強之時，殊不多遘。特別是階級不能沒有；而階級間之矛盾，有時雖外患當前亦不能掩蓋，在對內問題上更不待言。武力既經常地爲對內統治的後盾，則操持此武力者爲誰，豈不明白？故爾此主體例以國家尸其名，而實際則爲一階級——

統治兼剝削底那一階級。在封建之世，幾乎那全階級就是一武力集團，其爲階級統治最彰露。後來文化進步如近代國家者，則武力漸隱，階級在法律上似不存在。然其經濟上剝削被剝削之事實，既託存於法律秩序；而法律秩序之維持，則有國家的軍警法庭爲後盾。此不過其施行統治較爲間接而已，固依然是階級統治也。

其次我們還要知道，設若不是階級便難當主體之任。主體與工具，必須相稱。若不相稱，寧可主體大而工具小，萬不能主體小而工具大；那就不是力量，反而是累贅阻礙了。前章說，國家是一大強制力。強制必有兩面；兩面人數雖不必相當，但總不能以一人對大衆。所以像中國歷史上，全國龐大武力而以一人一姓爲其主體，即太不相稱，爲事實所不許。只有在中原逐鹿，兩軍相對情勢下，要擁戴服從一箇首領，乃能作戰取勝；那一時，此首領很像就是武力的主體外。一旦對方消滅了，則此方諸將領即無永甘服從於一人之必要。此爲歷代創業之主最難應付底大問題，宋太祖曾明白說出。且亦只有他「杯酒釋兵權，」得以輕鬆度過。其餘，對於他所共圖天下底那些功臣，總不免猜忌殘殺，事蹟多不勝舉，其故正在此。所以中國歷史定例；爭天下時固非武力不可；得天下後，就要把武力收起來，不能用武力統治。古語所謂「馬上得天下，不能馬上治之，」所謂「偃武修文，」意義豈不甚明。雷海宗教授曾指證，偌大國家不僅邊疆禦寇借用外兵，甚至要借外兵保衛畿輔治安。似此無兵情形，正有所自來，而非無原無故。

國家構成於階級統治，中國則未成階級，無以爲武力之主體而難行統治；這是中國不像國家之眞因，歷代帝王所以要輕賦薄斂，與民休息，布德澤，興教化，乃至有所謂「以孝治天下」者，皆隱然若將放棄其統治，只求上下消極相安，在他蓋無非從善自貽養之中以綿永其運祚。你說它不敢用力，亦可；你說它無力可用，亦無不可。數千年政治上牢不可破之消極無爲主義，舍此便不得其解。

三　中國封建之解體

以上當然皆就秦漢後底中國而說話。其缺乏階級，不像國家，自是負面；而倫理本位，職業分途，即社會以爲國家，二者渾融莫分，乃爲正面。凡此社會形態之特殊，伏根必很遠；但其顯露出來，則在封建解體之後。關於正面下章再細講。現在繼續談其負面之兩點：

一、其缺乏階級不像國家之何所從來（因）

二、其缺乏階級不像國家之何所歸趣。（果）

於是我們便要談中國封建之解體問題。

第二章已經申明，人類文化史不是獨系演進底，而中國剛好與西洋殊途。上章講階級問題，述及歷史可分五大段之理則，於唯物史觀所說相當予以認可。現在來談中國封建之解體，即是承認中國亦經過封建時代，如西洋社會史者，而確指其與西洋之殊途正在於此。

於此有兩大事實先要提請注意；

一、西洋在封建社會後資本社會前，那一過渡期間，政治上曾表見王權集中。但旋即轉入限制王權。（憲政）故其為期甚短。恰相反地，此在西洋極短暫者，在中國卻極綿長。中國封建解除，同一表見王權集中；乃不料此一集中，竟無了局。它一直拖長二千餘年，假如不是近百年受近代西洋影響，中國歷史突起變化，還望不見它的邊涯。

二、還有與此政治上長期不進不變之局面恰相配底，是其經濟上之長期停滯。儘管其工商發達早徵見於先秦，而兩千多年後，依然不過那樣。假如不是近代西洋資本主義工業文明傳過來，它可能長此終古！

這是誰亦不能否認底，卻亦是最不可解底。信如論者所說，秦漢以來之兩千年是一段謎底時代。談中國社會史，而於此沒有愜心當理之分釋，即一切等於白說。忽視它，抹殺它，更屬可笑。然而在一些為迷信和成見所誤之人，卻苦於無法不加以抹殺；看下文便知。

討論之初，應問明白：何謂封建？封建和解脫於封建，以何為分判？簡單說，封建是以土地所有者加於其耕作者之一種超經濟地強制性剝削，為其要點。他如經濟上之不出乎自然經濟，社會上之表見身分隸屬關係，政治上之星羅棋布底大小單位，意識上之不免宗教迷信等等，大抵皆與此要點天然相聯帶者。解脫於封建，就是解除這些而以解除其要點（強制剝削）為主。再問：怎樣可以得到解除呢？通常應不外像奧本海末爾所說，經濟手段對於政治手段之一次確定地制勝。兩種手段，目的是相同底，若經濟手段較見順便，而政治手段不大行得通之時，則政治手段漸被放棄，而自然趨向於經濟手段。這種順便者日以順便，行不通者日以行不通，即是經濟手段一次確定地勝利；而封建式剝削遂以解除了。像英國大體便是如此。在法國則要經過暴力革命，其政治手段之行不通，大於其經濟手段之順便。蓋各處社會情勢不同，歷史隨之亦異。

中國究竟已否從封建中解放出來呢？如衆所共見，多年來中外人士聚訟紛紜，莫衷一是。不少學者（如李季等）認為中國封建已崩解於先秦戰國，而秦以後底社會即須另說。（註五）這大致算得平允。但中國共產黨卻認為從東周起，一直到鴉片戰爭之漫長時期，全都是封建社會。其所以如是主張，好像不管聯帶而見底那些事情如何，而單把握了農村中之強制剝削一個要點，說它是中國一直存在着底。這亦不為無理，卻是疑問亦正多。

第一、　如我們在鄒平定縣各處之所見，其土地是封建解放後底土地，其人是封建解放後底人，明白無疑。固有少數佃農僱農，不能自有其土地而受到剝削；那只等於近代工人之受剝削而止。所謂超經濟地強制性剝削，實未有之。此以定縣社會概況調查所述當地租佃情形可為確證。（見原書第六二九——六三五頁）我不敢否認中國一直有強制剝削存在於農村底話，卻在全國之中究竟佔多少，不無疑問。此種相反例證之存在，是使前項主張，失掉一半根據。

第二、封建之世耕作者隨附於土地而不得去之情形，後來中國並未見有；似不能徒以地少人稠，另外又乏出路（工商業）即作束縛於土地看；因而所謂強制性剝削之存在，這裏又須打一折扣。——以上第一第二兩點，皆對那一個主要點而提出疑問。

第三、在經濟上、社會上、政治上、意識上其他聯帶而見底那些事情，按之中國或見或不見，難資判定；而大體論之，寧證明其封建已得解放。（論者所以單把握一要點而立論，似即為此）特如流行諺語「耕讀傳家」「朝為田舍郎，暮登天子堂；將相本無種，男兒當自強」之所表現者，試問世上焉得有此封建社會？

最後要指出其最嚴重底缺點，是把秦漢與東周明明不可混同之二物而強混同之。對於上面所提兩大事實，直仿佛不看見，不肯深求其故，而漫然以封建概一切；是何足以服人？然而還在他們實亦是無法底。因為他們不承認中西可能殊途，固執着社會進化只許在一條線上走；又迷信歷史總是在步步前進中，不知其或進或不進，原無一定。而此兩大事實，却剛好必從下面兩層來解釋：

一、中國社會史自秦漢後已入於盤旋往復之中；（不是進步慢）

二、中國封建之解體，別有其路線，不同於西方。

前一層自然又是由後一層來底。秦漢以來之謎，恰癥在中國封建解體之特殊中；由此入手，即不難闡明一切。

我們何以看出這箇來？因爲我們既有見於中國之缺乏階級，再看到那兩大事實，便恰好互資印證而有得。如上章所論，設若沒有階級則社會進步不可能；而階級則必資於經濟進步、文化進步、政治進步之循環推進，而一步一步得到解放。此蓋爲歷史常理。現在階級缺乏底中國，其經濟長期停滯，其政治一成不變，豈非剛好一致相符而共證明其爲歷史一種變局！中國之有過封建階級，既不成問題；則此變局開端顯然就在封建之解體上。此時我們試取西洋封建之所以解體者，來與中國相勘對，應不難尋得其變化之路綫。

西洋封建之所以解體者，要在經濟進步。唯工商業發達，人競逐於商業利潤產業利潤，而後乃不復賣氣力在農奴中，爲人對人之強制剝削。這就是由經濟手段之順便，引誘得封建階級放棄其政治手段，這最爲徹底。唯工商業發達，第三階級興起，領導羣衆爭取箇人自由，而後人對人之強制剝削乃不復行得通。這就是強迫封建階級非放棄其政治手段不可；這樣最爲決定。此時政治手段雖尙有待於進一步之淸除，但它絕不會翻回頭了。無疑地，這是經濟進步推進了文化和政治，使整箇社會改換了一箇局面。這亦可說是通常底一條路。

再來看中國。中國社會構造當戰國之際演着劃時代底變化，至秦併天下而開一新紀元。正所謂「今天下車同軌、書同文、行同倫，」而無復多關阻、異政令、種種隔閡不通底情形，像封建之世，自上至下分若干等級，而星羅棋布於地面上之許多大小單位，已經削除，而全國統一於一王。王權集中，實行專制。同時，分封錫土之土地制度，亦變為土地自由買賣，任民所耕不限多少。這一變化，是什麼變化呢？假如米諾買托夫的話不錯：「封建制度，就在於其政治關係之地域色彩，和土地關係之政治色彩；」那麼該就是從封建下得其解放了。然而此解放是否亦得之於經濟進步呢？這就難講。經濟進步是有底，商品生產、貨幣經濟、都市興起、交通發達，史冊皆有可徵。但求如西洋對於政治手段那所謂引誘所謂強迫者，則難得其跡象。相反地，且見出其經濟手段制勝之不徹底不決定；政治手段不時回頭。質言之，此雖亦不能不有其一定經濟條件，然不是由經濟之進而被推進者；毋寧是由文化和政治轉而影響了經濟。

何謂「政治手段不時回頭？」在上章曾說過：

> 由政治勢力而直接地或間接地使土地見出集中壟斷之勢，那對於從封建解放出來底社會說，即是形勢逆轉。此種逆轉勢不可久；歷史上不斷表演，不斷收場。（下略）

顯然地像西漢末問題便非常嚴重。論人則被奴役者那樣多，論土地則那樣被集中壟斷。而直接間接都出自政治勢力。於是才引出了王莽「王田制」的大改革。歷史上似此或大或小之例，訖未斷絕。而同時「限田」「均田」等一類運動亦同樣不絕於歷史。中國歷史就是這樣逆轉、順轉兩力相搏之歷史。究其故，無非在社會之進步，階級之解放，不由經濟所推進；——如其由經濟所推進，政治手段便不會回頭了——而寧由文化和政治開端。

所謂中國封建解體，是由文化和政治開端者，其具體表現即在貴族階級之融解，而士人出現。我們知道，封建階級（實則并包封建而上至古代之貴族階級）第一是建立在武力上，第二是宗教有以維繫之。從來貴族與武裝與宗教三者相聯；西洋如此，到處亦皆如此。因此，除後世以逐利殖產而起之階級，或稍形散漫外，凡貴族階級在其社會中例必爲集團之存在。何以故？集團與鬥爭相聯；凡以武力爲事者，豈有不成集團底？而宗教對於人之凝聚力，自來爲集團之本，尤所不待言。今武力與宗教二者相兼，其理決定。然而奇怪底是中國竟有些例外。梁任公中國文化史，嘗論中國貴族政治最與歐洲異者，有三點：第一、無合議機關，如羅馬元老院（或中古各國之階級會議）者。第二、貴族平民身分不同，然非有劃然不可踰越之溝界。第三、貴族平民在參加政治上，其分別亦只是相對底，而非平民即不得聞政。第一點易曉，故不多說。後兩點，他都指出春秋時代一些事實，以證成其說（文繁不引）。其實這三點，恰透露當時貴族不成一集體。第一、若有合議制行於貴族間，是即其爲一集體而存在之徵；今不然，可想見其不是。第二點則見其內外界別不嚴。第三點更見其未甚壟斷而排外。凡此又皆集團不足之象也。大抵階級成見不深者，其種族成見亦不深，其國家成見亦不深；三者恆相關聯。此由梁任公先生爲後兩點所指證之許多事例中，即可見出。又章太炎先生所著「社會通詮商兌」一文，亦同藉春秋時代許多事例，辨明中國早沒有像一般宗法社會那樣種族排外情形。但你試以西洋古羅馬之事來對照，就知其何等不同。羅馬征服了遠近多少邦族，建立其偉大之羅馬帝國；而羅馬人——此爲一族亦爲一階級——却只限於其原來參加宗教典禮之家族，而並不增加。羅馬所擴充者，一爲其統治對象，一爲其國有土地；至於那些被征服底人，則不予承認。換言之，他們始終被視爲外人或敵人。他們要求得作羅馬人，而羅馬怒斥爲萬分不合理。至於流血革命以求之，發生所謂「社會戰役」，而仍未得解決。間有一些曲折辦法，例如先自賣爲羅馬人奴隸，再經合法之解放，以輾轉儕於羅馬公民之列，皆甚費事。此一階級問題，蓋歷數百年而後泯除。我們不要以羅馬人爲怪；其實可怪底，倒是中國人！

何以中國封建階級其自身這樣鬆散，其對人這樣緩和呢？此無他，理性早啓而宗教不足；宗教不足，則集團不足也。封建所依築者，厥爲武力和宗教；而理性恰與此二者不相容。理性啓，則封建自身軟化融解，而無待外力之相加。（參看第十一章）其鬆散，正由人們心思作用萌露，活動宗教統攝凝聚之力不敵各人自覺心分散之勢。而當時底周公禮樂，復使人情溫厚而不粗暴，少以強力相向，階級隔閡不深；則又其對人緩和之由來。

頗有人說中國是沒有經過奴隸社會底，或者說它從氏族共產而轉入封建之世；（杜畏之說）或者說它經過一段亞細亞的生產時代而到封建。（李季說）我於此未用心考究，不敢判斷。但覺得沒有經過奴隸社會之說似近眞。奴隸社會底階級比之封建底階級要還爲嚴酷；像羅馬的情形，怕是難免。唯中國得免於奴隸社會，而後中國人精神上得免於此一嚴重傷痕，而後封建期的階級問題乃亦比較輕鬆，而竟自趨於融解。由此而風度泱泱，數千年一直是階級意識不強，種族意識不強，國家意識不強，以至於今。無論是少受宗教底錮蔽，或少受奴隸社會底創傷，這一切都是歷史的負面；而其正面則爲理性早見。理性早見，是我民族歷史特徵，就從古代貫澈於後世。

貴族階級之融解，蓋早伏於其階級之不甚凝固，缺乏封畛。在此宗教不足底社會裏，貴族而脫失於武力，其所餘者還有何物？那只有他累積底知識和初啓底理性而已。這箇就是士人。中國封建毀於士人，他力促階級之融解，而他亦就是階級融解下之產物，爲中國所特有。中國封建之解體，要不外乎階級之解消，而彷彿將以理性相安代替武力統治。它不同乎西洋之以新階級代舊階級，爲武力更易其主體。此即其先由文化和政治開端之說也。

士人原是後來有底名詞，我今卻追上去用以兼括古時亦可屬於此一類之人。他的特點，在曾受教育而有學養。如故張蔭麟教授所說：

> 爲什麼「士」字原初專指執干戈佩弓矢底武士，後來卻變爲專指讀書議論底文人？懂得這箇變遷的原因，便懂得春秋前底社會和秦漢後底社會的一大差別。在前一時代所謂教育，就是武士的教育，而且武士是最受教育底人。在後一時代所謂教育，就是文士的教育，而且唯有文士是最受教育底人。「士」字，始終指特別受教育底人；但因教育的內容改變，它的涵義亦就改變了。（見張著東漢前中國史綱第五六頁）

前曾講過，教育爲高等享受，遠在古代更只有君后貴族少數人乃得享之。況學識出於經驗之累積貫通，亦唯在職居官者有此機會。所以仕與學就相聯而不可分。學術之卒以流傳到民間，當不外貴族零落下來之故。他們或由失國，或由政變，或由個人獲罪，或由代遠族蕃而自然降夷。而亦要那時社會給人向上進身機會，才有人來熱心講學求學。一般都說，孔子私人講學，有教無類，乃學術平民化之開端，並爲後世開布衣卿相之局。士之一流人，如非孔子開創，亦必爲其所發揚光大。這話雖大致不錯，然須知遠在孔子之前，暨其同時，有學養之人散在民間而不仕者，或疏賤在野之賢才起而當政者，既不少見。有孔子乃有後世之士人，亦唯有這些先河，乃有孔子。孔子非突然出現，他實承先而啓後，使歷史逐漸發展到社會之丕變。士人非他，即有可以在位之資而不必在其位者是也。其有可以在位之資與貴族同，其不必定在位與貴族異。假使一天，貴族少至絕跡，而在民間此有可以在位之資者推廣增多，政治上地位悉爲他們所接替，人無生而貴賤者；這就是中國封建解體之路。而春秋戰國實開其機運。一方面春秋列國多興亡變動，他們的來源增廣，其人漸多。一方面戰國霸主競用賢才，相尚以養士，他們的出路大闢。孔子恰生在春秋與戰國之間，以講學開政爲諸子百家倡，就起了決定性作用。

要知此一脈路，是有如下之理由：當封建之世自然是武士教育；（其實是文武合一）但其後何以遂然一變文而不武，甚且陷於文弱之弊呢？此即以理性之啓，而早伏重文輕武之機於古了。士的頭腦漸啓，興趣漸移，一旦脫失於其羣，即舍去舊生涯。雖舍武而就文，卻又沒有宗教那一套。且不論宗教氣氛稀薄，懷疑論（

除墨家外皆懷疑派，見第六章）漸與根本就沒有教會組織，宗教職務，及其稅收財產，可依以爲生如西洋者。這些人其勢要各自分散。除少數人外，要憑藉知識頭腦爲生；除庸碌無能者外，要走向政治活動去。約計之爲三項：

一、甘於淡泊，依農工生產自食其力者。——此項自必爲數甚少，然古籍却多有可徵。（註六）

二、庸庸碌碌藉相體授徒以餬口者。——此項爲數諒不在少。

三、有才氣底則講學、聞政、游說、行俠，或且兼營貨殖。——在此風氣下者，亦許居多數。

此第三項即封建之破壞者。他們有可以在位之資，而無其權位；所以就反對世卿，排斥任子之制，乃至君位亦要禪讓才合理想。一旦上台，便與貴族爲敵，廢封建，置郡縣，以官吏代貴族。貴族寖不能世有其士其民。封建束縛下之土地人民，乃先先後後得到解放。雖孔子曾無意破壞封建井田，只圖變通而理想化之然而此時幾箇主要角色，如李悝、吳起、商鞅等，却竟是他的再傳三傳弟子。而一向公族無權，游士擅政，如三晉秦楚者，其宗法根基既薄，封建勢力不固，亦就着手最先，或完成較早。至秦併天下，遂竟全功。其事非此所及縷述。然從一切載籍中，很可看出那些在列國之間往來奔走不休，和聚在一起「不治而議論」底各種場合，正是一代社會大變革之醞釀發酵所在。而一箇箇得其君者，或爲相，或爲守，均得出其平素所懷以施於實際。在他們或不過圖富圖強，寧知歷史任務即不覺完成於其間。作爲當時之大關鍵者，則盛極一時底講學，和大規模底養士

是也。（註七）

總起來說，封建之解放，在中國有與西洋恰相異者：

西洋封建解放，起於其外面之都市新興勢力之抗爭侵偪；中國則起於其內部之分化瓦解。西洋是以階級對階級，以集體對集體，故卒爲新階級之代興。中國新興之士人，是分散底個人，其所對付之貴族階級亦殊鬆散。及至階級分散後，以職業分途代階階對立，整個社會乃更形散漫。

西洋以工商發達爲打破封建之因，文化和政治殆隨經濟而變，頗似由物到心，由下而上。中國以講學養士爲打破封建之因，文化和政治推動了經濟（士人無恆產，不代表經濟勢力而其所作爲則推動了經濟進步，李悝商鞅其顯例）頗似由心到物，由上而下。

以上是說明中國封建解體之由來，同時亦就是指出中國從這裏起，便缺乏階級，不像國家。

次一步，要問：它從這裏向下去，是否能達於階級消滅而不要國家呢？這當然不可能。它第一不能保沒有外患，第二不能保沒有內鬨。凡人所以要國家者，它一樣不能免掉。它儘管趨向於不像國家，而事實却逼到它成爲一個國家。逼到它要有一強大武力，以對內對外。有武力非難，而誰來控制此武力，却是一大難題。因它已不能返回到兩階級之對立，就缺乏其適當之主體。缺乏適當主體之武力，一面不免於萎弱，一面不免於恣橫。前者，即雷海宗教授指摘之「無兵的文化」所由來。後者，則爲奧本海末爾所說之政治手段，強制支配土地，強制剝削農民，若將逆轉到封建。但其勢萎弱亦不能萎弱下去，逆轉亦不能逆轉下去。二千餘年來，前進不能，後退不可，就介於似國家非國家，有政治無政治之間，而演爲一種變態畸形。——這就是缺乏階級不像國家之所歸落底地步。

四　中國政治之特殊

西洋在以新代舊之間，其階級確已得解放了一步，其社會構造、國家形式已經改變，（可稱革命）從人類歷史進程上說，確已得進了一步。中國雖則未嘗不向着解放走，仿彿若將以職業代階級，以理性相安代武力統治者；但始終淹延於這種仿彿之中，近而封建之解放不徹底，遠而階級之徹底消除不可期。此二千餘年間政治之特殊，須得在此一說：第一、把政治作爲倫理間之事，講情誼而不爭權利，用禮教以代法律，是曰政治之倫理化。這是把階級國家融攝在倫理社會中之結果。第二、對內對外皆求消極相安，而最忌多事，幾於爲政治之取消，是曰政治之無爲化。此蓋爲階級缺乏，武力萎弱之所必至。第三、權力一元化，而特置一內警反省之機構於其政治機構中；政治構造國家形式卻從此永絕進步之機。前兩點，在前既有敍說，不更贅；第三點尚有待闡明於後。——

此所云「權力一元化，」是指中國從來沒有，亦永不發生「箝制與均衡」底三權分立的事。這是什麼原故？我們且尋看西洋是怎樣發生底，便不難勘對出來。還在西洋以英國爲始，原非出自一種理想規劃，而是事實慢慢演成底。三權之中當然以立法行政之分離對立爲首要。此二者當初皆包於王權之中；何曾另外有什麽立法機關？明確地分開，作始於近代，而淵源於中古。中古之巴力門，其構成原是以貴族僧侶爲主，再加市民代表等。後此兩權分立，實由原初國內不同階層之兩面對抗而來。從不同之階層勢力言之，則此時計有（一）國王，（二）貴族僧侶，（三）都市第三階級；而其間以第三種勢力之關係最大。削除封建，是他們與王權合作之功；轉回頭來限制王權，又是他們與貴族聯合之力。始而國王代表行政部，而貴族市民組成之議會則握有立法權。其後國王無復實權。退出了此對抗形勢。相對抗者，便爲第二第三兩大勢力。他們此時固非分掌行政立法兩機關；却是各結政黨，憑藉此兩機關，時時運用，以相競爭。再往後，到最近幾十年，上院無復實權，貴族們又退出了此對抗形勢。則有後起底勞工階級及其政黨，起來參加，仍爲兩大勢力之抗衡。是歷史昭示：沒有分離對峙之社會形勢，則分權制度不會憑空發生；沒有以此形勢爲背景之政黨互競，則分權制度不能得其運用。[註五] 但中國的社會形勢如何呢？照上面所說，中國封建以貴族階級內部分化而解體；士人假借王權，擴充王權，其自身固不能構成一種勢力；抑且使整個社會從此走向職業分途，日就散漫，在全國中尋不見任何一種對抗勢力。則權力就於一尊，夫何待言。

權力一元化者，誠然可以爲所欲爲。但其一舉一動，影響太大，他自己或者旁人，都不能那樣毫無顧慮，隨他去為所欲為。然則將如之何呢？那只有提高自己警覺而隨時反省了。因此，中國皇帝大權雖不可分割，亦不受限制，而自古似乎便注意到如何加強其警覺反省之一事。梁任公先生文中，有關於此之一段話說：

（上略）及其立而為君，則有記過之史，徹膳之宰，進膳之旌，誹謗之木，敢諫之鼓，瞽史誦詩，工誦箴諫，大夫進謀，士傳民語；設為種種機關，使之不得自恣。猶懼其未足，復利用古代迷信心理，謂一切災異悉應在人主之一身，而告之以恐懼修省。及其殂落，則稱天而謚，勸以名譽。名曰幽厲，百世莫改。蓋進吾先聖之教，則天下之最不得自由者，莫君主若也。（見飲冰室合集，文集第十册「中國前途之希望與國民責任」一文，中華書局版）

以我推想，這其間亦許多少有點事實確曾存在於古；然要必經過儒家一番渲染無疑。儒家崇尚理性，自然要加以鼓吹倡導，以求確立此一制度。但單是有歷史根據和有人倡導，還不夠；須待封建解體，而後事實上確有其必要與可能，此一制度乃得確立。試分別言之。——

封建解體，全國權力集中統一；此時其權彌重彌專，其需要自己警覺反省者乃彌切。這是一點。再則，此時皇帝一個人高高在上，陷於力孤勢危之境；（參看前章）為求他的安全，亦是為大局求安全，此一需要彌見真切。這是更要緊之一點。可以說，其成為必要即在此。同時，因為封建之世，大大小小之君主甚多，此時通統化為官吏。所以過去偏於警覺國君一人者，現在就發展到監察多數官吏。（不過說話仍對皇帝一人說話）這又是一新底必要基於這些，此一制度乃以確立。歷代制度之因革損益，此不細數。大抵上則對皇帝諫諍封駁，補闕拾遺；下則監察內外，糾彈百僚，以至風聞言事。此外遇有災異大難，更下詔求言，下詔罪己，策免三公，等等。凡此種種，怕是任何中古政治所未見，不能不說是中國的特色。然而你明白其由來，亦就不詫異了。

孫中山先生倡五權憲法，其監察考試兩權，自謂從中國政治制度得來。論者亦皆承認二者為中國所特有。然更須知此兩制度原是相因而至，且有其相成之妙。特殊之中國政治，正要他們合起來才構成。按後世攷試制度本於隋唐，上溯則為兩漢選舉，更上則戰國之「薦引」「上書」「養士」，又實為其先導。（註七）更追上去，還有其根苗於古。總之，是從民間吸收新份子參加政治，統治被統治之間得以流通底那種事情，不必拘言攷試，而其制度之建立，則須斷自封建解體以後。在前，不過階級壁壘不嚴；及其制度既立，便是階級壁壘之撤除。這又是任何中古政治所未見。然而正就是此一制度寖寖建立的時候，亦就是前一制度種種必要（君權重且專、皇帝一人孤危、官吏增多）寖寖顯露的時候。讀者試加迴想，不是嗎？再則，前一制度自然是在引起當權者自己警覺反省；但最能促其警覺反省底，乃是與他不同底意見，是他圈外底意見，更要緊是被統治一面的意見。前一制度之真正意義，與其看作糾正個人過失，不如看作謀上下意思之流通。然而說話之人的流通，又是意思流通之本。假如人不流通，所謂「有言責者」僅限於一小圈，則意思之流通便幾乎不可能。所以言路實因仕途之闢而得其基礎。後一制度不但為前一制度闢出其必要，抑且供給以其可能。所謂相因而至，相成之妙，指此。設若兩種制度各得發揮，而又借着廷議廷推，互得配合運用，各達於其可能之理想地步；則一切在位者既皆以合法程序來自民間，一切政府措施又悉能反映乎民意。那高高在上端拱南面之皇帝，要不過象徵全國政治之統一而已；雖權力一元化又何害？所謂特殊之中國政治，要他們合起來構成，指此。

以上是說封建解體後中國政治之大趨向，及其所向之鵠的。除了有時倒退之外，從未變更此趨向。正爲理想始終未達到，而又非無其可能，所以人們總抱着希望在努力。——努力實現其制度所應有者，或修繕其制度，乃至重新調整之。却未嘗舍此而他謀。那麼，是否後勝於前，可以見出其一步進一步呢？此亦未能。除細節上有些講求外，根本不見進步。儘管不見進步，而二千多年間經過多次之改朝換代，竟亦沒有新思想或不同底運動發生。那麼，是否中國人太笨呢？亦不是。此其故，約言之有三層：第一、任何政治制度莫不基於其社會內部形勢外而環境而立；其中，內部形勢尤爲主要基礎。中國自封建解體後，社會形勢散漫，一直未改。而沒有新形勢，則人們新底設想新底運動不會發生。在散漫形勢下，權力之一元化是不會變底。權力一元化不變，其救治之道只有這多，沒有新鮮底。第二、中國制度似乎始終是禮而不是法。其重點放在每個人自己身上，成了一個人的道德問題。它不是借着兩個以上底力量互相制裁，互相推動，以求得一平均效果；而恆視乎其人之好不好。好呢，便可有大效果；不好，便有惡果。因此就引人們的眼光都注到人身上；而不論是向某個人或向一般底人要求其道德，都始終是有希望而又沒有把握底事。那麼，就常常在打圈子了。二千餘年我們却多是在此等處努力。第三，中國歷史已入於循環中，爲重複之表演；可看下章。

五　西洋政治進步之理

然而在西洋封建解體後，其政治却顯然一步進一步，有跡象可尋。這是什麼原故呢？此即爲其社會有階級；即以階級作階梯，而得升進。此理在上一章爲說明階級問題，已曾論及。何謂政治進步？政權從少數人手中逐步開放給衆人，政治漸進於民主，便是。其最後鵠的，在國家變成一自治團體，不再有統治被統治之階級存在。爲達於此無階級之一境，中間却要賴階級作過渡。階級在此之作用有種種：——

第一、民主期於尊重人權，而作始於限制王權。王權人權各有分際而不相凌越，此爲最善。但欲以個人抗王，而求得其均衡，誰能有這個力量？徵之歷史，還都是靠階級的力量來達成底。最初得力貴族階級。——英國大憲章即其好例。其後則得力資產階級；末後，則勞工階級力量不可少。階級新陳代謝，各有其時代任務不同。且亦不能保那一階級尊重人權，那一階級不尊重人權；正要借着階級力量與階級力量之相角而得之均衡，以保持此兩權之不失於一偏。假如政治上之「箝制與均衡」可以保障人權自由，那麼，階級力量正是產生此「箝制與均衡」而且運用之者。自今以前，若非階級力量，最初這門便無法打開；若非階級力量，亦將無法築成這條通路。今後，則個人力量在階級之支撑掩護下已得培養，將更充實發達起來。最後，人人在教育程度上，在知識能力上都平等了；每一個人真是不折不扣底一個人，社會秩序自然一準乎理性，那時，乃無須乎靠階級力量而社會亦沒有階級了。

第二、政治民主之本義在於政權公開；凡團體內事大家商量，共同作主。此在古代之所以能一見於希臘城邦者，一則爲其小國寡民；一則以其爲奴隸主之社會。唯其小國寡民，一切不出乎衆人耳目之所接，心思之所及；然後會議取決之制乃運用得來，而不徒爲一虛名。唯其爲奴隸主，生產之事有人代勞；自己乃有空閒，有資財精力以從事乎政治。即此可證明其不是靠階級，便不得出現了。近代民主政治萌芽於中古英國大憲章時代之貴族會議，Council of magnates 便是政權先公開於貴族僧侶這一圈內。在此圈外，不民主；在此圈內，就相當算民主了。其後一二五四年一二六五年，乃陸續增加各郡市平民代表在內。初則合開會議；其後分爲貴族民衆兩院。今天英國之巴力門就是以這樣開頭。始而其權小，繼而其權一步一步加大起來，以至於無所不能爲。始而其權在貴院，繼而漸移於民院，以至末後民院幾乎握全權。始而其議員之選舉權，限制於某範圍內；繼而一次一次又一次擴大其範圍，以至末後實行普選。今天英國英王無權，貴族無權，乃至資本家亦在台下，而由第四階級結合底工黨當國秉政，正是政權無保留地公開於國內之結果。此雖爲數百年前所夢想不到，然恰爲事實進展自然要走到之一步。凡此進展之事跡，可不一一細數；卻是其中理致，應予指出。爲什麼昔之行於幾千人小國（希臘城邦），而今天亦可行之於幾千萬人大國（英國本部）呢？這就爲人們的耳目心思雖不異於古，卻是其工具巧而且多了。天天一張報紙在手，不難把全國全世界的事情，卽刻映於心目之間。爲什麼昔之從事政治者都是奴隸主，而今天一般工人亦能從事政治呢？其實今天工人亦是奴隸主；只不過不再以人爲奴，而是以電與鐵爲奴耳。質言之，亦是得力在工具。人還是人，古今不同，只在工具。道理仍舊一樣；總要這一圈內人人的耳目心思時間精力，都能照顧得了，才行。不然，名爲政權公開亦是空底，實際作不到。而凡實際作不到之時，大概亦卽不發生那種需要。需要眞的發生，大概亦卽其可能作到之時。既有需要，又有可能，斷非少數人所能阻擋。苟無可能，又無需要，誰亦無法使它實現。可能與需要，一決於工具。說工具，兼括製造運用那工具之知識技能；而那種知識技能，亦就代表那時代之文化。工具之發明，文化之進步，非一蹴而幾；這是很明白底。然則在歷史上，政權之公開所以必出於漸進，其理豈不亦明白了嗎？是知後此政權公開於全國之大圈，正基始於當初向貴族公開之小圈；每後一步之進展，要皆以其前一步爲階梯。到今天，英國雖說選權普及，而資產階級依然強大；正爲多數人無產，多數人教育程度尚不夠高。似尚待勞工階級當政一時期，完成其經濟改造，消滅階級，而後其政治民主方爲完全實現，然這是根據英國歷史從來不甚需要流血革命而說底。很多國家不一定如此。例如法國，於中古亦有過民主萌芽；但其「等級會議」中斷了一百七十五年之久，沒有召開，卒以逼出一七八九年大革命來。而且一次再次革命不止。民主誠非皆由平穩進步中得之。但要曉得暴力革命更要集階級力量，革命雖似突變，實則其所得而解決之問題，仍不過那一時之問題；其所實現之民主，仍限於那一時可能有之民主。革命要靠階級，革命後亦還需要階級統治；以待社會進步，一新階級起來，再度革命。所以平穩漸進或革命突變在全部歷史進程上看，無大兩樣，同一需要階級作過渡。

第三、除前兩點，在實現民主上階級有其直接作用外，還有其一種間接作用。此即近二百年所有工具發明，文化進步，實大得力於資產階級之統治。它的好處，在一面杜絕了封建式大小戰爭，而給社會以長期安定；又一面破除了封建式種種束縛限制，而給一切人以大解放。就在種種發明迭與文化飛速進步之中，政治民主乃得一步推進一步。此種間接作用，同樣亦見於無產階級之統治，如在蘇聯者。蘇聯正是承認經濟進步，文化水準普遍增高，爲政治民主之根本；而有計劃地建設以完成之。它不以資產階級作過渡，而以無產階級作過渡，只是將階梯原理掉轉來用而已。雖其作有計劃地建設進步，與西歐得進步於自由競爭者異然，而其資藉於階級統治以得到安定進步，而實現民主，固無不同。在缺乏階級難言統治之中國，便不然了；試看下章便知。

總之，西洋以其爲階級社會，是一箇國家，就資藉於其階級，而政治得以進步；特地敍出如上，意在對照中國，缺乏之階級不像國家，遂永絕進步之機。

（註一）對於雷氏中國無兵之說，論者多不同意；思想與時代月刊有張其昀教授「二千年來我國之兵役與兵制」一文，即其一。

（註二）太平天國之役，在洪楊方面所發檄文以討胡為名，標榜種族之義；而曾胡方面所發檄文，則據文化立場指斥對方。其原文在近代史料可查。結果前者卒被後者消滅。蓋洪楊宗教之幼稚，其所為多不合於固有文化意識，實為不能成事之根本。其消滅，絕非滿清能滅之也，

（註三）關於著者先父之事，具詳「桂林梁先生遺書」商務書館出版。捐生前夕，所遺敬告世人書，告兒女書等多載，均影印在內。其要語云：「國性不存，我生何用！國性存否，雖非我一人之責；然我既見到國性不存，國將不國，必自我一人先殉之，而後喚起國人共知國性為立國之必要。」——國性蓋指固有風教。

（註四）見林語堂著「中國文化之精神」。

（註五）見李季著「中國社會史論戰批判」，神州國光社出版。

（註六）參看張蔭麟著「東漢前中國史綱」第六章。又左傳、國語、國策等書，多可考見。

（註七）飲冰室合集內文集第四冊梁任公亦有論中國封建解體不同於外國之一段話，錄此參攷：

（上略）歐洲日本封建滅而民權興，中國封建滅而君權強，何也？曰，歐洲有市府，而中國無有也；日本有士族而中國無有也。（中略）近世歐洲諸新造國，其帝王未有不憑藉市府之力而興者。然則歐洲封建之滅，非君主滅之，而人民滅之也。（中略）日本明治維新，主動者皆藩士。諸藩士

各挾其藩之力合縱以革幕府，而奬王室。及幕府既倒，知不可以藩藩角立，乃胥謀而廢之。然則日本封建之滅，非君主滅之，而藩士滅之也。（中略）中國不然。與封建爲仇者君主也；廢封建者，亦君主也。以封建自衛者君主也；與封建爲仇者，亦君主也。封建強，則所分者君主之權；封建削，則所增者君主之勢。（中略）論者知民權之所以不興，由於爲專制所壓抑，亦知專制所以得行，由於民權之不立邪？不然，何以中國封建之運之衰，遠在歐洲之先，而專制之運之長，反遠在歐洲之後也。

又粱氏於貴族政治實有以啓發民權之理，亦見到一些：

（上略）要而論之，吾國自秦漢以來，貴族政治早已絕跡。歐美日本於近世最近世而始幾及之一政級，而吾國乃於二千年前得之。（中略）宜其平等自由早陵歐美而上，乃其結果全反是者，何也？貴族政治者，雖平民政治之蟊賊，然亦君主專制之悍敵也。試徵西史。（中略）貴族政治固有常爲平民政治之媒介者焉。凡政治之發達，莫不由多數者與少數者之爭而勝之。貴族之於平民，固少數也；其於君主，則多數也。故貴族能裁抑君主，而要求得相當之權利，於是國憲之根本即以粗立。後此平民亦能以之爲型，以之爲楯，以彼裁抑君主之術，還裁抑之，而求得相當之權利，是貴族政治之有助於民權者，一也。君主一人耳，自尊曰聖曰神，人民每不敢妄生異想，馴至視其專制爲天賦之權利。若貴族而專制也，則以少數之芸芸者與多數之芸芸者相形見絀，自能觸其惡感，起「一吾何畏彼」之思想。是貴族政治之有助於民權者，二也。昔者君主與貴族相結以虐平民者，忽然亦可與平民相結以弱貴族。而君主專制之極，則貴族平民又可相結，以同裁抑君主。三者相牽制相監督，而莫或得恣。是貴族政治之有助於民權者三也。有是三者，則泰西之有貴族而民權反伸，中國之無貴族而民權反縮，蓋亦有由矣。（下略）

第十章　治道和治世

一　中國社會構造

中國之缺乏階級不像國家，是其負面，而倫理本位職業分途，即社會以爲國家，二者渾融莫分，則爲其正面。關於負面已說於上，正面的倫理本位職業分途，在前亦已點出，但說得不夠。本章將更從正面申說之。

前曾說：家族生活集團生活同爲最早人羣所固有；而其後中國人家族生活偏勝，西洋人集團生活偏勝。繼此，則中國由家庭生活推演出倫理本位，同時亦就走向職業分途。而西洋卻以集團生活逐漸輾轉反覆於個人本位社會本位之間；同時亦就演爲階級對立。階級對立，正是集團間的產物，不發生於倫理社會。倫理社會自然要職業分途，二者相聯，且有其相成之妙。

何以說階級對立是集團間的產物呢？階級所由興，不外是被外族征服統治，或由內部自起分化之二途。前者是集團之二合一；後者是集團之一分二。要之階級形成於權力之下，而權力則生於集團之中，此不易之理也。假如說集團社會是立體底，則倫理社會便是平面底。倫理爲此一人與彼一人（明非集團）相互間之情誼（明非權力）關係。方倫理社會形成，彼此情誼關係揚露之時，則集團既趨於分解，而權力亦已漸隱。此其勢固不發生階級對立。

倫理秩序著見於封建解體以後，職業分途即繼此階級消散而來；兩方面實彼此順益交相為用，以共成此中國社會。例如遺產均分於諸子，而不由長子獨自繼承，即此倫理社會之一特色；西洋日本皆所罕見，在我卻已行之二千年。蓋倫理本位底經濟，財產近為夫婦父子所共有，遠為一切倫理關係之人所分享。是以兄弟分財，親戚朋友通財，宗族間則培益其共財。財產愈大者，斯負擔周助之義務亦愈廣。此大足以減殺經濟上集中之勢，而趨於分散；阻礙資本主義之擴大再生產，而趨近消費本位。（對生產本位而說）所謂「不患寡，而患不均；不患貧，而患不安。」在西洋適見其積個人之有餘者，在中國恆欲以補衆人之不足。遺產均分，不過順沿此情勢而來，又予以有力之決定。有人說：封建社會的核心，是其長子繼承制度。英國社會所以能產生資本主義，正是靠此長子繼承制，預先集中了經濟上底力量。由封建領主之商業化，和大資產者的大墾牧公司，合起來便造成今天他們資本社會的始基。中國所以總不能進一步到資本主義社會，幷不是受了封建社會的桎梏，實實在在就為中國這種遺產制度，把財產分割零碎，經濟力量不得集中之故。這話確是有見地。（註一）當知，凡此消極使社會不演成階級對立者，便是積極助成了職業分途。

試再取西洋來對照，將更有深一層之明瞭。西洋資本主義，全從個人營利，自由競爭而發達起來，其前提則在財產所有權歸於箇人掌握，箇人能夠完全支配其財物。祇有這樣，才促進人們利己心的活動；祇有這樣，才增高人們利用其財物的能率。然而這卻是由近代法律襲用羅馬法，才有底事。羅馬法是所有權本位底法律，全副精神照顧在物權債權這些問題上。而中國法律則根據於倫理組織，其傳統精神恰好與此相反。（忽略這些問題）在西洋沒有這種近代法律，則中世農村那種協同生活的基礎不致破壞淨盡，近代自由競爭演成底階級社會無由出現。翻轉來看中國，便恍然此倫理本位底社會組織，非獨事實上成為一箇人在經濟上有所進取之絕大累贅，抑且根本上就不利於此進取心之發生。黃文山先生曾十分肯定地說：「我深信中國的家族倫理，實在是使我們停留在農業生產，不能迅速進入資本主義生產之唯一關鍵；」（註二）或即指此。

倫理社會這塊土地，不適於資本主義之滋生茁長，這是沒有疑問底。但若人們在經濟上底進取心根本缺乏了，不亦是社會上一大危機嗎？這卻又從職業分途之一方面可得其救濟。一箇人生在階級社會裏，其一生命運幾乎就已決定了。特別是封建社會為然，而資本社會亦不例外。農奴固然不能轉為貴族，勞工亦難得作資本家。他們若想開拓自己前途，只有推翻這種秩序，只有大革命。但在中國這職業分途底社會，便不然。政治上經濟上各種機會都是開放底。一箇人為士為農為工為商，初無限制，儘可自擇。而「行行出狀元，」（諺語）讀書人固可致身通顯，農工商業亦都可以白手起家。富貴貧賤，升沉無定，人人各有前途可求。雖然亦有有憑藉與無憑藉之等差不同；然而憑藉是靠不住底。俗語說得好：「全看本人要強不要強。」所以進取心，在這裏恰好又普遍得到鼓勵。倫理本位就是這樣藉職業分途爲配合得以穩穩行之二千餘年，得以通行到四方各處。不然，是不行底。

中國社會之所以落於職業分途者，主要是因爲土地已從封建中解放，而生產則停留在產業革命已前，資本之集中壟斷未見。此時從生產技術言之小規模經營有其方便，大規模經營非甚必要。同時，又沒有歐洲中世那樣底行會制度。（基爾特）於是社會上自然就只是些小農小工小商，零零散散各爲生業了。馮友蘭先生所謂「生產家庭化」所舉一家子石印館，一家子鐵匠鋪之例，正指此。無論種田，作工，或作買賣，全靠一家大小共同努力。俗所云「父子兵」天然成爲相依爲命的樣子。中國人常愛說「骨肉之情」「手足之情，」蓋其事實有如此者。此即倫理情誼由職業分途而得鞏固加強。反之，若在階級社會便不然。像近代大工廠大公司，將一家大小折散爲男工、女工、童工，各自糊口，幾乎不必相干，固不必說。即在中世紀；亦無合一家大小以自營生業者其事而是生活於集團之中，有異乎倫理之相依。更且縱着有集團與集團之分，橫着有階級與階級之分。其分離對立相競相尅之勢，掩沒了人生互依關係，尤使倫理觀念難以發生。

中國不是沒有行會，卻不像歐洲那樣竟爲堅實之集團。正爲重心分寄於各家庭家族了。因其不成集團，所以在師徒東夥之間，又爲倫理之相依。它可能有私人恩怨，各個不同；卻沒有從行會分化出之階級對立，如歐洲之所見者。階級只是集團間的產物，於此又可證明。近代工業社會，勞資兩方相維以利，相脅以勢，遇事依法解決，彼此不發生私人感情。而此則師徒東夥朝夕相處，可能從待人厚薄、工作勤惰上，彼此深相結納。在勞資兩方必不同一立場共一命運者，而在此可能同甘苦共患難。蓋階級對立之勢成，則倫理關係爲之破壞，反之，階級分化不著，則職業各營乃大有造於倫理。又因富貴貧賤升沉無定，士農工商各有前途可求，故有家世門祚盛衰等觀念。或追念祖先，或期望兒孫，父詔其子，兄勉其弟，皆使人倍篤於倫理，而益勤於其業。

從讀書人授徒應試，到小農小工小商所營生業，全是一人一家之事。（與其他人幾乎不甚相干。）人人各自奔前程，鮮見集體合作；既不必相謀，亦復各不相礙。（階級社會則相礙）因此中國社會特見散漫。中國人之被譏爲一盤散沙，自私自利，（見第一章）其中蓋不無誤會，（見第十三章）然而這一傾向，不待說自是極可怕底傾向。其所以終不大顯弊病，則職業分途又從倫理本位得其配合補救之故。前說；中國就家人父子兄弟之情，推廣發揮，以倫理組織社會；舉社會各種關係而悉倫理化之，亦卽家庭化之。務使其情益親，其義益重。由是居此社會中者，每一個人對於其四面八方底倫理關係，各負有相當義務；同時其四面八方與他有倫理關係之人，亦對他負有義務。全社會之人，不期而輾轉互相聯鎖起來，無形中成爲一大家庭。觀其彼此顧恤，夫寧有所謂自私？職業分途就是這樣藉倫理本位爲配合，得以穩穩行之二千年。假非近百年忽地捲入集團競爭漩渦，幾遭滅頂，還是不易看出其缺點底。

還有，此倫理本位職業分途，亦正是由政治經濟兩方面互為影響，協調一致，以造成底。例如：土地之不易集中，資本之不易集中，經濟上雖為一部分人所固定地壟斷，其種種因素，除如上面暨第八章所已說者外，政治上之「限民名田」「重農抑商」一類運動，亦為一有力因素。此類運動自西漢以來，史不絕書；除北魏訖隋唐均田制度一段略有成功外，所收實效遠不如其聲勢之大，是我們承認底。但其成功雖有限，其破壞資本主義之路却有餘。蓋自變封建為郡縣，統治階級既以分解散漫，流動不定。此時由政治上之無階級而鮮壟斷，亦自不容許經濟上之有壟斷而造階級。主動於其間者，仍為破壞封建之士人。歷史所示，甚為明白。士人有知識、有頭腦，而顧無權位、無恆產；既反對權位之壟斷於前，乃更反對資產之壟斷於後。籍不談士人代表理性，論其勢固亦宜然。一旦在政治上有其機會，則極力主張實行。資本主義之不成，中國遂沒有資產階級之統治如歐美者。則是又由經濟轉而影響於政治；兩方互為因果，大抵如是。階級缺乏，則統治為難，中國政治乃不得不倫理化。由政治之倫理化，乃更使社會職業化。職業又有助於倫理。如是倫理與職業，政治與經濟，輾轉相成，循環扣合，益臻密洽，其理無窮。

二　向裏用力之人生

中國式底人生，最大特點莫過於他總是向裏用力，與西洋人總是向外用力者，恰恰相反。蓋從倫理本位職業分途兩面所構成底社會實無時無刻不要人向裏用力；茲分就此兩面說明如下。——

一箇人生在倫理社會中，其各種倫理關係便由四面八方包圍了他，要他負起無盡底義務，至死方休，擺脫不得。蓋從倫理整箇精神來看，倫理關係一經有了，便不許再離。父子固離不得；兄弟夫婦亦豈得離絕？乃至朋友、君臣亦然。這不許離，原本是自己情感上不許；——傷痛不忍。後來形成禮俗，社會又從而督責之，大有「無所逃於天地之間」之概。在此不許離之前提下，有說不盡底委曲，要你忍受。況且又不止主觀上不忍離，或旁人責備之問題，而是離絕了，你在現實生活上就無法生活下去。因爲彼此相依之勢，已經造成；一箇人已無法與其周圍之人離得開。首先父子、婆媳、夫婦、兄弟等關係若弄不好，便沒法過活。乃至如何處祖孫伯叔姪輩，如何處母黨妻黨一切親戚，如何處鄰里鄉黨，如何處師徒東夥，種種都要當心才行。事實逼着你尋求如何把這些關係要弄好它。而所有這許多對人問題，卻與對物問題完全兩樣（詳見第十二章）。它都是使人向裏用力，以求解決底。例如不得於父母者只有轉回來看自家這裏由何失愛，反省自責，倍加小心，倍加殷勤，莫問它結果如何。唯知在我盡孝，此即爲最確實有效可得父母之愛者；外此更無他道。反之，若兩眼唯知向外看父母的不是，或一味向父母頂撞，必致愈弄愈僵，只有惡化，不能好轉。其他各倫理關係，要亦不出此例。蓋關係雖種種不同，事實上所發生問題更複雜萬狀，然其所求者卻無非彼此感情之融和，他心與我心之相順。此和與順，強力求之，則勢益乖；巧思取之，則情益離。凡一切心思力氣向外用者，皆非其道也。不信，你試試看！

所有反省、自責克己、讓人、學喫虧……這一類傳統底教訓，皆有其社會構造的事實作背景而演成；不可只當它是一種哲學底偏嗜。

前于第八章，指證舊日中國爲職業分途底社會；其間貧、富、貴、賤，升沉不定，流轉相通。雖自由民主如今之英國，政治經濟各機會無不開放，猶不免限於階級既成之勢而難與相比。此兩方形勢之異，最須用心理會：階級對立，則其勢迫人對外抗爭；職業分途，則開出路來讓人自己努力，而自己努力者即往往須要向裏用力。中國諺語「不吃苦中苦，難爲人上人」，中國小兒讀三字經「頭懸樑，錐刺股」二句，即指示其事例。但在階級社會便不然。最顯明是中古封建之世，其人身份地位生來即已大致決定。一般說，地位好者，不須要自己再努力；地位不好者，自己努力亦何益。如前諺語，全不適用。相反地，它要人向外用力。最顯明是在下級者，要開拓自己命運，勢必向上級抗爭，大之則爲革命，小之則爲罷工。而封建領主、資本階級爲保持其既得利益，亦勢必時時防範壓制。馬克思「階級鬥爭」之說，信乎其不誣。總之，其力氣天然要向外用。

試再來看舊日中國人。機會待你自求，既沒有什麼當前阻礙，其力氣只有轉回來向裏用，而向外倒無可用者。以讀書人爲例，讀書機會是開放底，而在考試制度之下，決定其前途，他能否中秀才、中舉人、中進士、點翰林，第一就看他能否寒窗苦讀，再則看自己資質如何。資質聰明而又苦讀，總可有成。假如他文章好，而還是不能中，那只有怨自己無福命。所謂「祖上無陰功」、「墳地無風水」、「八字不好」，種種皆由此而來。總之，祇有自責，或歸之於不可知之數，而無可怨人。就便怨考官瞎眼，亦沒有起來推翻考試制度之必要。——力氣無可向外用之處。他只能迴環於自立志、自努力、自責怨、自鼓舞，自得、自歎……一切都是「自」之中。尤其是當走不通時，要歸於修德行，那更是端正底向裏用力。

至於業農、業工、業商底人，雖無明設之考試制度，卻亦有「行行出狀元」之說。誰有本領，都可表現；白手起家，不算新鮮之事。蓋土地人人可買，生產要素非常簡單。既鮮特權，又無專利。遺產均分，土地資財轉瞬由聚而散。大家彼此都無可憑恃，而賭命運於身手。大抵勤儉謹慎以得之，奢逸放縱以失之，信實穩重，積久而通，巧取豪奪，敗不旋踵。得失成敗，皆有坦平大道，人人所共見，人人所共信。簡直是天才的試驗場，品行的甄別地。偶有數窮，歸之渺冥，無可怨人。——同樣地沒有對象引人必要對外用力。

勤儉二字是中國人最普遍底信條。以此可以創業；以此可以守成。自古相傳，以為寶訓，人人誦說，不厭煩數。然在階級社會，這二字便無多大意義。封建下之農奴，大資本下之勞工，勤為誰勤？儉為誰儉？勤儉了，又便得怎樣？於是這二字自然就少見稱道。中國卻家家講勤儉。勤儉是什麼呢？勤是對自己策勵；儉是對自己節制；其中沒有一分不是向裏用力。

歸結說：由於社會構造偏這一面——職業分途一面——為事實背景，於是自然就有：「勤儉持家」、「刻苦自勵」、「吃得苦中苦，方為人上人」、「人貴自立」、「有志者事竟成」、「天下無難事，只怕有心人」、「

將相亦無種，男兒當自強」……這一類傳統教訓。

乃至中國皇帝在這裏亦不例外——他一樣地要向裏用力才行。第八章曾指出中國皇帝一箇人高高在上，以臨於天下萬衆，實在是危險之極。得人心則昌，失人心則亡。所以他的命運，（地位安或危，運祚久或促，國勢隆或替）亦要他自己兢兢業業好生維持。他亦與士農商之四民一樣地有其得失成敗之大道。其道仍歸於向裏用力，約束自己，不要昏心暴氣，任意胡爲。因此，在中國政治機構裏，就有「講官」「諫官」一類特殊設置，以給他加強其警惕與反省。講官常以經史上歷代興亡之鑑，告訴他而警戒他，諫官常從眼前事實上提醒他而諫阻他。總之無非幫助他向裏用力。同時可以說，那政治上傳統之消極無爲主義，（尤戒窮兵黷武、大興土木）正亦是不許他向外用力，而要他節制收斂。我們可以假借一句古書來說：「自天子以至於庶人壹是皆以修身爲本！」凡此殆莫非這特殊社會構造之所決定，參看第九章當可明白。

莊澤宣先生民族性與教育一書列有「中國民族理想及民族性表」其中舉出中國人生「富於內傾性」一點，當然與此所說足相印證。卻亦要於此乃得明白其來由，而不視爲一種怪癖。

三　中國文明一大異彩

辜鴻銘先生嘗譏西洋，不是教會僧侶借上帝權威嚇人，（中古）便是國家軍警以法律管制人；（近代）離斯二者，雖兄弟比鄰不能安處。（註三）米勒利爾著社會進化史，亦說「中國國家就靠千千萬萬知足安分底人民維持，而歐洲國家沒有不是靠武力維持底。」（註四）往古印度文明最使人驚異者，是其宗教出世法之特盛；（其成就亦正在此）近代迄今西洋文明最使人驚異者，是其征服自然利用自然一切科學技術之發達；（其成就亦正在此）舊日中國文明最使人驚異者，即是其社會秩序恆自爾維持，若無假乎強制之力。明眼人當早看出：人類社會正是借着矛盾而得進步。雖矛盾，卻不能無秩序；無秩序則社會生活不能進行。秩序而要在矛盾上建立，則強制之力夫豈可少？人類理性方待漸次開發，社會秩序純全基於理性而立，只可期諸較遠之未來，豈所論於過去？知此，則舊日中國居然彷彿見之者，不能不說是奇蹟了。然而審於上面所說其社會構造之特殊者，又不難理會其故。

大概人類社會秩序，最初形成於宗教。其後，乃有禮俗、道德、法律等，陸續從宗教中孕育分化而出。於此四者之間，若者早，若者遲，若者分，若者合，若者輕，若者重，各方文化表現不同。離開宗教而有道德，在中古西洋殆難想像；離開法律而有秩序，在近代國家彌覺希罕。然而在舊日中國卻正是以道德代宗教，以禮俗代法律，恰與所見於西洋者相反。道德存於箇人，禮俗起自社會；像他們中古之教會，近代之國家，皆以一絕大權威臨於箇人臨於社會者，實非中國之所有。

先就後一層來說。外國人上法庭如同家常便飯，不以好訟爲嫌。中國人則極不願打官司，亦很少打官司。

親戚朋友一經涉訟，傷了感情，從此便不好見面。在歐美，律師爲上等職業；在中國，則訟師乃爲衆人所深賤而痛惡。往時一箇人若打過官司，便被人指目說「這是打過官司底人。」意若云「這人不好招惹；」或「這人品行可疑。」諺語有「餓死不作賊，屈死不告狀」，其嫌惡拒絕之情，不獨外國人難了解，抑亦非今日中國人所了解。爲什麼如此不同？這就爲他們生活於團體之中，一切靠團體，而我們則非。凡團體必有其法。試回溯中古來看，處處團體莫不各有其法及法庭：國王有法庭，教會還有其法庭；鄉邨有法庭，都市更有其法庭；乃至各行會亦且自有法庭。在一團體內人們彼此間有了問題，當然上法庭解決，豈有他途？是法律皆有強制性。不過到了近代，這強制卻集中統一於唯一之強大團體（國家）罷了。我們的歷史發展，有異乎此。（如前各章所論證）倫理社會原非團體；那種基於情義底組織關係，只可演爲禮俗而不能成法律，第六章已詳。二千餘年來雖迫於事實，要它成一箇國家，卻總難使此倫理社會扭轉到階級武力的地域統治——總不像國家。除近年來受西洋潮流影響引起變化，今後如何歸結，非此所論。就過去看，它自己早不能再有「團體權力」「箇人權益」一類觀念發生。（這等於另起爐灶）而只能本禮俗以設制，融國家於社會。其組織結構根本寄託在禮俗上，而不著見於法律。法律這樣東西，它幾乎可說沒有。其自古所謂法律，不過是刑律，爲禮俗之補充輔助，不得已而用之。傳統思想，貴德而賤刑。強制力在中國，是不被尊重底。它只是迫於事實不能不有之，乃至不能不用之；然論其本旨，則是備而不用底。

事實上亦很少用。此可分兩而言之。

第一、民間糾紛，（民事底乃至刑事底）民間自了。或由親友說合；或取當衆評理公斷方式，於各地市鎮茶肆中隨時行之，謂之「吃講茶」。其所評論者，總不外情理二字，實則就是以當地禮俗習慣為準據。亦有相爭之兩造，一同到當地素孚衆望底某長者（或是他們的族長）面前，請求指教者。通常是兩造都得到一頓教訓，（倫理上原各有應盡之義）而要他們彼此賠禮，恢復和好。（此原為倫理目的）大約經他一番調處，事情亦即解決。此外奸情盜案，宗族鄉黨自為處分，固非國法所許可；卻是偏僻地方一般皆如此。此原不足為禮俗之效，卻見出法律之力達不到民間；人民自生自滅，無所需於國家。為什麼糾紛不難自己了結？為什麼人民可以自生自滅不需要國家？凡審於中國社會構造之特殊者，當必先察點其分散之勢；此即其根本點所在。分散傾向之始萌，在宗教缺乏，理性早見。及至此「各自向裏用力」一層，乃更為最後有力之決定。在前曾講過：「集團與鬥爭相聯，散漫與和平相聯。」（回看第三章）不是說箇人與箇人之間就沒有矛盾，而是化鬥為爭。其為矛盾也小且易於化除。非必有持續性。集團與集團之間，一有矛盾，即非同小可；且有持續性，而不易化除。復因持續，而愈擴大。此為一層。箇人間有矛盾衝突，局外之第三者既多，斯環繞而調解之力自大。集團間有矛盾衝突，其局外調解力便遠不能相比。至集團愈大，則局外力量愈小，以寖至於無。此為二層。集合底羣衆心理具有很大機械性、盲目、衝動、不易反省；而散開底一箇人一箇人，其心理便易於平靜清明，迴轉自如。中國人本是從理性到散漫底，而亦從散漫更容易有理性。像「有理走遍天下，無理寸步難行」之諺語，固為崇尚理性的信念，亦是散漫社會的產物。在大大小小集體勢力分列而對峙底世界中，就只有較力，而難得論理。此為三層。明白這些，再參照下列各點，則於上面問題自可得其解答。

第二、紛爭騷亂大概都少有。此又可分兩面言之：一是個人安於所遇；二是彼此調和妥協。略說如次——

個人安於所遇。——此復涵括三點：一、由於前所說職業分途的妙處，開出路來讓人走；人人各自努力奔前程去了，便不像階級社會多數人時懷不平而圖打破現狀。此所云安於所遇，主要是對此職業社會的大環境說，而對其一己之境遇，自然亦隨之在內。二、由於前所說倫理本位組織的妙處，萬一有人在生計上落於無辦法境地，（這是難免為秩序擾亂之因子底）則又從倫理情誼關係上準備下了彼此顧恤互相負責。即不從這面得到幫助，亦可從那方得到周濟；四面八方種種關係，便隱然形成其一種保障。結果總使人不致臨於絕路，乃至又尋到出路。這亦是指安於此倫理社會的大環境，而其一己遭遇亦即在內。三、由於這兩面妙處合起來，處處可能有機會，處處又不一定是機會；得失成敗，似皆有其道，似又不盡可知。於是最易使人於勤奮中信天安命。又因為心思常向裏用，時有回省內照，便發見「自得之趣」及「知足常樂」；其向外之逐求爭取大減。所以在一般老百姓，寡欲知足，安分守己，並非是領會了老子孔子的哲學，而寧由社會構造之事實不知不覺鍛鍊出來。

彼此調和妥協。——彼此遇有問題，即互相讓步，調和折衷以為解決，殆成中國人之不二法門，世界所共知。「一爭兩醜一讓兩有，」為我南北流行諺語。此以爭為醜之心理，固非西洋人所了解。讓則兩有之理，他們似亦不知道卒必至兩敗俱傷，同歸毀滅，再後悔已遲。舊日更有「學吃虧」之說，飽經世故者每以此教年輕人。此誠不免流於鄉愿，卻亦為此社會保持和平不少。除了遇事臨時讓步外，中國人平素一切制度規劃，措置安排，總力求平穩妥帖，不落一偏，尤不肯走極端。蓋深信唯調和為最穩妥，最能長久不敗之道。所謂「亢龍有悔，盈不可久，」「人道惡盈而好謙，」「有餘不敢盡，」「凡事不可太過，」……如是一部調和哲學自古為賢愚所共熟審而習用。求其所以如此者，似由下列各點：一、從乎生物的本性，總是向外攻取不回頭底。唯人類心思作用發達，乃不盡然。理智則能計及前後彼此，所見不止當前；理性則能視人如己，以己度人。讓步調和，無疑是表見了人類心思作用的特徵。中國人理性早見，宜其如此。二、行於家人父子夫婦之間者為情；而存於集團與集團之間、集團與其份子之間者為勢。其情蓋寡。中國倫理推家人之情以及於社會一切關係，明著其互以對方為重之義，總使它對立不起來。在西洋，則幾乎處處形見對立之勢。雖家人父子夫婦不免彼此對立。易生問題，乃至於衝突。對立不起來，縱有問題，亦易解消或緩和。三、缺乏集團斯不形成對抗；對抗不成，宜相和合；但和合亦不易，則只有疏遠而已。例如中國政府之收歛寧靜，官民間愈少交涉愈好，是亦一種相安之道。四、相爭是由於各人站在自己立場；相讓則由於互為對方設想。中國倫理明著其互以對方為重之義，一個人似不爲其自己而存在。（回看第五章）此固不能取人類所恆有之「自己本位主義」而代之；然兩種心理一申一抑之間，其爲變化固不少矣。在西洋，各人主張自己權利而互以義務課於對方；在中國，各人以自盡其義務爲先，權利則待對方賦予。是其一趨於讓，一趨於爭，固已顯然不同。五、力向外用，或不必經過頭腦思維，或雖經過而淺。力向裏用，較多一周折，卻必出於思維之後。當其思維，已是一種忍耐節制；思維之後，則更產生忍耐節制之力。中國人忍耐力之特大，世界聞名。（參看前後論民族性各段）在如此之大空間上，如此之長時間內，蓋眞不知有若干若干之矛盾衝突，皆以忍耐未嘗表面化而過去了。六、向裏則心思之用多；向外則體力之用多。用體力者，愈來愈喜歡用體力；用心思者，愈來愈喜歡用心思。試看在遊戲娛樂上，中國人亦是用心（且每爲個人底）多於用體，西洋人卻用體（且每爲集體底）多於用心。西洋人武健而中國人文弱，蓋早決定於數千年理性早見之初。武健者躁動，容易有紛爭騷亂；文弱者固宜不然矣。

我們說，強制力在中國是備而不用底，且在事實上亦很少用；其最好之證明，即一面還是有政府、有兵、有刑，而一面卻消極無爲而治。史家所稱獄訟清簡，措刑不用者，非皆虛語。（註五）凡事物之備而不用者，其所備必不充足。歷代統治機構之簡單，及其實力之薄弱，姑舉兩事即可爲證：一是械鬥；二是流寇。

械鬥——此在廣東福建等處，聚族而居之鄉村，時或見之。其地民氣民風似有些鄰近西洋；又加以族姓爲界別，有祠堂作中樞，遂萌集團意識而不免挾怨相鬥。鬥起來，是沒有人管底。縣府或者尚不曉得，如何談到防止禁止。及至死了幾條人命，經官成訟，依經解決不下來。因雖經判斷，兩造多不甘服，還是打，要打就打，官還是管不了。往往「以不了了之」，仍待其自然解決。

流寇——在昔承平之世，四海晏然，人人各安本份，暴亂不生；並非國家禁止暴亂之有具。及其一旦亂起來，則又可能盜賊蜂起，平地發生之土匪，橫行千里之流寇，皆秦漢以來中國之產物，西洋所沒有。就中古說，封建制度下，各地自有統轄，一路儘多關阻，彼此侵暴之事，固所時有；土匪卻難得發生，更不可能流動於千里之間。及至近代國家，則人丁戶籍編制嚴密，警察系統遍徹全境，竊盜凶暴，雖不盡免，嘯聚山林之事，卻不會有。又何能東西流竄。寇而能流，可想見有任其所之，無不如意者。此唯鬆散平鋪在廣大地面上之無數人家，如舊日中國社會者，乃有此事。蓋論其四境之內，恢廓通達，實絕異封建，而大有類於近代國家；顧又缺乏近代國家之組織也。

總結說：社會矛盾（剝削及統治）舊日中國所不能無；但它化整為零，以情代勢，頗得分解緩和。其秩序，雖最後亦不能無藉於國家法律；但它融國家於社會，攝法律於禮俗，所以維持之者，固在其倚入其社會之自力，而非賴強制之功。然若沒有以道德代宗教之前一層，即不會引出來此以禮俗代法律之後一層。根本關鍵，還在前者。關於前者，第六章既有申說，茲就前所說者，再一為指點便可。

試看下列各扼要語句：

「宗教最初可說是一種對於外力之假借；此外力卻實在就是自己。」

「依賴感乃是宗教的根源。」（依賴自己就是依賴於外）

「宗教信仰中所有對象之偉大、崇高、永恆、真實、美善、純潔，原是人自己本具之德，而自己卻相信不及。」

「孔子有他一種精神，為宗教所不能有。這就是他相信人都有理性，而完全信賴人類自己。」

「儒家沒有什麼教條給人；有之，便是教人反省自求一條而已。除了信賴人類自己理性，不再信賴其他。」

「孟子總要爭辨義在內而不在外。在他看，勉循外面標準只是義的襲取，只是行仁義而非由仁義行。」（以上均見第六章）

總之，道德與宗教之別，正不外自與他內與外之別。如前舉甘肅地方，回民比較漢人得免於雅片之害者，就在其教誡規條具體列出，易於循守；而教會又以組織力量監督扶持以行。漢人既沒有教誡規條，更沒有教會組織；雖尊孔聖，實是各人自便。社會秩序於此，顯然前者偏於強制，後者蓄重自律。當然，使回民得以成其社會秩序者，亦有不少道德成分在內；大體上總是攝道德於宗教了。同時，漢人社會秩序之得以保持，宗教迷信亦正自有力於其間；卻不過散在個人觀念中為其自律之一助。我們說「以道德代宗教」，要亦是以個人代組織之謂。

「宗教本是一個方法，而道德則否」（見第六章）直接以道德代宗教是不行底，必須取徑於禮。（兼括禮樂揖讓、倫理名分）此禮與一般宗教之禮，表面非無類似處，而旨歸不同。宗教之禮所以輔成其信仰；而此禮則在啓發理性，實現道德。禮樂揖讓固是啓發理性，倫理名分亦是啓發理性。其要點，在根據人類廓然與物同體之情，不離。對。方。而。有。我。的。生。命。；故處處以義務自課。蓋一分義務，表現一分生命；而一分生命之表現，即是一分道德。道德而通俗化，形見於風尚，即成了禮俗。禮俗、道德、道德、禮俗，輾轉循環；它卻不發展到法律。它怎能發展到法律呢？法律或以義務課於人，或對人而負義務；總之，義務是從外來底。但從道德看，一切皆自己對自己底事，一切皆內而非外。禮俗以道德期勉於人，而法律則不責人以道德。以道德責人，乃屬法律以外之事。其不同脈路有如此。法律蓋繼宗教而有，以組織籠罩個人，從外而到內；它們卻是同一脈路底。

乍聞不靠宗教而靠道德，不靠法律而靠禮俗，不靠強制而靠自力（或理性）似乎其調甚高，其事甚難。其實你若懂得它的社會構造，便祗見其自然而平常。因爲它所要底，不過是孝弟，勤儉四字；只此四字，便一切都有了。孝弟則於此倫理社會無所不足；勤儉則於此職業社會無所不足。說道德，道德只是這箇；說禮俗，禮俗正不外此。而此四字呢，既利人而利己，亦且易知而易行。即不說在人類理性原有其根，試問當此社會構造形成，一箇人處身其中，其勢不亦只有自勉於孝弟，自勉於勤儉嗎？此直爲事實之所必趨，社會秩序在這裏自爾維持，夫有何希奇！三十年前嘗看陳獨秀先生文中有這幾句話：

世或稱中國民族安息於地上，印度民族安息於於涅槃。……西洋諸民族好戰健鬥，……歐羅巴全部文明史無一字非鮮血所書。（新青年一卷四號陳獨秀著「東西民族根本之差異」一文。）當時不甚得其解。今日看來，這「安息於地上」確乎一語道着。亦足見事實之所在，有識者無不見之也。此處爲外國學者之言第未知出於誰氏。

四　士人在此之功用

中國舊日社會秩序之維持，不假強制而寧依自力，已如上述。然強制雖則少用，教化卻不可少。自來中國政府是消極於政治而積極於教化底。強制所以少用，蓋在缺乏階級以爲操用武力之主體；教化所以必要，則在啓發理性，培植禮俗，而引生自力。這就是士人之事了。士人居四民之首，特見敬重於社會者，正爲他「讀書明理」主持風教，給衆人作表率。有了他，社會秩序才是活底，而生效。夫然後，若農、若工、若商，始得安其居，樂其業。他雖不事生產，而在社會上卻有其絕大功用。

道德、禮俗、教化，是輾轉循環互爲影響；三者無一定先後之序，而有貫乎其中者，則理性是已。理性，寬泛言之，就是人們的心思作用；狹義則指人心所有之情義。（詳第七章）道德之自覺自律，舍心思作用則無可能，舍情義之感則不能生動有力。禮俗當其既成，在普通人未必還有多少自覺；又隱然有其威力，在普通人似亦難語於自律。然論其所由形成，則固自有其爲社會衆人所共喻共信者在，這便是理性了。而况它不同乎一般隨附於宗教之禮俗，原受啓發於孔子一學派呢。（見第六章）至於教化之在啓發理性，又不待言。雖在統治者之提倡，未必全爲了啓發理性，而不免別有用心。士人自然地或不自覺地供其利用，亦是有底。然中國士人與西洋教士不同。他們沒有教會教區那樣組織系統，亦沒有教堂那樣正式宣教機關，更沒有宗教那樣經常定期莚集會以至種種。他們零散在民間，只是各自隨意隨機以發揮其所學而已。這就難得控制利用。

相反地，我們且可見出在傳統思想中是要以統治者所握有之權力依從於士人所代表之理性底。固然在事實上儘未必能如此；但權力卻更不能包辦了理性。在昔士人已見尊於社會，士人而爲師，（實行其代表理性而施教化之職分）更是最高不過。禮記上說：「君之所不臣於其臣者二：當其爲尸，則弗臣也；當其爲師，則弗臣也。」本來文武百官皆要北面朝君；而君則南面而王。然當他遇着他的師，卻還要北面事師，而師則南面。像西洋中古要抬出上帝來壓王權，這裏卻不用。這裏則是「師嚴而後道尊，」明夫理性不可屈於權勢也。——遂在爲了你自己的必要，非爲旁底。試表之如圖：

師（士人）——衆人（士人亦在內）

照中國原來理想，君就是師，所以說「作之君，作之師；」「能爲師然後能爲長，能爲長然後能爲君。」政就是正，「政者正也；」「其身正，不令而行；」不必再說政教合一。但事實難如理想，君師未必一致，則爭着不要權勢壓倒理性才好。於是有人爵天爵之論，（見孟子）有士貴王貴之辯，（見國策）而士人立志就要爲「王者師。」

按之歷史實情，社會秩序最後既然仍不能無藉於王權；則不可免地，君主還是居於最高。於是士人只有轉居於君主與民衆之間，以爲調節緩衝。仿佛如左圖：

君主 ← 士人 → 民衆

權力不遵乎理性而行，在人羣中不會沒有問題底。彼此以力對力，便容易演慘劇而大家受禍。此時只有儘可能喚起人們的理性——從狹義底到廣義底——使各方面自己有點節制。誰來喚起？這就是士人居間來作此功夫了。理性漸啓之中國民族，當它還不能出現一個理性居於最高以指導權力底局面，就只有落到如此。君主權力自爲最高，但最好不與民衆直接見面。蓋在事實上，君主越多用權力，自己越不易安穩；實不如施溫情，與教化，以理性示人。在民衆則大體上原無所需於權力，而只希望它不擾民；卻亦要各人孝弟勤儉，無問題發生而後免於權力干涉之擾。士人於是就居間對雙方作功夫：對君主則時常警覺規諫他，要約束自己，少用權力，而曉得恤民；對民衆則時常教訓他們，要忠君敬長，敦厚情誼，各安本分。大要總是指出倫理之大道理來，喚起雙方理性，責成自盡其應盡之義；同時指點雙方各自走你們自己最合算最穩妥之路！能這樣，就適合了大家需要，而避免其彼此間之衝突。不然底話，君主發威，老百姓固然受不了；老百姓揭竿而起，君位亦難保險。

士人就是不斷向這兩面作功夫，以安大局。究竟理性喚起到怎樣且不說它；但彼此消極忍耐向裏用力卻幾乎養成了中國人第二天性。孟德斯鳩說，「其民為氣柔而為志遜，」信乎不差。淺見之人，誤以為這是專制帝王所施壓力之結果。其實他不曉得自然定律，壓力必引生抗力，倒不會有此結果底。

五　治道和治世

當此社會構造形成，其形勢信有如上文所借用之古語：「自天子以至於庶人一是皆以修身為本。」士人不過是從乎其形勢上之必要，而各為之指點提醒。天子果能應於此必要，而盡他兢兢業業以自維持其運祚之道；士農工商四民亦各能在其倫理上自盡其道，在職業上自奔前程。那確乎誰亦不礙誰的事，互相配合起來，社會構造見其妙用，一切關係良好，就成了治世。此治世有西洋中古社會以至近代社會所不能比之寬舒自由安靜幸福。反之，天子而不能應此必要，以自盡其道，四民亦不能；那天子便礙了庶人的事，庶人亦礙了天子的事，種種方面互相防礙，於是社會構造失其妙用，關係破裂，就成了亂世。此亂世，迫害雜來，紛擾騷亂，不同於階級革命有其一定之要求方向及其劃然之壁壘分別。「治世」「亂世」是我們舊有名詞，用在中國歷史上切當底。於西洋歷史卻顯然不洽。本章和上幾章所說底，社會構造如何，社會秩序如何（特如說社會秩序自爾維持），即是說它的治道和治世之情形。至於亂世及其所以亂者，則將在下章言之。治世和亂世亦只是相對底；於截然對開。然治道得顯其用，以成治世；或治道寖衰而入亂世：其一進一退之間，有心人未嘗不覺察分明。

所謂治道何指呢？放寬說，卽指此全部社會構造（特殊政治制度在內），及一切所以維繫而運用之者。簡單扼要說，則「修身爲本」（或向裏用力之人生）一句話，亦未嘗不可以盡之。而語其根本，則在人類的理性。因爲這一切不外當初啓發了一點理性，在處處爲事實所限之中，勉強發展出來底規模條理；還待理性時時充實它，而後它才有生命。再則，我們還不妨說，此治道卽是孔子之道。試看它在過去之得以顯其用而成治世者，不都是靠孔子之徒——士人——在那裏作功夫嗎？

論起來，具體底禮俗制度爲一時一地之產物，極有其時代性和地域性；似不能遠以孔子所不及知之後世制作，歸諸孔子。況且近二千餘年局面之開出，在秦而壞封建以開新局者，明明是戰國時那些功利派，那些法家；其所爲何曾是儒家？相反地，儒家之王道思想迂緩作風，從商鞅變法一直到秦併天下，原是被拋棄底。然須知秦運短促正在於此；漢在一般對秦詛咒之下而漢興，漢興懲秦之弊，不能不資乎黃老清靜儒術敦厚以爲治。當時思潮和風氣，亦早從戰國時之傾向而翻轉過來。到漢武帝黜百家而崇儒術，只不過把它又明朗化而已。儒術自漢而定於一尊，成爲中國思想之正統；漢室運祚亦以此綿遠，不同於秦。是故開出此大一統之局者，不是儒家；穩定此大一統之局者，則是儒家。事情雖不自它發之，卻待它來收功。此後二千年便再不能舍儒者和儒術而求治（註六）。夏曾佑先生在其中國古代史上說：「孔子一身，直為中國政教之原；中國歷史，孔子一人之歷史而已。」好像言之太過，卻亦不是隨便亂道。

事情自然沒有那樣簡單。旁人可以詰問：漢初法制率因於秦，而思想作風又取黃老，豈得以一儒家概之？二千多年歷史不須細數，總之應該說儒家、道家、法家（甚至還要加上佛家）雜糅并存，方合乎事實。須知道其間原有一大矛盾在：儒家奔赴理想，而法家則依據於現實。理想上，人與人之間最好一於理而不以力。遠未幾，原是可以有此一天底。但理想達到之前，卻總不免力量決定一切；此即所謂之現實。儒家總要喚起人類理性，中國社會因之走入倫理而遠於集團，彷彿有舍力用理之可能。於是他更不肯放棄其理想。但在現實上，力固不能廢，而且用來最有效。法家有見於此，如何不有他的一套主張。不獨在戰國角力之世，他最當時；天下一統之後，中國儘管不像國家，政刑亦還是有其必要。二千年來儒家法家相濟為用，自屬當然。至道家，又不過介於其間底一種和緩調劑作用。單純道家，單純法家，乃至單純儒家，只可於思想上見之，實際政治上都不存在。按之歷史，他們多半是一張一弛，一賓一主，遞換而不常。然其間儒家自是居於根本地位，以攝取其餘二者。不止實際政治如此，即在政治思想上亦復如此。此無他，就為此時中國已是融國家於社會，自必攝法律於禮俗也。近二千年儒家之地位，完全決定於此社會構造社會秩序逐漸形成之時，不是漢儒們所能爭取得來，更不是任何一個皇帝一經他主張，便能從此確定不移底。

說到這裏，我們便可以解答這一問題：為什麼西洋在中古基督教天下之後出現了近代民族國家，而中國卻總介乎天下與國家之間，二千年如一日呢？此問題之被覺察而提出，是最近之事。在發問者，是把民族國家認作進步底東西，歎恨於中國之未成國家，而亟問其幾時才得成一個國家。究竟孰為進步，不忙較量；我們且把中西作一對照：

（一）西歐（歐洲的大半部）當中古時，藉着基督教和拉丁文，形成一種文化統一底大單位，與中國當漢以後統一於孔子的倫理教化和中國文字，頗可相比。

（二）中國人意識上彷彿知有天下而不知有國家；當時西洋人在他們文化統一底大單位內，恰亦同我們一樣。像近代國家之政治底統一，和近代人之國家觀念，尚未形成；而當時封建底各政治單位原都被籠罩在文化統一底大單位下也。

（三）當時基督教會，上從羅馬教廷下至各教區，不唯時常干預各政治單位的事，抑且其自身構成一大組織系統，亦彷彿就是一種統治。所以其統一是文化底，而不僅止於文化底；中國在一面是文化統一底大單位時，一面亦常常就是政治統一底大單位，即以天下而兼國家。

（四）但此基督教文化底統一，卒告分裂，而出現了近代西洋各民族國家。於是國家觀念乃代天下觀念而興，人們不再統一於文化，而各求其政治之統一。這在中國卻不同了。中國之文化統一始終沒發生問題，因此亦就始終不改其天下觀念。政治上卽有時陷於分裂，總看作非正常。如西洋「各求其政治統一」者曾未有之。

於是就要追問：為什麼西洋基督教文化底統一，不免於分裂；而中國文化底統一卻二千年如一日呢？此其故，約言之有五點：

（一）凡古代宗教所不能免之神話迷信獨斷固執，基督教都有；當人的知識日進，頭腦日見明利，其信仰自必動搖失墜。儒家本非宗教，完全信賴人類自己，而務為理性之啓發，固宜無問題也。

（二）中古以前基督教出世傾向特著；一旦人們由禁欲思想翻轉到逐求現世幸福之近代人生，其何能不有變動分裂發生？然在孔子自始卽以鄭重現世人生為教，便又沒有這問題。

（三）儒家本非宗教，所以無所謂在教與否，亦沒有教會之組織機構。其統一不在形式上。基督教與此相反。它有組織，便有分裂；它有形式，便有破壞。而此無拘束無形式底東西，卻分裂無從分裂起，破壞無從破壞起。

（四）引發西洋之宗教革命底，實為其教會教廷之腐化墮落。在事實上，這一點影響最大。假如沒有這一點，則前三點可能不暴露其短。而在中國卻又不發生這問題。

（五）當時拉丁文全是藉着基督教會而得通行，為其文化統一形成之一助。然只是通行於上層；於一般人不親切，不實際。及至宗教革命，肯定了現世人生，人們興味態度大變，各種語文及其文學隨而抬頭。民族自覺由此發生；民族感情由此濃厚，作爲精神維繫之中心底，就不再是出世宗教，而轉移到民族國家。拉丁文字亦隨之代謝。文化統一底大單位，至此乃分裂爲好多政治統一底小單位。然中國自有所謂「書同文、車同軌、行同倫」以來，全國文字卻始終統一。此蓋由中國文字以形體符號爲主，不由拼音而成。儘管各地方音不同，而不礙文字之統一。儘管古今字體音韻有些改變，隔閡亦不大。其結果且可使此文化統一的寬度繼續加寬（推廣到鄰邦外族亦用中國文字），深度繼續加深（文學情趣、歷史記憶、禮俗傳習皆濡染益深）。分裂問題不止未曾有過，恐怕是永不會發生。

今天除蒙古西藏和一些未曾漢化之回族，只是在中國這箇政治底大單位內，還沒有融合到文化底大單位裏；暫時不說外，其餘可說早已融合爲一體，而不可分了。秦漢是此融合統一之初果，先秦戰國還正在費力以求融合之時。中國之文化統一底大單位原出現於各箇政治統一底小單位之後，原是由分而合底。即我們戰國七雄正相當於西洋近代國家之所謂列強。可注意底是：我們由分而合，他們卻由合而分。我們從政治到文化；他們卻從文化到政治。我們從國家進爲天下；他們卻從天下轉回國家。

這種相反，正爲這種相比原不十分相合之故。不合之一根本點，就在以孔子倫理比基督教。二者所以被取來相比，蓋爲其對於人羣同有指導人生價值判斷之功用，各居於一文化中心而爲之主。又同樣標舉理想，而放眼到世界（天下觀念本此）。但他們本質不同：其一指向於個人道德；其一卻是集團底宗教。雖同可以造成社會秩序，而一則啓發內心，一則偏乎外鑠，深淺迥異。基督教天下之出現者從其創教說起，真不知經過多少流血鬥爭。蓋凡宗教信仰信其一爲真，則其餘必假。是以「基督教不以建立其自身之祭壇爲滿足，必進而摧毀異教之祭壇。」但儒家在中國之定於一尊卻由時勢推移慢慢演成；及其揭曉，不過輕描淡寫之一筆。如史書所載：

（漢武帝）建元元年丞相（趙）綰奏：所舉賢良或治申商、韓非、蘇秦、張儀之言，亂國政，請皆罷。奏可。

這只是朝廷取士不復用百家言而已，沒有什麽了不起。到後世彷彿變成了宗教一樣，則又經過好多年代漸漸而來底。試問似此浸潤深入以漸達於文化統一，豈是他處所有？又誰能分裂它？

且基督教之在西洋，更有不同乎儒家之在中國者。中國文化是一元底；孔子述古，即已集大成。西洋文化淵源有二。希伯來宗教而外，更有希臘羅馬之學術法律。正唯前者不足以涵容消化後者，故基督教天下卒爲民族國家所起而代。中古文化與近代文化之交替，實即壓抑在基督教下之希臘羅馬精神之復活。到今天來，社會秩序全依託於權利本位底法律，與基督教已無何相干。國家意識高張，而天下襟懷不足。面對着「非和平即毀滅」之人類前途，是否還有得希伯來精神再起，實未敢知。

張東蓀先生嘗論西洋文化之所以不斷進步，正在其有此互相衝突之二元（註七）。我深承認之。然須知何以有一元，何以有二元？若謂歷史遭際如此，便欠思索。設非中國古人於人類生命深處有所見，而深植其根本，則偌大空間偌長時間，七箇八箇元亦出來了；豈容你一元到底！反之，二元歧出者，正是在淺處植基，未得其通之之道也。又論者輩指自儒術定於一尊，而中國遂絕進步之機；我亦不持異議。然須知自來宗教上之不能容忍，思想之每趨於統制，並非全出於人類的愚蠢。一半亦是社會自然要求如此。必要在人生價值判斷上有其共同點，而後才能成社會而共生活。大一統底局面出現以後，嚮之各方自爲風氣者，乃形見其不同。爲了應付大局需要，其勢不能無所宗主。董仲舒對策，一則曰「上無以持一統，下又不知所守；」再則曰「然後統紀可一，民知所從。」明明就是這一呼求。天下事原來顧到這邊，便顧不到那邊。

中國文化以周孔種其因，至秦漢收其果，幾於有一成不變之觀。周孔種其因，是種封建解體之因，是種國家融化在社會裏面之因。秦漢收其果，是一面收融解融化之果，還一面在種種問題上收融合統一之果。所謂一成不變之觀，卽從此中國便是天下（社會）而兼國家底，從此便是以儒家爲治道之本而兼取法家在內底。秦漢後底中國，政治上分裂雖不盡免，卻不再有「各求其政治統一」之事，如西洋各民族國家者。一則爲中國人差不多已經同化融合到一處，沒有各別民族之可言；更爲此文化之所陶鑄，階級消納於倫理，國家隱沒於社會，人們定然要合不要分。分則角力，而國家顯露；合則政治乃可消極，而國家隱沒也。自這民族融合文化統一底大社會來說，合則爲治世，爲天下太平。分亦就是亂了。三千年來我們一貫精神是向着「社會」走，不是向着「國家」走向着國家走，即為一種逆轉。然國家實為人類歷史所必經。於是二千年來局面，既介於封建國家與資本國家之間，更出入乎社會與國家之間。社會組織啓導於儒家，儒家所以為其治道之本者在此。而法家則所以適應乎國家之需要也。假如不是近百年突被捲入國際競爭漩渦，被迫向着國家走，我們或仍抱天下意識如故，從乎其二千年所以為治者如故。

（註一）嘗見已故李蔚唐先生著作中，持論如此：李先生曾留學英國。英國較之大陸更確守長子繼承制，見楊人楩譯 T. S. Hoyland 世界文化要略。

（註二）見黃文山著文化學論文集第一八一頁中國文化學學會出版。

（註三）辜先生原著以英文德文寫成，刊於歐戰之後，以示西人。此據東西文化及其哲學附錄轉引來。

（註四）德國 F. Müller Lyer 著社會進化史陶譯本第六二頁。

（註五）曩在鄒平鄉村，嘗聞父老談，在從前若地方發生命案，極屬希罕。光緒廿一年某村發生一命案，遠近駭色相告，或走數十里往觀驗尸，若甚新奇，又感嚴重。蓋計算附近一二百里幅員內，二十年光景未曾有過也。

（註六）關於此點，陳顧遠中國法制史有足資參考者：（一）原書第五四頁，論儒家思想支配中國，數千年為治之道終莫能有外。中國法制當然經其化成。中國法系所以獨異於人者，即因儒家思想在世界學術上別具豐采所致。（二）原書第二九頁，論中國法制之最大變動有四：秦商鞅、漢王莽，宋王安石，清康有爲等。但法雖變，其間成敗所關之一中心勢力（儒家）未變。

（註七）見張著理性與民主第十二頁。

第十一章　循環於一治一亂而無革命

一　週期性底亂

在此特殊構造底社會中，一個人時時都需要一種自反底精神，如我上文所云向裏用力者；這是爲了他自己，亦是爲了社會。社會秩序不假強制而自能維持，蓋以其形勢昭然人們各知自勉於此，且已習慣成自然也。（習慣未成時社會構造亦未成）若還不夠，則有士人爲之表率，爲之指導點醒。一句話：這就是倚重於理性及禮俗以爲治。因它既缺乏兩個強大威權——宗教、國家——之任何一個，則舍此更有何道？知治世之所以治，即知亂世之所以亂。歷來大亂之所由興，要不外「人心放肆」那一句老話。人心放肆即不易尊重對方，更不易節制自己，皆有悖於治道。這固是一層。更要緊底，乃爲人心放肆便是其禮俗失效之徵。禮俗實爲此社會構造社會秩序之所寄託。禮俗之效，最上者在有所興起；其次則給人一限度，不使踰越。這雖沒有一權力機關監督執行於上，卻有社會輿情爲之制裁於後。人心放肆，小之可見社會制裁漸已失效；大之則徵明社會制裁已經沒有了。到此地步，還有不亂底？

人心放肆，則天下將亂，這在有心人而閱歷多底老輩感覺上非常敏銳清楚底。然而每臨到某一時期，放肆輒不能免。此可從三方面見之君主一面，民衆一面，士人一面。其所以流於放肆，殆皆有從乎事實所不得不然者：

一、 君主一面——歷代創業之主，多半來自民間，習知民間疾苦，社會情偽。他自己天資又極高明，如何自處如何處人之道，自然不生問題。及至傳了幾代下來，天資寖已平庸，又生於深宮，長於婦人女子之手，於外邊問題一切隔膜。甚至如晉惠帝問告歉歲者說「胡不食肉糜」之類。這時雖有諫官講官亦無所用。昏淫暴虐，重刑恣殺，苛斂橫徵，濫用民力；一味向外，不知自反。試檢史乘，幾乎成一公例，而無可逃。

二、 民衆一面——天下承平日久，人口逐年蕃殖加多，而土地却不加廣（不會向外侵略），尤其生產技術不見進步（這在中國文化裏而是一定底，詳後），倘若連遭天災（這裏農業社會所最怕底），則大家吃飯問題便不得解决。此時再不能向裏用力了；——再向裏用力，為生理所不許。而恰亦到了君主昏暴官逼民反時候，一經煽動，則饑民變為流寇，殆亦為歷史定例。

三、 士人一面——不獨君主民衆到一定時候各要發生問題，即在士人亦然。蓋承平日久，爵祿彌覺可羡。熱輭側媚者日進，而高介之士沉隱於下。士風士習寖寖偷敝，一心貪慕於外，更無責任之自覺。於君主不能諫諍，或且助桀為虐。於社會不能領導，或且為一切敗壞所自始。此驗之於歷史，亦幾乎依時而可見。

社會秩序至此無法維持，天下於是大亂。在大殺大砍之後，皇帝是推倒了，人民亦死傷無數。久之，大家都受不了這種痛苦，而人心厭亂。此時再有創業之主出來收拾殘局；隱居不仕之士亦從其悲憫心懷，出而救民水火；而人口亦已大減；於是治道又可規復。一經休養生息，便是太平盛世。但承平日久，又要亂；亂久又治。此即中國歷史上所特有底一治一亂之循環。（註一）

當然這是極粗底說法。所謂亂世固不僅指幾次改朝換代而言。秦漢後，倫理本位職業分途之結構漸著；順此方向，則條理昌明，而爲治世；悖此方向，則結構爲之破壞，失其所以相安者，便是亂世。至於干戈擾攘，雞犬不寧，乃又亂之表面化耳。上文曾說，「中國歷史就是這樣逆轉順轉兩力相搏之歷史；」又說，「治世亂世難於截然劃開；」皆謂此。唯治亂之機，繫於人心敬肆（或振靡）之間，則上下數千年無二致。在中國，恆見其好爲強調個人道德之要求，實爲此之故。此一要求既難有把握，則治難於久，而亂多於治，蓋屬當然。

二　不見有革命

中國歷史自秦漢後，即入於一治一亂之循環，而不見有革命。革命指社會之改造，以一新構造代舊構造，以一新秩序代舊秩序，像資本社會代封建社會或社會主義社會代資本主義社會那樣。雖亦有人把推翻政府之事一概喚作革命；那太寬泛，非此所云。中國歷史所見者，社會構造儘或一時破壞失效，但不久又見規復而顯其用它二千年來只是一斷一續，斷斷續續而已；初無本質之變革。改朝換代不下十數次，但換來換去還是那一套，眞所謂「換湯不換藥。」所以說沒有革命。假如不是世界大交通，因西洋近代潮流輸入而引起它的變革，（如今日者）無人可想象其循環之如何打破。

若究問其何以不再有革命，則凡明白上來各章所說者，不難得其解答。但我們仍不妨多方以闡明之。——第一便應指證此亂與革命之不同。亂與革命之不同，上章曾說到：「此亂世迫害雜來，紛擾騷亂，不同於階級革命有其一定之要求方向，及其劃然之壁壘分別。」往者梁任公先生嘗有「中國歷史上革命之研究」一文，（註二）恰好可借來一用。他指出中國不同於外國者七點：

一、有私人革命而無團體革命。——此謂西洋革命類皆本於多數人之共同要求，而出之以團體行動；中國則自楚漢革秦命以來，其蓄謀、戮力、喋血、奏凱，率爲一二私人之事。

二、有野心革命而無自衞革命。——此如陳涉所說「苟富貴毋相忘，」項羽所說「彼可取而代也，」劉邦所說「某業所就孰與仲多，」皆顯然可見；與西洋之迫不得已，起而自衞其生存權利者異。

三、無中等社會革命。——近代西洋爲中等社會之革命，世人所熟知。但中國革命或起自下層，如漢高、明太；或起自上層，如唐高祖之類；而起自中等社會者則缺之。

四、各地紛然並起而不單純。——例如十七世紀英國「長期國會」時，革命軍只克林威爾一派；美國獨立戰爭時，只華盛頓一派；此外都沒有紛雜不相統屬之革命軍。這便是單純。但中國卻照例是「羣雄並起」了。

五、時間比較要拖長。——此蓋繼第四點而來。即在推倒舊統治之後，還要削平其他並起底革命軍，併羣雄爲一雄而天下乃定。每每這後一段時間，比之前一段還長。這似乎亦是西洋所無。

六、革命陣營內之爭頗多。——第五點已經就是革命陣營內之爭，但還不止此。往往在同一派系之內，亦還要爭殺。太平天國之失敗，半由於此；人所熟知。事例甚多，此不具引。西洋唯法國革命有黨派相殘之事；其情形亦且與此有別。

七、外族勢力之消長有異。中國每當國內革命時代，即外族勢力侵入時代；綜觀歷史，其關係盤結果可分五種：（一）革命軍借外族勢力以倒舊政府者；（二）舊政府借外族勢力以倒革命軍者；（三）屬第一例而革命軍與舊政府兩斃者；（四）屬第二例而舊政府與革命軍兩斃者；（五）革命軍敗後引外族以爲政府患者。五者事例甚繁，不備引。然在西洋則法國大革命後，猶能力抗各國聯軍之干涉。

七點合起來，正見其爲中國所特有底亂，而非所謂革命。革命是爲了一階級的共同要求，向着另一階級而鬥爭底，它既不是什麼各人「逐鹿中原」，更不能這樣分不清壁壘底亂鬥。這明明是缺乏階級，恰見散漫，一人一家各求前途底職業社會，當其失去倫理秩序時，所表見之行爲。除上面七點外，我們還可補充一點；即從「

攀龍附鳳」那句老話，可以見出他們是爲了鬥爭而後成集團底不同乎西洋革命是由集團而發出來鬥爭；他們是以一箇領袖爲中心而形成底集團領袖爲本，團體爲末。不同乎西洋之由集團中推出來一箇領袖；團體爲本，領袖爲末。——原來之第一點，必經此補充，方才明確。

更有好底證明：歷史上每值天下大亂，往往有人率宗族戚黨入山避亂，遂自成邑落者。如東漢末田疇之事，即其一例；據史書上說：

（上略）入徐無山中，營深險平敞地而居；躬耕以養父母。百姓歸之，數年間至五千餘家。疇謂其父老曰：諸君不以疇不肖，遠來相就，衆成都邑，而莫相統一，恐非久安之道；願擇賢長者以爲之主。皆曰：善。同僉推疇。（中略）曰：疇有愚計，願與諸君共施之可乎？皆曰，可。疇乃爲約束相殺傷犯盜諍訟之法；法重者至死，其次抵罪，二十餘條。又制爲婚姻嫁娶之禮，興舉學校講授之業。班行其衆，衆皆便之。至道不拾遺，北邊翕然服其威信。烏丸鮮卑並各遣譯使，致貢遺，疇悉撫納，令不爲寇。（見三國志田疇傳）

孫夏峯先生（奇逢）在明末亦有類似底事蹟，不過規模或不逮。又梁任公先生曾述及廣東花縣人民自全於明末清初之事：

吾粵之花縣，在明季蓋爲番禺之甌脫地。流賊起，其民築堡砦自衛。清兵入粵，固守不肯薙髮，不許官吏入境。每年應納官課，以上下兩忙前彙齊置諸境上，吏臨境取交割焉。一切獄訟皆自處理，帖然相安，直至康熙廿一年始納土示服，清廷特爲置縣，曰「花縣」（中略）蓋有明末遺老二人，如田疇者，爲之計劃主持。二老臨終語其人毋復固守，民從其言。吾幼時，先王父尙能舉二老姓名。（下畧）（註三）

這在階級國家是不可能底。試問：若在階級統治之下，舊統治行將被革命勢力推翻，人們不是革命底，便是被革命底，兩面正作生死鬥爭，誰能置身事外？像這整批整批底人超身問題之外，理亂不聞，究應作何解釋？陶淵明桃花源記，是文章虛構；這却不是虛構。亦正爲事實可能有此，乃有人涉筆而成文章。階級國家不可能有此；事不是階級國家底中國，在其消極散漫之中，乃一點不希奇。革命雖不能避，亂則可以避。凡我所謂「社會秩序不假強制自爾維持，」我所謂「仿佛將以理性相安代武力統治，」於此見其實例。我所謂「即社會以爲國家，二者渾融莫分，」此即其縮影。它較之整個中國，更逼近奧本海末爾所說之「自由市民團體」。中國的特質，在這些事實上充分透露。亂只是亂；不是階級革命。比而同之，眞乃昧昧！

歷次外族入主中國時，如元代清代，好像相當構成了階級統治；元末清末，似亦就近乎階級革命。其實亦未能如此。外族要自居統治一面，而把中國變成階級社會，必於兩條路中擇其一：一是把中國引入較高之工業經濟，而自己掌握其資本；二是憑藉武力支配一切土地，而把中國逆轉到封建之世。假如他們具有近代西洋人之工業文明，則不唯清人以其近三百年之統治，即元人以其不足百年之統治，亦可能在前一路上成功。但他們都不是。他們的文明程度正要受中國同化，那裏夠使中國同化於他底？在後一路上，雖元人受中國化較少，其武力統治較強，其階級形勢較著；然元人一旦北去，中國還是中國，社會卒未因之變質。滿人氣魄遜於元人，而比較聰明，自願接受中國文化。他滿以爲只須自己保持一「統治底武力集團」之地位，一切可以中國之道治中國。不曉得「以中國之道治中國」，其社會構造（這是最主要底）不變，就和自己的打算恰相矛盾，而不得成功。一面雖有「跑馬圈地」之事，而在全國比例上微乎其微，以視明代政治勢力之支配土地且有遜。一面雖有滿漢成見之存，而終須以考試制度登用士人，政治機會之開放不改於前代。（註四）清祚之久，三倍於元，其故在此。然經濟，政治俱未形成壟斷，則中國依然一職業社會。只是「八旗皆兵」廩餉以自養，日久寖歸無用。不過數十年，對內對外用兵即轉而依靠漢人。及至洪楊事起，此「統治底武力集團」早已成了廢物。即常備漢兵，（綠營）亦不中用；末後起來穩定其統治者，乃在漢族保衛鄉土之鄉勇團練。（湘軍淮軍）試問此時究竟誰是統治階級，誰是被統治階級，不亦甚難言乎！

試再就辛亥革命來看，大清帝國是這樣大，其統治又這樣久，又非遇到對外戰爭失敗那種機會，乃竟於短短三四個月內，輕輕地就給推翻，詎非怪事！此無他，你若以統治被統治兩大階級各爲其命運而作最後決鬥來看，自然索解不得。那是沒有這樣容易底。你若曉得：它本未構成階級統治，全國之中並沒有兩面確定相反底立場；社會內部形勢流動散漫，而救國底民族立場又超過一切；此時革命主力寄於知識份子，而知識份子則通於統治之上層；代表清廷統治各省之封疆大吏，及其所恃爲統治之具底武力，原不難於一轉念間而就成革命。則武昌舉義，各省紛紛響應，一個月而大勢已定，三四個月而完全解決，又何足怪！

異族統治本是造成國家一適當機會；直到異族統治而國家還造不成，則中國是社會而非國家。彌以決定。凡此皆就中國未構成階級統治一點，闡明其沒有革命之理。不過若就革命是「以一新構造代舊構造，以一新秩序代舊秩序」來說，辛亥一役應承認其爲革命。它並且是中國封建解體後唯一之革命。自它以前社會構造未曾變過；自它以後，社會構造乃非變不可。克魯泡特金在其名著法國大革命史上說「一個革命的意義，是在幾年之內迅速地掃蕩那些已經在地上生了根幾千百年底制度，使它傾覆和崩潰，」我們自辛亥以來，確是這樣。今天我們尙在此一變革中，而正期待一新構造新秩序之出現。

於此又可指出二千年來所以不見有革命者，實爲社會秩序社會構造寄於道德禮俗，而非寄於法律制度之故。孟德斯鳩法意上說：

> 蓋法律者，有其立之，而民守之者也；禮俗者，無其立之而民成之者也。禮俗起於同風；法律本於定制。更定制易，變同風難。變其風者，其事危於更其制也。（見原書第十九卷十二章）

法律制度是國家的（或教會的如中古教會所有者）；而道德禮俗則屬個人及社會的。法律制度恆有強制性；而道德禮俗則以人之自喻共喻自信共信者爲基礎。前者好像是外加底而後者却由社會自身不知不覺演成。外加底容易推翻它；自身演成，怎麼推翻？凡推翻皆非無端而至；革命必由於矛盾發展而這裏却缺乏了何處而會無禮俗？但不像中國竟爲其社會構造社會秩序之所依託，而法律制度乃僅爲其從屬。禮俗從屬於法制者，矛盾得禮俗之扶持；反之，如中國者，矛盾恰因禮俗而不立。何以言之？它既由階級分解而使矛盾化整爲零，由強變弱；更由倫理互以對方爲重之義，而使彼此對立不起來。矛盾即因禮俗之不予承認而不立。由此易得調和妥協，就不致暴發爲革命；這固然了。更要緊底，乃在矛盾雖不能就此解消，却使人常常抱着希望，致力於其解消（士人以倫理責勉君民雙方，衆人以倫理互勉及自勉）解消得幾分，固於禮俗益加肯定；即解消不了，亦歸咎在人；誰能因此否定禮俗？這樣，就使此共喻共信者數千年歷久如一，從無翻案文章。社會構造不變，當然就無革命。法制雖間有變更，在此無關宏旨。蓋從不越出傳統禮俗範圍，變於何有？歷史上每次變法改制，皆發之自上，此即證明其變動所繫不大；而每次大變亂之發生，亦從不聞其代表一種反對制度底大運動。此又證明其已是變無可變了。

即如辛亥革命，自一方面說，固不同於過去之變法改制而止；但至多亦只算得中國禮俗丕變之開端。必待「五四」新文化運動，直向舊禮教進攻，而後探及根本，中國乃眞革命了。於此，孟德斯鳩有一句話正好適用：

禮俗者何？所習慣而公認爲不可叛者也。苟一旦以爲可叛，則其國乃無一存。（法意第十九卷十二章）

興底！中國至此還存得有什麼呢？不像這樣，就不算變！然而這樣底變又豈是中國社會自己所能發生底？——不是世界大交通從外面引發他變，一而再，再而三，不會有此。一面不這樣不算變；一面這樣底變，自己又不會；有此即上文所云變無可變了。（註五）

三　產業革命之不見

中國所以無革命之理，似乎已說了不少；實則尚未說到要緊處。要緊處在經濟之停滯不進，產業革命之不見。此超過一切問題之大問題，實為中國之無革命之因，亦為中國無革命之果。這就是說：一面由於經濟之不進，而文化和政治（禮俗，法制）不變；同時一面亦由於文化和政治之不變，而經濟不進步了。正為兩面交相牽掣，乃陷於絕地。必明白此中鈴鍵，而後於全盤問題可以豁然無復疑滯。凡上文所說者亦有待此為補充，而後其義始明。

關於產業革命何以不見於中國之一問題，時流意見甚多；舊著於此，曾各加檢討，具見中國民族自救運動之最後覺悟，可備參考。（註六）今不擬作此類功夫，徑直申明我之所見如次：

產業革命，指生產力發展到某一階段而言。其中以機械發明，特別是蒸氣機等動力之發明為主要。唯物史觀以生產力之發展，說明社會發展，原自有理。但不自覺地假定了生產力之發展，好像不成問題。其實生產力豈能離開人而自行發展？而人之於此，却並不定相同。徵之西洋中古人生與其近代人生，顯然可見生產是人對自然界之控制利用；而控制利用則得力於其對自然界之觀察實驗。生產力之發展，當然便是人類意識直接間接作用於生產活動之結果。於此否定人生者與肯定人生者相較，沉溺於迷信玄想者與孜孜於考驗自然者相較，其結果豈得一樣？假如西洋沒有近代人生一大轉變，使人們意識密切結合於生產；誰能想像它會有十九世紀之產業革命，以至今天之物質文明？有人說現代一年間的技術發明，要多過於一七五〇年以前一千年間的發明，這正爲古今人生態度不同之故。（回看第八章）

人生態度影響生產力之發展，既不可否認；便要來看中國了。西洋近代人生與其中古人生相較，可說人生態度一大翻轉。以中國人生態度與他們相較，恰似居於中間之一種；亦即因此而平平穩穩古今曾無變動。如我夙昔所作分判：近代西洋應屬人生第一態度；其中古宗教應屬人生第三態度；向中國則一向是人生第二態度。（註七）請參看舊著暨下章，自悉其詳。大致說來，他肯定人生，從不作出世禁欲等想；這就不同於第三態度，而接近於第一。但他又拒絕那種欲望本位向外逐物底人生，而偏於向裏用力；這就不同於第一態度，而接近於第三。不過第三態度爲宗教之路；此則爲道德之路耳。對自然，他似只曉得欣賞忘機，而怠於考驗控制。像所謂「人們意識密切結合於生產」者，這裏恰恰不然。中國人的心思聰明恰沒有用在生產上。數千年知識學問之累積，皆在人事一方面，而缺乏自然之研究。殖產營利，尤爲讀書人所不道。我想其經濟之停滯不進，產業革命之不見，至少可從這裏說明一半。

中國人心思聰明不止像上面所說，不用在求經濟進步生產發展上，更有時遏阻之。此如歷見上所稱「奇技淫巧有禁，」如歷代之賤商，商業商人所受箝制困辱，從法令到禮俗，說之不盡。又如歷代屢有海禁，多守閉關主義，使交通不通；工商發展，頗受遏阻。除這些顯而易見者外，還有許多間接不易見出處，類如前章所說倫理社會不適於資本主義之滋生茁長者，其為力更大。史不絕書之限田均田一類運動，同屬此例。其間如西晉北魏以至隋唐，每厲行授受，「不聽賣易，」前前後後數百年，經濟怎得盡其自然之發展？或者有人要說：這在西洋中古及其以前，又何嘗沒有。他們古時宗教不許人營利；中古一般政俗乃至工商自身制度，均束縛經濟之自由發展。不過至近二百年始不然罷了。我們回答問題正在這裏！在西洋事屬過去，即是遏阻未成；中國截至最近西洋風氣輸入前，始終未變其傾向，豈非終成遏阻？這與上面所說原是連貫底：西洋即由其中古之人生第三態度而來；而中國則發自其人生第二態度。末後他們由第三態度變換為第一態度，一切於生產力發展為不利底已轉向有利。但我們則始終持守其第二態度，一切不利於生產力發展底（從消極不用心到積極遏阻），一直延留至最後。——此即中西之大不同。

於是就要問：此不利於生產力發展之人生活動，何以在西洋末後就變了，而在中國竟不變？且究竟此不利於生產力發展底人生活動，緣何而來？

於此我先引亡友高踐四先生之說（註八）。他同我一樣，認為唯物史觀在解釋歷史一切發展上有所不足；但他不從人生態度立論。在他看，人類為生存，非要對付自然界以行生產不可；於是生產力從而發展，於是社會從而發展；這固自有理。但此實不過生存問題中之一養的問題而已。人類必以集體而生存。而任何一集體生命，總常要對抗其他集體而保衛自己。否則，便不得生存。此即一保的問題。同時此集體還要時時調整內部，而得其安妥。內部不安，亦是不能生存底。此即一安的問題。合起來那對付自然界之養的問題，共為三問題。問題既不止一個，人類自非只向一面而活動。當其他問題吸引了人們心思活動時，就可能耽誤其生產力之發展，甚至阻遏之。東西各民族歷史之不能限定從一方向發展者以此。唯物史觀只把握了一養的問題，實不足以解釋一切。據他說：中國文化之特色，即重在解決安的問題，並且過分地把保和養兩問題，亦當作安的問題來解決了。「不患寡而患不均」一句話，顯然是把原屬養的問題轉移到安底問題上。其注重倫理上彼此顧恤，互相負責，其化階級為職業，不使經濟上趨於兼併壟斷，種種都是實行把養的問題放在安的問題中。認為從安上即可得到養的問題之解決，而不重在向自然界進攻以解決養的問題。又如抱四海一家之天下主義，懷柔遠人而同化之，即不從對外鬥爭上解決保的問題，却幾乎把它當作對內之安的問題一樣看待。中國人這樣偏在安上作功夫，而不知對三問題分別處理，其結果當然就在養和保兩問題上有很大失敗。如人口蕃增，即感土地不足以養。一切自然災害（水旱疫癘）來了，皆無法應付。如每每受外族欺凌，乃至為其所征服統治，種種皆明白可見。尤其近百年對照着西洋人——其文化特色恰在向自然界進攻，暨對外爲集體鬥爭——而形見其爲大失敗。然其失敗是失敗在養和保兩種功夫之耽誤，（尤以耽誤了產業革命失敗最大）；至如其安的功夫固未嘗失敗，而有很大成功。——成其民族生命擴大與延久之功。試從山川地形上看，從種族語言上看，皆非不能讓中國分爲若干民族若干國家者。而它卒能由人的情感之相安相通，化除壁壘隔閡，廣收同化融合之效，形成世界無比之一偉大民族。對照着西洋來看，其一國或不抵我一省一縣，其一族或不抵我一張姓一李姓；大大小小若干國若干族，紛紜複雜，鬥爭不絕，而莫望歸合統一；則豈非彼此各有其得失成敗？唯其功夫能收效——不止在安上收效，亦且在養和保上有不少成效——於是路子愈走愈熟，乃固執而不舍。於是路子愈走愈偏，乃於其所遺漏之一面竟無從補足。這就是中國經濟不進步，生產力不發展之所以然。

萬君之說，具有理致，未嘗不近真。他與唯物史觀同樣看到人類求生存這一點上。但唯物史觀幾乎把生存就看成一吃飯問題；他却更看出要吃飯還大有事在。人事關係沒弄好，「雖有粟，吾得而食諸？」請看今天世界威脅人類底，是吃飯問題呢，還是飯如何吃問題呢？是問題在人對自然界之間呢，還是在人對人之間？唯物史觀只看見人類同乎一般生物底那一面——對自然界求生存一面——顯然太簡單了。其次，他把人事關係分爲集體對內對外兩面，亦大致不錯。只可惜他的「三問題」說來說去不出一生存問題，仍舊把人類看得太簡單了。人類實已超出生物甚遠，而有其無限之可能，因之其問題亦無限。若把人類活動，歷史發展，限定在一箇或幾箇問題上，那簡直是笑話！他不曉得人類歷史愈到後來，或人類文化愈高便愈遠於其生物性。三問題在人類文化史上地位先後不同，且亦非永遠存在者。今天世界已漸漸要將保的問題攝收在安的問題中，而一旦人類合起來控馭自然界之時，則養亦即不復爲問題所在。凡想要把握人類歷史動因——貫乎歷史全程底一箇動因——而在歷史文化研究上建立一普遍適用底理論，恐不免都是妄想。不獨唯物史觀與萬君爲然也。

然他以對內求安爲中國文化特色，却是差不多。數千年中國人的心思聰明，確是用在人事上，而不用於物理，一「安」字正可綜攝「修、齊、治、平」那一套。唯其在這裏若有所見，而且見得太早，就出了岔子，而影響全局（全部文化）。萬君雖不足以闡明中國經濟不進社會不變之謎，我却不妨因他的意見之提出而加引申以明之。——

首先我們從安的問題來看——

顧循自然趨向，人們的心思聰明原是爲養的問題而用；——用於奧本海末爾所謂經濟手段，自己勞動於生產，或與他人的勞動爲等價交換。乃至爲奧本海末爾所謂政治手段——強把他人的生產無代價收奪——而用，亦同是很自然底。因一般生物總是要向外界爭取養生之資，人亦是生物，除了他最親底「自己人」而外，其他「人」與「物」最初是分不淸底。不但古時歐洲海盜與商業不分，即在十七世紀與十八世紀間亦還是同樣合法（註九）。這就是對外人如同對外物。人類從古以來，總是在自己圈內才有情理講，在自己圈外就講力（這是自古及今未曾變底眞理）。無端地誰去理會什麼安的問題？人之意識到安的問題，是一面遭遇另外一力量起來相抗，一面却又覺得不好或不能以對外物底態度對待之。此不好，或不能，就是肯定它在自己圈內，不像養的問題之對自然界，或保的問題之對外邦異族那樣，可唯力是視，無所顧惜，亦無所顧忌。自己這圈愈大，就愈有安的問題；安的問題實視乎這圈的大小爲比例。圈的大小，人世間萬般不齊，難以一言盡。然而有兩點是可說底：

一、人類文化愈進，這圈愈放大。還不妨以其圈的大小，衡量其文化之高下。

二、這圈之放大，通常却很少出於自動之一視同仁，而寧多由對方之爭取得之。——此點最重要。

粗言之：由於人類心思聰明天天向自然界進攻，結果就知識日進，一切工具日利（參看第九章講古今不同只在工具一段）。客觀一面，彼此間關係既日以緊廣，日以密接，其勢乃不容不由鬥力進而講理；而主觀一面，人亦經陶養得更理智更理性；兩面合起來，便造成這圈的放大。一步一步放大，最後便到了世界大同，天下一家。試看眼前這世界豈不是正在被事實造成 One World「不和平即毀滅」，人們勢須以理性相安共處，代替武裝之自保；人類前途將只有安的問題而沒有保的問題。又第八章講過，理性要從階級來；與本海末爾亦有經濟手段對政治手段步步制勝，最後完全消除之說；凡此皆可互相參證。人類歷史正不外「自己人」或「同類意識」如何發動地逐漸放大之歷史，理是產生在兩力——力與力——之上底，是由事實發展而逼出底。不是人類理性演出來歷史，倒是歷史演出來人類理性。

像這樣順着自然趨向走，雖不免迂緩，却是有前途底，是可以走得通底一條路。而且事實保證了理性步步踏實不虛。通常可說都是這樣；而偏偏中國不這樣走。它由親親而仁民，以家人父子兄弟之情推廣於外，構成倫理本位底社會，自動地放大這圈。養的問題本在安的問題之先，而中國古人眼中寧多看見安的問題。安的問題原出保的問題之後，而中國古人襟懷，其對外亦有對內意味。萬君指證其過分地把保養兩問題亦當作安的問題來解決，蓋信有之。它實越出常途，走了捷徑。順着自然趨向走，就是從人所同乎一般生物底一面（向外爭取養生之資）出發，然後慢慢轉到人之所異乎一般生物底一面（理性）。而中國却是直從人之所以為人者，亦即人之所異乎一般生物底一面出發。出發點幾乎便是終點。這樣走，是走不出去底。中國文化發展與一般有異，全在此。試問不到「把人當人待」時候，有何人事關係之足重視？有何安的功夫之要講求？而「把人當人待」，在一般皆力量均衡之結果，在中國寧發乎理性。這樣就缺乏客觀事實為保證，而不免於反覆。中國歷史表現與一般有異，全在此。——此所謂「走不出去」，所謂「不免於反覆」，看不文自明。

其次，我們再從安的功夫來看——

我們知道，集團對外自保固要用武力，即對內求安，照例亦少不得武力。武力統治是從古代奴隸社會，經過封建社會，到近代資本社會，乃至現代向着共產而過渡底蘇維埃，一直昭然存在之事實。古今前後分別，只在輕重隱顯直接間接之有些不同。除從資本社會而下，可望輕減外，自封建而上，其武力都不得不重，不得不顯，不得不直接。同時隨着其階級界別要嚴，亦有不待言者。然單單武力又絕不足以獲致安妥，此時宗教毋寧是更重要。階級之發生，原在以生產勞動委諸一班人，而另一班人則以對外對內之武力爲事。因此階級界別，就在其勞動於生產與否。宗教在這裏，主要是賦予階級秩序以信仰價值，而不去究問其所以然。事實上，「行之而不著，習焉而不察」，亦誰能理會其所以然？一切什麼都是當然底。社會就這樣在階級矛盾中安妥下來。一般說，安的功夫只是如此（武力宗教合起來統治），豈有其他可講求底？我們知道，養的功夫——農工生產——之被留意講求而發達成學問，固然很晚；安的學問亦絕不早一步，或者可說更遲。然而奇怪底是中國遠在二三千年前，却已留意到此而講求之；以爲士人的專業，亦爲上層階級的職責。這從孔子孟子對人問答話語中，明白可見。例如：

樊遲請學稼。子曰，吾不如老農。請學爲圃。曰，吾不如老圃。樊遲出。子曰，小人哉，樊須也！上好禮，則民莫敢不敬；上好義，則民莫敢不服；上好信，則民莫敢不用情。夫如是，則四方之民襁負其子而至矣，焉用稼！（見論語卷七）

子路問君子。子曰，修己以敬。曰，如斯而已乎？曰，修己以安人。曰，如斯已而乎？曰，修己以安百姓。修己以安百姓，堯舜其猶病諸！（論語卷七）

陳相見孟子，道許行之言曰：滕君則誠賢君也；雖然，未聞道也。賢者與民並耕而食，饔飧而治。今也滕有倉廩府庫，則是厲民而以自養也。惡得賢？孟子曰，許子必種粟而後食乎？曰，然。許子必織布而後衣乎？曰，否，許子衣褐。許子冠乎？曰，冠。曰，奚冠？曰，冠素。曰，自織之歟？曰，否，以粟易之。曰，許子奚為不自織？曰，害於耕。曰，許子以釜甑爨，以鐵耕乎？曰，然。自為之歟？曰，否，以粟易之。以粟易械器者，不為厲陶冶；陶冶亦以其器械易粟者，豈為厲農夫哉？且許子何不為陶冶，舍皆取諸其宮中而用之？何為紛紛然與百工交易？何許子之不憚煩？曰，百工之事，固不可耕且為也。然則治天下獨可耕且為歟？有大人之事，有小人之事。且一人之身而百工之所為備；如必自為而後用之，是率天下而路也。故曰，或勞心，或勞力；勞心者治人，勞力者治於人。治於人者食人；治人者食於人。天下之通義也。（中略）聖人有憂之，使契為司徒，教以人倫：父子有親，君臣有義，夫婦有別，長幼有序，朋友有信。放勳曰，勞之，來之，匡之，直之，輔之，翼之，使自得之；又從而振德之。聖人之憂民如此，而暇耕乎？（下略）（見孟子卷三）

彭更問曰，（中略）士無事而食，不可也。曰，子不通功易事，以羨補不足，則農有餘粟，女有餘布。子如通之，則梓匠輪輿皆得食於子。於此有人焉，入則孝，出則弟，守先王之道，以待後之學者，而不得食於子；子何尊梓匠

輸輿，而輕爲仁義者哉！（下略）（見孟子卷三）

公孫丑曰，詩曰「不素餐兮」！君子之不耕而食，何也？孟子曰，君子居是國也，其君用之則安富尊榮；其子弟從之則孝弟忠信。不素餐兮，孰大於是！（見孟子卷七）

像這樣言論見解（還有許多未及徵引底），出在二千數百年前，實爲不應有底事。我說中國人理性早啓，最好藉此取證。試看：（一）在古代奴隸社會或中古封建社會，一般說來，沒有不把生產勞動看成賤役可恥而迴避之者（註十）。然而從這裏樊遲學稼學圃之請，和孔子的答語看去，意態却是何等明通？當時有學養之士，自甘勞動之事例不少（見第八章第九章），皆可見出不甚有那種階級陋習。（二）上層階級之悠閒坐食，何處不仍爲當然？又誰能反省而致疑？從這些問答看去，却竟然一次再次提出討論，而且有許行一班人毅然倡與民並耕運動，以反對坐食。此其理性要求，又是何等明且強？（三）孔孟雖不以耕稼爲士人之所尙，却絕不說人生來有貴賤以肯定階級，而只從社會分工原理說明勞心勞力之分，不過爲其兼營不來，而「安」與「養」乃不得不通功易事。試問更有何處封建社會看得見如此言論？（四）最特別底，自是其所講安的功夫，蓋在「修己以安人」一句話。請問這是什麼？這是武力嗎？這是宗教嗎？明明白白完全不落封建蹊徑。孔門之所講求，可爲一大表徵；傳至後來，就有所謂「修、齊、治、平」之一套，有所謂「內聖外王」之學。後此二千餘年中國士人在社會上之職分功用，和「彷彿將以理性相安代替武力統治」之局面，皆自此開出。

而追溯上去，當又有為孔子開其先者。大約從古社會內部形勢，即必有以導致此種啓悟而理性之啓，更轉促社會形勢之緩和。如是互為因果，循環推進，發展不已。遂使此土社會風氣不同於他方，不是任何個人之功，亦莫究其端始。參看第九章所講中國封建階級自行融解一段，可資互證。（五）「修己以安人」安人的功夫，只在修己。他如所謂「其身正，不令而行」「荀子之不欲，雖賞之不竊」皆是一個意思。總之，不在向外尋覓方法，却須把心思聰明反身向裏用。「修、齊、治、平」要以修身為本，且必求之於「格、致、誠、正」。孔孟所講求底自是踐形盡性之學。若以為中國古人所見只在安的問題，孔孟所講只在安的功夫，未免淺陋，猶未得其根本。根本上是中國古人於人類生命之可貴，親切地有所認識，乃有箇安的問題在其懷抱；又於踐形盡性之不易，深切地有所認識，而後修己功夫乃重於一切。事實上既不能外於人而有己，修己安人乃連成一片。此中學問功夫，說簡易亦甚簡易；說無窮，亦復無窮。現代學術雖云發達，於此尚無所窺；而中國人除非數千年白活了，否則，其貢獻正在此。由此我所以說它理性早啓，文化早熟。

然而岔子就出在這裏！好像另一面門窗大開，人們的心思聰明被領導着向養的問題以外用去，而回不來。分析言之，其重要關鍵有二：

一是化階級為職業太早，而且很近理。——國家亦許最後被廢除，但政治仍自有其不廢者在。那時政務將是由階級之事，變而為職業之事。所以中國封建解體，把政務由階級底轉化為職業底，乃是一進步的趨向，很接近於最後之理。唯其前進太早，條件不夠，所以只是趨向於此，而不能完成其事。唯其很近於最後之理，所以就不易改變。我們說它近理，抑又不止此。勞心者務明人事，勞力者責在生產，安與養乃通功易事，各有其所專；這不是很合理底嗎？像許行要與民並耕，雖出於理性要求，却不免開倒車，像一般之階級剝削，雖符於進步趨向，卻又乖乎啓蒙之理性。試問除了今天科學技術大進，發見人類可役使機械生產不再靠人類體力外，誰能預先知道還有勞心勞力竟可合一之更好底理想呢？所以這在當時底中國（理性漸啓而生產技術尚拙）實為唯一合理，更無可代替之理想。唯其合理，就為此大社會所趨求；唯其無可代替，遂一成而不變。二千多年來就在這一直不變底劃分之下，把生產之事（養的問題）劃出勞心者注意圈外。然而這一部分人，恰是比較有心思聰明底，又有暇運用其心思聰明底，更且有著工具設備（文字圖書等）以助其心思聰明之用底。把生產之事劃出他們的注意圈外，就等於劃出這偉大優秀民族的意識圈外。因在勞力者們，本是勞力自少用心；衆以其聰明不高，空暇有限，工具設備缺乏，儘管天天在對付這些事，亦屬徒然。特別是他們不易超開了眼前需用而用心思，就杜絕了理智之深入與開展，杜絕了科學之路。偶有心得，却絕開不出什麼前途。

一是人們心思聰明轉向裏用太早，却又甚必要。——勞心者務明人事，却非研究社會科學之謂，而是如上文所說「修己以安人」。人的耳目心思生來是為向外用底；要它從理會外物者轉而理會到自身生命上，這在個人修養亦或能，在社會成風氣，則必待未後文化進至某階段，乃得有此（看下章）。所以中國實是太早了一步。此時由於未曾徹底向外用過一番心，先有自然科學社會科學（特別是生物生理心理等學問）爲基礎或佐助，遽然向自身生命上理會，乃易有迷誤，每每糾纏不清（指性理之學）。同時，這一理會原本亦無窮無盡。於是人們心思聰明彷彿入於無底深淵，一往而不返。此時不獨返轉向外不易，就令向外用心，亦不會在學術上再開出科學之路（其理後詳），如近世西洋者。更須認清：其社會秩序既寄託於個人道德，其社會構造已形成「自天子以至於庶人壹是皆以修身爲本」之局，向裏用心乃時刻所必要。此種必要始終存在，人們心思卽始終被引向裏去。對外物縱然亦有些辨析考察，只在膚表，不能深入。

由吾人向外看去，一切皆物。此物固自無窮無盡，但吾人自身生命正復是一「無盡藏」。過去印度人擅長向裏發掘；今世西洋人最能向外攻究。中國人却由上述二重關鍵，一面開了向裏之門，一面阻其向外之路；特別形成其一種反身切己理會的風氣。其正面成就得什麽，非此所論；其負面最大結果便是：物的考驗長久地止於膚表，從而所以控制利用之者就很淺。此其限制生產技術之進步，雖云間接地，却是根本地，硬是使他無從再進一步。其他相緣俱來之結果，如人生向外逐物之勢，彼此競爭鬥爭之勢，皆大爲減殺。在己則易於知足，以至自得，對人時見有公平與恕道。又如：理欲之爭，義利之辨，自古爲思想界之大問題，亦殊影響於社會人生。又如物理不明（科學缺乏），福命無定（職業分途），許多宗教迷信乃在中國人生活上不知不覺擁有很大勢力。又如在政治上勢必落於消極無爲。類此者，皆消極地或積極地，直接地或間接地，遏阻其社會經濟之進步，可無待言。

再深切地來說：「化階級爲職業，」「修己以安人，」「心思轉向裏用，」……這一切都有理想成分在內，並不全是事實。事實上常不免職業逆轉到階級，常不免即不修己亦不安人，乃至心思亦並不轉向裏用；那麼似乎是不能遽爾斷言其結果如何了。然而不然。要知這一切具有理想成份底，就是中國的治道。它從理性早啓，以至蔚成禮俗，當初既非順着自然趨向來底，便與生產力自然發展之路岔分開，而且從此總是岔分着。生產力發展之所以受牽阻在此。治道既時時爲人們所趨求，以漸成爲治世，那麼亦就時時牽阻了生產力之發展。至於事實不如理想之時，似乎治道放鬆，牽阻可免。而不知其時人心便流於放肆，社會逆轉於封建，還不及收促進生產之功，已陷於亂世而破壞了生產。順轉不行，逆轉亦不行，進退兩無所可。於是生產力發展之受阻滯，乃與中國歷史相終始。同時，其歷史亦就在一治一亂之循環中度過，不見有革命。

總結言之：一面由理性早啓文化早熟，社會構造特殊，而中國之不發生產業革命其勢決定；更一面由中國不發生產業革命其勢決定，那麼，當然其社會構造亦就變不出什麼來，而社會構造愈不變，其不發生產業革命之勢愈決定，從而其社會亦愈不變。如是兩面絞扣，互相牽纏，動轉不得。這就是中國經濟停滯不進，社會歷久不變之理。

（註一）夏曾佑著中國古代史第二五二頁，有一段話可供參考：

中國歷史有一公例：太平之世必在革命用兵之後四五十年；從此以後，隆盛約及百年。百年之後又有亂象；又醞釀數十年，遂致大亂，復成革命之局。漢、唐、宋、明，其例一也。（中略）大亂之後民數減少，天然之產養之有餘。而豪傑敢亂之徒並已前死；餘者厭亂苟活，無所奢望。此即太平之原理。若爲君相者更能清靜不擾，則效益著矣。

（註二）見中華書局出版飲冰室合集之文集第五册。

（註三）見飲冰室合集之專集第十八册中國文化史鄉治章。

（註四）清代中央各官署大小員缺皆漢滿平分（清末始廢）。外省官吏因無雙缺，漢人且常佔優勢。梁任公中國文化史第五章附有順康雍乾咸同光宣各省督撫滿漢人數比較表，可見。

（註五）中國之沒有革命，（社會歷久不變），實由於其攝法制於禮俗之故。這在四十年前，夏曾佑先生已見到一些。夏爲嚴譯社會通詮作序，首先歎息自甲午以來言變法者其所志在救危亡，而沮變法者其所責在無君父。夫救危亡與無君父不同物也，而言者輒混，仿佛不可解。繼提出一公例：「宗教與政治附麗疏者，其蛻變易；宗教與政治附麗密者，其蛻變難。」而說中國自秦以來，政治與宗教既不可分；於是言改政者自不能不波及於改教，而救危亡與無君父二說乃不謀而相應，始膠固纏繞而不可理矣。未有舊教不裂而新政可由中而蛻者。中國之歷數千年不出宗法社會，蓋以教之故。——夏所云宗教，卽我所說禮俗。

（註六）見中國民族自救運動之最後覺悟第九二頁至第九七頁。唯原文作於民國十九年，所批評者自爲當時流行之意見；其較後所發表者，自未論及。

（註七）見東西文化及其哲學，暨民族自救最後覺悟。

（註八）見萬著民生哲學的新認識第一篇「論中國社會演進的特殊性，」桂林文化供應社出版。

（註九）見米勒利爾著社會進化史，陶孟和譯，萬有文庫本第四卷二八五頁。

（註十）詳見 T. Veblen 著有閒階級論，胡伊默譯本中華書局出版。

第十二章　人類文化之早熟

一　中國何故無民主

第一章中曾以「民主」要求之不見提出及其制度之不見形成，列爲中國文化特徵之一（第九特徵）。上文既把中國社會構造不變之理，說了許多，則讀者於此一問題蓋亦可有所會。不過我們將更爲闡明之如下。——

且先問：何謂民主？民主是一種精神，在人類社會生活中並不難看見它原從一根本點發展出來，而次第分析之可有五點：

一、我承認我，同時亦承認旁人。我有我的感情要求、思想意見，種種；旁人亦有他的感情要求、思想意見，種種。所有這些我都要顧及，不能抹殺，不能排斥之，滅絕之。——這是第一根本點。若「有己無人」便是反民主。

二、從承認旁人，就發展有「彼此平等」之一精神出現。在團體內，則「大家平等」，若「唯我獨尊」，便是反民主。

三、從彼此平等，就發展有講理之一精神出現。人們彼此間遇有問題，要依理性解決。什麼事大家說通，你亦點頭，我亦點頭，就行了。不能硬來，不能以強力來行己意。凡不講理，而以力服人者，就是反民主。

四、從平等講理，就自然有「多數人大過少數人」之一承認。凡事關涉衆人，就要開會商議，取決多數；其中涵義實綜合以上四點而來。民主之「民」，正指多數人說；民主之「主」，則有多數人作主體，作主張，作主動，等意思。

五、尊重個人自由。——這仍是根本於第一點而來。大家的事，固應大家共同作主；若一個人的事，於他人無涉者，就應讓他自己作主，不得干涉。此中自有分際，必須認識。任何一個人意志不容被抹殺，雖公衆亦不能抹殺之。

民主的涵義，粗舉其要，似不外此五點。然却須聲明：

一、民主是一種精神或傾向，而不像是一件東西，所以難於斬截地說它有沒有。它表見得一點，就算民主；表見得多，更算民主。反之，表見得少，就是不夠民主；假如缺底太多，就是反民主。它在正面負面一長一消上見，在彼此比較相對上見，而非絕對如何底事。

二、民主精神總是最先見於較小底生活圈內，即最先對他「自己人」見出民主精神來。但若於此外不能推廣來用則亦等於零耳。又民主精神偶一流露，並不難；難在恆久。所以非在較大範圍成爲風氣習俗者，例不能以民主許之。

三、上列五點——承認旁人、平等、講理、取決多數，尊重個人自由——都是從一根本精神所表現。精神是一，因而各點容易相連而見；但各時各地社會生活却多不同，因而其所表現者就有出入，又非必五點齊備。如世人所知，英美與蘇聯互有短長，即是其例。甚至就在同一點上，亦且各有各底表現，絕不一樣；與其執此而非彼，不如善觀其通。

明白這些，然後可以來論中國。中國人生活上自有其民主精神，讀吾書者前後尋繹，應不難大致看出。「己所不欲，勿施於人」之恕道，即其第一點精神之表見。再以中國社會（缺乏階級）與歐洲中古社會（有階級）相較，與印度社會（階級多且嚴）相較，將見其第二點之精神，特別是第三點，最爲中國之所長；——中國人最愛講理。通常之說中國無民主，蓋指其缺乏第四第五兩點；即遇事召開會議取決多數之習慣制度未立；劃清羣己權界人己權界之習慣制度未立。前者可說就是缺乏政治上之民主；特別是民有、民享、民治三點中，缺乏民治 By the People 之一點。後者可說就是缺乏近代法律上之民主，特別是缺乏個人本位權利觀念。一句話總括：中國並無民主，但沒有西洋近代國家那樣底民主。

中西何爲如是不同？歷史所示分明兩條路線。西洋之政治和法律，早於古代海國城邦見其端倪。其次則基督教會又有千餘年更好陶冶：在教會之中個個人都是同等底，直屬於團體，破除家長家族之間隔。最後則經過中古後期之自由都市，培養出近代國家。在近代國家穩定進步之中乃更發展了其政治和法律。——這就是沿着集團生活偏勝所走出底一條脈路。但家族生活偏勝，又演為倫理社會如中國者，卻天然缺乏政治其事。法律其物，梁任公先生所指出，「中國有族民而無市民」，「有鄉自治而無市自治」（見第四章），乍看似不得其解者，真乃有確見。中國鄉黨成於家族。鄉自治即族自治，依人而不依地，原不是真底集團（見第四章）。任公所自述其家鄉自治狀況（註一），正是其一代表例。看那種規模條理看那種業務經營，豈不很好很好？但它一則不能移植於都市；二則它若擴大到一千五百戶以上，或一萬人口以上便難保其良好秩序。都市是五方雜處，依地不依人；像鄉黨依於家族倫理關係以為組織運用者，便用不上。而單位大了，人數多了，必須用法，用禮便嫌不足；但它原是用禮底。此即見其本質上有異乎集團，而其所可能有之團體生活不越乎是，像三國之田疇，明末之花縣（見第十章），曾因特殊機會，偶一表見；要它維持長久，或擴大範圍，都不可能底。老實說，這些社會生活並不缺乏民主；——其內部秩序不恃武力而恃理性，即其誠證。而因其不能成為強大集團，卻實缺乏政治——政治和法律全是強大集團所有事。要它擴大或持久，就必須增加武力成分；那亦即是歷代建立王朝之路。然而就令如彼，其政治不依然是落歸消極無為嗎？根本上中國是無數家族藉倫理聯鎖以成之社會，縱然增加武力成分，亦還變不成階級統治之地緣國家。它藉禮教維繫一消極相安之局，就在這一瞬間，一面有幾分民主，一面却斷送了政治。任公先生說「西洋人之市自治為其政治能力之濫觴，而中國人之鄉自治為其政治能力之煬竈」其論精湛無比（註二）。歸結來說：中國不是缺乏民主，乃是缺乏集團生活，缺乏政治和法律。或者說：中國非因缺乏民主而缺乏其第四第五兩點；其缺乏於此，實以缺乏之集團生活之故。

以上只是儱侗說，以下更就第四第五兩點分別說明其不見於中國之所以然。

二　人權自由之所以不見

人權自由之觀念，誠非中國所有。然從其初輸入中國時，人們之不感興趣，維新家之以為非急務，革命家且嫌過去自由太多（以上均見第一章），種種看來，就可知道事實上中國人未嘗不自由，只是觀念不明。或者說：中國人恰介於自由不自由之間；——他未嘗自由亦未嘗不自由。這種怪事，從下文可以明白其所以然。

這必須借鏡於西洋人權自由之著見於近代西洋人之間，乃是由於近代人一箇箇都強起來，使你不得不承認他。舊日梁任公先生有幾句話說明得好：

前此唯在上位者乃為強者，今則在下位者亦為強者。……兩強相遇，兩權並行；因兩強相消，而兩權平等。故可謂自由權與強權本同一物。（見飲冰室自由書，飲冰室專集第二冊。）

自由者，人人自由而以他人之自由爲界。譬之有兩人於此，……………各擴充一己之自由，其力線各向外而伸張；伸張不已而兩線相遇，兩力各不相下，而界出焉。………苟兩人之力有一弱者，則其強者伸張之線必侵入於弱者之界，其自由即不能保。（同見前書）

箇人爲自由之主體，自由爲箇人之無形領域；言自由固不得不以箇人來說。然而從人類歷史上看，自由之受屈抑，並不開始在此一人對彼一人之間，而是在集團對集團之間，集團對其份子之間底。被爲自由之敵者，是作爲代表一集團之權力機關。——這在國家就是政府。所以小穆勒的自由論（嚴譯羣己權界論）上說：「其君所守之權限，其民所享之自由也」。前在第九章，根據西洋歷史所講「民主期於尊重人權，而始於限制王權」一段，正亦指明問題出在階級對階級之間；問題之解決尤必待階級起來相抗，箇人是抗不了底。此時固然要箇人強起來才行，但既不可能是某一箇人先強起來，亦不可能是所有箇人普遍同時強起來。乃是其間一部份之箇人先強起來底，這就是所謂新興階級了。社會形勢至此一變，箇人自由乃藉階級相角之均勢而得以保障。新興階級本由經濟進步而來；經濟繼續進步，階級更有興起（第四階級），箇人強起來底又以加多，享有自由者隨而增廣。末後可能有一天，所有人們普遍強了起來——人人知識能力都很高很高——亦就普遍自由了。這是從西洋過去社會形勢發展上可以望見之人類前途。

前講民主始於承認旁人，今亦可說民主始於不得不承認旁人。承認旁人，出乎自己理性；不得不承認人，正由這種社會形勢使然。由外而內從事到理，西洋之路如此，或者一般亦都是如此。我們在前既曾指出過：理是產生於兩力之上底，是由事實發展而逼出底。不是人類理性演出來歷史，倒是歷史演出來人類理性（第十一章）。

中國恰好不然。中國恰好是先自動地承認了旁人，為何能這樣呢？要知「行於家人父子間者為情，而存於集團與集團之間，集團與其份子之間者為勢」（見第十章）。在情如一體之中，時或忘了自己而只照顧旁人。周孔因之以為教化，就推演而成中國之倫理社會。倫理社會彼此互以對方為重，早已超過了「承人旁人」那句話。這明非形勢所使然；而且就此遮斷了形勢之路。形勢乃因彼此相對，兩力相較而見。在倫理社會一切都是情誼之中，形勢蓋已被化除，無從得見了。但當我們推家人相與之情以及於社會國家，把階級消融於倫理之時，集團生活偏勝之西洋人卻把集團與集團相對之勢，集團與其份子相對之勢，推演到此一人與彼一人之間，雖父子夫婦不免相對起來。梁任公先生嘗嘆息說：

權利觀念，可謂為歐美政治思想中之唯一原素。……乃至最簡單最密切者如父子夫婦相互之關係，皆以此觀念行之。此種觀念入到吾儕中國腦中，直是無從理解。父子夫婦間何故有彼我權利之可言？吾儕實不能領略此中妙諦。（梁著先秦政治思想史第一四七頁）

還有遍游歐美底孔大充先生敘道其感想：

> 中國人是泥與水（混在一起）；西洋人是鋼鐵與石頭（硬碰硬）。
> 中國人的勁兒就是一箇「混」字，而西洋乃恰得一「分」字。（見孔著大地人文，戰地圖書公司出版）

中西顯然是兩回事。事實上中國人未嘗不自由，但人權自由觀念却不得明白確立，就是爲此。——這是就中國社會之爲倫理本位那一面來看，它沒有像西洋那樣底社會形勢，先叫人失去自由，再叫人確立其自由。

但決定中國人不得確立其自由底，更在其社會之爲職業分途底那一面。何以言之？中國雖說融國家於社會，頗不像一國家，然其爲國家，終不可免。是一箇國家，便少不得強權勢力。儘管收斂而不多用，亦還是用。臨到這時候，形同散沙一盤底中國人，缺乏階級以相對抗；限制王權的話，始終喊不出來。每箇王朝只有等待它失盡人心，自行倒斃；總不能形成一種均勢以立自由。這是從封建毀於士人，階級化爲職業以後，所必有之結果。倫理本位使中國人混而不分，不成對立，不過使自由不得明確而已。而遇着對立時候，又無可以對立者（箇人抗不了），則自由不立。此職業分途之局實決定之。

以上皆就社會形勢說話。因爲西洋是緣社會形勢之發展，開出其箇人自由底；故亦從社會形勢之有異，來說明中國。然中國所以不見有人權自由，第一還是受阻於其特殊之人生理念。他的路與西洋相反，寧是由內而外，從理到事底。卽其社會形勢之有異，亦無非由於理性早啓而來。

在中國，根於理性而來之理念有種種，而要以兩大精神爲中心：一卽向上之心強——亦稱「人生向上」又一則相與之情厚——亦稱「倫理情誼」。第七章因講人類理性，而講到中國民族精神社會風尙皆曾提出說過。人權自由首先就從這裏發生不出來。這並不難明白。當你明白人權自由如何發生在西洋近代人生活中，就明白它如何不發生在過去中國人生活中。

西洋近代人生是其中古人生之反動。中古人生特徵有二：一是宗教籠罩了一切，而其宗教又是傾向出世禁慾底；二是生活於集團之中，而其集團又是干涉過強底。一箇人從心到身，就被這樣「雙管齊下」管束着。自宗教改革以來種種運動，如世所稱「箇人覺醒」底，要無非一箇人感情、要求、思想、意見被壓抑被抹殺之反抗。前說「一箇箇人強起來」，指此。對集團則抬高箇人地位，反干涉而要自由——首先是信仰自由。對宗教則翻轉來肯定了慾望，而追求現世幸福。當此之時：（一）自由就是幸福；（二）倘沒有自由，又何有幸福？在強烈要求下，自由於是確立。但在中國，其歷史路線、文化背景恰有不同。它恰不像出世宗教那樣，把現世人生看得可賤，而相反地乃是看得非常可貴，要鄭重地生活去，唯恐有所虧失。如所謂「食無求飽，居無求安」者，箇人慾望既在所屛斥，現世幸福亦不足尙；在人自己則以就正有道，求教高明爲心；在社會或國家則以明禮義，與教化爲事。試問：於此誰能說「我的事由我自己，你們不要管」！？一面這裏沒有像西洋那樣過強集團，逼得人非提出這種消極性底自由要求不可。更一面這裏充滿着大家相勉向上之積極精神，早掩蓋了它，不好提出。就爲此，人己權界，羣己權界，數千年始終混含，難得確立（註三）。

在另一面，其所以教化爲第一大事者，又是由家族中親長對子弟那種關係衍下來底。親長要對子弟盡其教導責任，乃是文化得以繼承之本，而爲社會生存所攸賴。教導之內容固不少屬於生活之手段方法技術一面，但重點更在其屬於人生規範價值判斷之那一面。在倫理社會既彷彿一切都是此一人對彼一人之事，社會秩序條理寄於各人之私德；私德遂爲其所注重。似此注重私德之教化，即是上面國家政府下而鄉里自治所有事；中國人的自由大半斷送於其中。記得清末草定新刑律，和姦爲罪不爲罪，是當時新舊派最大爭點之一。這問題把中西之不同正好顯示出來。從西洋來看：（一）飲食男女，人生之幸福在此；（二）箇人之事於他人無干，於公共無礙者，即有其自由，國家不應過問。根據這兩點，無配偶之男女只要彼此同意，則他們所爲即屬其箇人之自由，有何罪名可立？並且若有人妨害他們這種自由，國家還應當爲之保障，倘國家而干涉及此，乃無異干涉到人家飲食那樣荒謬！但中國人的觀念和推理却有別：（一）飲食男女，人生本色；但行之自有其宜。如只求欲望滿足，不問其他，則虧失理性，下同於禽獸。（二）男女居室，一切倫理關係所由造端；故曰「人之大倫」；於此不知鄭重，其所給予社會之破壞影響實大。（三）有子弟而不教，則爲之親長君師者，所爲何事？教化有不及，則刑罰從之，其動機仍在教化。於是就在「出於禮則入於刑」，「明刑弼教」之理論下，雖和姦亦不能不爲罪了。兩方蓋各有其足以自信之理念，作爲其不同文化之支點。

自由——一箇人的無形領域——之不立，實爲向上精神所掩蓋，略說如右。但其爲倫理情誼所掩蓋，似更有力，在倫理情誼中，彼此互以對方爲重，早已超過了「承認旁人」那句話，而變成「一個人似不爲其自己而存在，乃彷彿互爲他人而存在者」。信有如張東蓀先生所指底 Dependent being（見第五章）。在以個人爲本位之西洋社會，到處活躍着權利觀念。反之，到處瀰漫着義務觀念之中國，其個人便幾乎沒有地位。此時個人失沒於倫理之中，殆將永不被發現。自由之主體且不立，自由其如何得立？在西洋近代初期，自由寶貴於生命；乃不料在中國竟同無主之棄物！

中國文化最大之偏失，就在個人永不被發現這一點上。一個人簡直沒有站在自己立場說話機會，多少感情要求被壓抑，被抹殺。五四運動以來，所以遭受「吃人禮教」等詛咒者，事非一端，而其實要不外此。戴東原責宋儒理學：「人死於法，猶有憐之者；死於理，其誰憐之」？其言絕痛。而譚復生（嗣同）所以聲言要衝決種種網羅者，亦是針對這一類底理念而發。不知者以爲中國桎梏於封建，其實封建不過依恃於武力與迷信，植根甚淺，何足以久存？久據中國而不可去者，是倫理理念。理念雖後天形成，而在人類理性中遠有其根，終不可拔；——只可修正。自由是一種類理念，產生於西洋歷史，曾被認爲自明之理，儼若神聖而不可犯。倫理是另一種理念，產生於中國歷史，其若爲自明與神聖亦同。中國正爲先有這種理念起來，所以那種理念便起不來。雖起不來，而中國人未嘗不自由。害就害在這「未嘗不自由」上，從此便難得有明確之自由。

三　民治制度之所以不見

遇事開會，取決多數，是謂民治。例如今之英國美國，每當大選之時，（在英爲國會選擧，在美爲總統選擧）眞所謂國事決於國人。在中國雖政治上民有民享之義，早見發揮，而二三千年卒不見民治之制度。豈止制度未立，試問誰曾設想及此？三點本相聯，那兩點從孟子到黃黎洲可云發揮甚至，而此一點竟爲數千年設想所不及，詎非怪事？此其故，亦要從人生理念社會形勢兩面言之——

中西理念各有它的背景來歷不同：西洋之民治，蓋從其集團生活來底；但中國人則過着家族生活。遇事開會集議，正是生活在團體中自爾養成之一種習慣；生活在家族中，卻不必然。他的習慣事是父兄領導於前，子弟追從於後了。民治之在西洋，可以說早有底，並不始於近代。反之，在中國從古就不大看見（註四），亦不必待後來始然。這大約就爲一則集團生活偏勝，一則家族生活偏勝，彼此分路是很遠很遠底事了。復次，則基督教義之於他們，周孔教化之於我們，其間關係甚大。集團生活賴基督教而益強大益永固；家族生活則賴孔子倫理而敦篤其情誼，提高其精神，延長其壽命。一個人生長家族倫理中，其所習見者爲長幼尊卑，親疏遠近，種種不等。反之，一個人處在教會組織中，則從上帝來看，恰是人人平等，誰亦不比誰大。所以在這裏取決多數爲理所當然，在彼而取決多數，勢必祖父服從於諸孫，殊覺不可思議。或民治或否，乃由此判分。

基督教人人平等之議，有助於民治，是從正面底；其助力尙小。由基督教而逼出近代政教分離之局，其從反面爲助於民治者乃最大。此對照中國卽易明白。中國政府主持教化，由親長對子弟之教導責任衍來，已說於前。而其理性早見，人生觀之不同，尤爲重要關鍵。我們從沒有人生帶來罪惡那種觀念；相反地，却以爲人具有理性，道德要道不必外求於神，聖賢師表皆與我同類。人生至此，乃一息離不開好學求上，求教寡過。不然，不足以爲人。人生而離開向上，既是不可以底；則政又豈可以離開教？無論是政教合一，或以教統政，此時尙賢尊師之不暇，若云少數服從多數，直是匪夷所思。西洋恰不是這樣。他們從中古宗教之出世禁慾，反逼出近人之現世幸福主義，同時政治亦就與宗教分家。所謂政治，不出乎保障私人利益圖謀公共福利之云，而一個人的事只有自己親切清楚；誰能替他作主張？所以事情關涉到誰，只有問誰。事情關涉到大衆，就必開會徵問各人意見。取舍不一之時，只可少數牽就多數。此卽民治之理，原甚平常。民治在西洋雖早有之，而卒必至近代其理大著其制大成者，除由於社會形勢發展容另說外，其在理念上實因這種人生觀而加強，以共成所謂「近代思潮」之故。但我們的人生理念，自周孔奠其基，却一直未曾變過。抑且宋以後愈表見一種嚴肅面孔，賢愚之分看得愈重，多數取決乃愈爲設想所不及了。

然須知：中國走不上多數政治之路，固先阻於人生理念之不同於西洋；而近世西洋之走上此路，却正由社會形勢演成，並非啓導於理念。舉例言之，議會制度卽不從理念產生，而是西歐國家不知不覺演成之事實。

其選舉議員之權，亦是被迫一步一步開放給衆人，初非根據了平等之理，一上來就行普選制。第九章講西洋因有階級而政治乃得日進於民主，就是講明這種社會形勢之發展。讀者請參看前文，此不重述。又嚴譯甄克斯社會通詮把近代民治制度初發生種種情形，說得十分明白。惜乎其文太繁，不能具引，只摘一斑，以見其概：

古之民，不識從衆之義也。有一議，十人之中爲七人之所合，古不以是爲可用也。此自今觀之，若甚怪者；然事在歷史，固無可疑。（中略）古之人無從衆之說矣，然未嘗無門戶黨人也。黨人者何？一衆之人利益相合，而共爲所爭者也。聞者將曰，既有黨人，其爭於外者無論已；假有同氣之爭，非有三占從二之術，其何以定之乎？曰，出古探丸均非所用。一議未決，考於舊章；舊章不足，乃爲調停；調停不能，唯有戰耳。勝者得之，負者聽者。（下略）

凡初民所以決疑定爭者，大抵皆出於鬥；則選舉之爭，亦猶是耳。鬥而勝，則勝家族擁其所舉者，以貢之於有司。有司受之，書其名以傳之於國會。今之報章每及議院之選舉，所用之成語皆沿於古初，其爭選也，無殊其戰也。此非僅借喻而已，蓋古之事實流傳於文字間也。（中略）故其始出於實鬥，浸假乃名爲鬥，而一黨之人勝焉。雖然何爲？曰，使他物而平等也，則必黨之最衆者。此計數多寡以爲勝負之所由也。而出占 Vote 之法亦從之以始。其始之出占，非若今之書名投匭也。衆各呼其所舉者之名爲譁譟。所衆舉者，其聲洪以闊；所寡舉者，其聲微以溺。此其以衆蝕寡之道也。其法之粗如此。使舉者異，而衆寡之數略均，又無以辨也。於是效戰陣之行列，而料簡其人數。此亦古法也，今日國會選舉所以不敢以此爲得者，恐民將由今之文飾虛言之質也。故雍容揖讓之術行焉，則出占是爾。

吾黨由是而知從衆之制，所謂以少數服從多數者，其始乃武健忿爭之事，而非出於禮讓爲國之思，使常決於戰鬥，則戰者才力之高下，將者指揮之巧拙，皆將有勝負之異効。惟用從衆之制，前之事皆可不計，易而易知，簡而易從。是以其法大行，用以排難解紛，至於今不廢。（見原書第一二〇——一二二頁）

由行而知，先行後知，亦即前說「由外而內，從事到理」；西洋之路，正是如此。甄克斯這種敘出，在文化研究上眞是關係非常重要。讀者務須好好記取，以後許多討論均將根據於是。

民治制度絕非單建築於一種理念之上，還建築於客觀形勢之上。今日英美國事決於國人，實爲其社會形勢所決定。認眞講，他們於此亦只行得幾分。所差幾分，非因理有未明，而實由於其形勢還不夠。過去中國民治制度之不立，固先阻於其理念之不同，抑亦由其社會形勢之有異。此社會形勢之異，由中國封建之解體開始，至秦漢乃豁然全露；而追源上去，當又在中國古代貴族階級之不甚凝固，缺乏封畛。如梁任公所指出底，中國貴族政治從不見有合議機關（如羅馬元老院或中古各國之階級會議），應即其一大特徵。而像西歐那樣先把政權公開於一小圈內，以爲後此民治制度之端萌者，於此遂不可得。無端萌，即無發展；像西洋那樣以階級作階梯而逐步展開民治者，自亦不可得。——凡此均應請回看第九章所講底。

問題就在階級缺乏，社會形勢渾淪不明。特別是秦漢後底中國，階級以融於倫理而渾，以化爲職業而微，復何有形勢之可見？第九章曾指出它不可能有三權分立制度產生，而只能有權力一元化，特置一自警反省之機構於其中，此種政治制度與此種社會形勢相應不離，幾同一物而不可分；且永久是這箇樣子，不會變了。此不會變，蓋早伏於其形勢無可見之初。——凡此皆言其正面，其負面便是民治制度之不立。

民治制度在中國建立不起，是固然了。但並非中國人就沒有開會集議徇從多數之事。這些事在中國人生活中，亦是尋常易見，初不希罕。即如梁任公所述其家鄉自治概況，就不少其例。特別像是所述「江南會」一類經濟合作組織，其遇事開會取決多數，蓋尤不待言。我們可以模仿前例而說：在中國未嘗自由，亦未嘗不自由；未嘗民治，亦未嘗無民治。

四　人類文化之早熟

在過去幾章爲討論某些問題，屢曾說到「理性早啓」、「文化早熟」這一類話。但究竟何謂「文化早熟」，本章將予明定其意義。

爲行文方便，可接續上文來講。上文從中西「理念不同」、「形勢有異」兩面，說明自由民治所以不見於中國之故。現在我們仍從這兩面討究去。——

我們先從理念上看，將見出中國理念較之西洋恆有所超過，而非不及。例如大家的事要徵詢大家意見；意見不一之時，只有依從多數。這在中國人何嘗不知，何嘗不行？只是不十分看重，不那樣拘定。因爲這固然有理；然而理又豈止此一條？還有更長於此之理在。恐怕不見得任何時候這樣行之，都是合理底。左傳上：

或謂欒武子曰：聖人與衆同欲，是以濟事。子盍從衆？子爲大政，將酌於民者也。……商書曰：「三人占從二人」，衆故也。武子曰：善鈞從衆（意謂兩善相均則從衆）。夫善，衆之主也。

此卽不否認從衆之理，但所見更有在從衆之外者。取決多數，只算聚訟不休時一個最省事底解決方法。執行起來容易行得通而已。至於其是否當理，就不得而知。但人類是理性底動物，其根本要求或在眞，或在善，或在美，或在巧（指實用上最經濟有效者），統可名曰當理。人類理性一天一天開發，此根本要求愈來愈明強。那不問是否當理，糊里糊塗從多數的辦法，將不爲人所取。近今西洋立法，時或舍民意而取專家（註五）乍看形式似舍多數而依少數，其實專家所爲正所以達成民意。欒書所云「夫善，衆之主也」；正是說善爲衆所宗主；民意本在求善，拘定要從衆者，或反不如尊尚賢智之合理。此實爲民治制度之進步，夫豈民主精神之取消？民有民享之理，中國人充分見到，顧不以民治制度行之者，並非見不及此，蓋從乎理性所見又超過了一步。中國，乃是病在高明，非失之愚笨。這是最應當記取底。

再例如一個人在中國只許有義務觀念，而不許有權利觀念，乃起因於倫理尊重對方，反而沒有站在自己立場說話機會。雖亦不免於被壓抑被抹殺，但其壓抑抹殺之者，是「理」而非「法」。其義務乃本於情義而自課者，初非外來強權之所加；是道德上之義務，非法律上之義務。各人站在自己立場則相爭，彼此互爲對方設想則相讓。中國實吃虧在講禮讓，看對方重於自己，超過了「承認旁人」那句話，與起因在不顧旁人者適相反。近代西洋人既由相爭而達於互相承認，兩得其平，此時乃信有非中國之所及者。然其不及，原從有所超過而來，並不是因不及而不及底。如我所見中國不及西洋之處，一切皆同此例；這又是希望讀者記取底。

從上理念之研究，即可進而研究其社會形勢。此恆有所超過之理念，發乎理性，不由客觀形勢所逼出，乃轉而變化了客觀形勢。這實在是中西一切不同之所由來。凡上文所論社會形勢之異，試追上去，皆可尋出其根由在此。上文說過中國社會形勢之異，至秦漢而豁露。此豁露乃由先秦封建之解體。此封建解體，如第九章所論證，乃有大異於西洋者：西洋起於經濟進步，經濟手段對政治手段之一次確定制勝，即封建敗於一種新興之外力而不得不代謝以去。中國却由內部自行分化融解，而非政治手段果敗於經濟手段；封建因此未遽爲新興勢力所代，而不免於翻覆。在此自行融解又時不免翻覆之局勢中，正見其有一種與封建自爲矛盾之力量在。封建之所依恃，一在武力，二在宗教。而中國一則以理性早啓，趨重於道德之自覺向上，宗教遂以不足；再則以理性早啓，乃不以對物者對人，更且以對內者對外，唯相安是尙，不尙武力（詳第十一章）。矛盾就起於此；其構成矛盾者，實爲理性之力。封建既以矛盾而軟化崩解；崩解又以矛盾而不免糾纏。二千餘年社會形勢之特殊，端由人們主觀上理性之萌動而衍來。這是很明白底。

兩面討究總結一句：西洋文化是從身體出發，慢慢發展到心底；中國却有些徑直從心發出來，而影響了全局。前者是循序而進；後者便是早熟。「文化早熟」之意義在此。向下將講明它，凡上文所云「由內而外」，「從理到事」，第九章所云「由文化和政治影響了經濟，似由心到物，由上而下」……亦皆於此得其着落。

何謂從身體出發？又何謂徑直從心發出來？這就要回到第七章所講那許多話。身體爲箇體生命活動之具，是人類與其他動物所同有底。心在其他動物雖不是沒有；但其心思作用大多掩沒於其官體作用中，而不易見。獨至於人類，官體反應減低而心思作用擴大，才可說有心。心思作用原有理智理性兩面；這裏又單指理性爲心。所謂從心發出者，正謂從理性發出。因此，「理性早啓」，「文化早熟」，可算同義語。何以必指理性爲心？前曾說：一切生物均限於「有對」之中，唯人類則以「有對」超進於「無對」。只有理性是人類生命「無對」一面之表現；而其「有對」一面之活動，或運用理智，或不運用理智，却莫非從身體出發。原意在以「有對」「無對」作中西之比較，故於此言心，即單指理性。

何謂「有對」？何謂「無對」？展轉不出乎利用與反抗，是曰「有對」；「無對」則超於利用與反抗，而恍若其爲一體也。人類本於其生物底要求（箇體生存及傳種）其一切活動恆不出乎有所利用與有所反抗；而利用之中每含反抗，反抗之中每含利用，利用反抗正自難分。此即所謂「有對」。還有許多活動——例如好名爭勝——看似與那些要求不甚相關，但其落於「有對」之中固極顯然；其爲從身體出發，並無二致。只有超越這些，或發乎向上之心，或發乎同體之情，內有自覺而外無所爲，斯乃所謂「無對」。理智原不過是工具；有時順乎理性而顯其用，則同屬「無對」；但最多是爲身體所用，以應付外面，那便落歸「有對」了。我們對身而言心，指理性而不指理智，其義亦在此。

明白這些，再看上文討究所得，則於我們說西洋「從身體出發」，中國「徑直從心發出來」，應不難得其解。然身心關係之間，尚待一說，庶幾早熟之論可以明白。

中國文化爲人類文化早熟之論，余發之於二十七年前（見舊著東西文化及其哲學）。當時見解是這樣底：古希臘人、古中國人、古印度人在人生態度上之不同，實爲其文化不同之根本。而此三種人生態度實應於人生三種問題而來；即第一態度適應於第一問題，第二態度適應於第二問題，第三態度適應於第三問題。由於問題淺深之不等，其出現於人類文化上實應有先後之序。從而人類文化表現，依之應有三期次第不同。本來人類第一期文化至今還未得完成，而古中國人在文化上遽從第二問題第二態度以創造去，古印度人遽從第三問題第三態度以創造去；所以就說它是早熟。今本書只比較中西，印度且置不談。見解大致如前未變，說法稍有不同：

第一問題即人對物的問題；第一態度即向外用力底態度。現在總說作：從身體出發。

第二問題即人對人的問題第二態度即轉而向內用力底態度。現在總說作從心（理性）出發。

一般生物總要向外界爭生存；而由吾人向外看一切皆物。此「物」包含一切生物無生物乃至其他人類都在內。生存問題則發生在身體對外物之間。身體爲爭生存之具，而同時主要亦就是爲了身體生存而爭。第一問題徑稱爲「身體的問題」亦不爲過。此問題居一切問題之先。人的心思聰明首先是爲它而用。眼向外看，耳向外聽，手向外取，心向外想，……這都是自然趨向。而必從前面對方下手變更外在條件，改造客觀環境，以爲問題之解決，亦是一定底。這就所謂第一態度，其實亦就是生來身體的態度。當人類本第一態度適應第一問題而不斷活動，有所解決，那種種活動正是從身體出發；其所解決種種，即屬第一期文化。

對於一個人原可能作一「物」看待，同時亦可能作一「人」看待。當我照顧到他的感情意志之時，便是以人看待；不顧他的感情意志如何，只作一物來利用，或視爲一障礙而排斥之，便是以物看待。譬如兩軍作戰，彼此廝殺，其與斬草伐木豈有兩樣？坐下來講和，似乎要照顧到對方感情意志了，而威脅利誘無不至，其與調馴犬馬亦復不甚相遠。真正照顧到對方感情意志者，雖泛然相值，而對方在我意識中亦有位置；遇事不單站在自己立場而止。這亦就是所謂承認旁人。必如此，乃有人對人的問題——第二問題——之發生，而不屬第一問題之事。第一問題原從身體出發；第二問題則從理性而來。

二十七年前我還不認識理性，但頗有悟於人類社會生活之所以成功，有遠超乎個人意識作用之外者，從克魯泡特金之「互助論」而信「社會本能」之說。認為：意識覺醒所以促個人主義之抬頭，而社會之構成則築基於此種本能之上。本來植物動物既然皆有社會之可見，則社會本能或者亦是有底。但一經曉得人類生命原是從本能解放出來，其重點寧在本能以外；則說人類社會出於智力固非，說它築基於本能，尤覺無據。因為人類是社會底動物，遠非其他物類所可比；而同時人類又明明白白以擅長理智邁越其他。如若以這兩特點相聯屬，還說得近理；若以其偏於社會者，歸功於其所短之本能，如何說得通？再看物類之合羣互助，乃至舍己為羣，雖間或有底，然而各有所限定。因之，其社會生命亦各有所限。此誠所謂本能了。唯其社會生命有限，故物類生命仍偏重在箇體上。人類卻早從偏重箇體者，進而倚重於社會；其社會生命更日見開拓變化而無所限。此無所限者那裏還是靠本能？本能又豈得無所限？然則人類社會之心理學底基礎竟何在？這就在其本能鬆開後透露出來底生命本身，本身對工具而言。生命本身在物類早為其生命工具——本能、身體——之所錮蔽，透露不出。而人類則自從本能解放出來，生命乃不復局於其身體，而與其他生命相聯通。特別是與其他人的生命相聯相通；彼此感應神速，有非一般物類所及。孟子書上「乍見孺子將入於井」一段話，指點甚明。我們前曾說：

「人在情感中恆只見對方而忘了自己」；（第五章）

「人類生命廓然與物同體，其情無所不到」；（第七章）

「一個人的生命不自一個人而止，是有倫理關係」；（第七章）

「凡痛癢親切處就是自己，何必區區數尺之軀」（第七章）

此義可以互證。此際一片天理流行，無彼我之見存，是曰「無對」；表現在意識上，即是理性。

人當有理性時，對於旁人的感情乃能相喻而關切之。而亦唯關切，乃能相喻。既相關且相喻，而彼此意志頗有出入，乃有人對人的問題發生。此所以說第二問題從理性來。如果不從狹義理性來，亦要從廣義理性來。那就是除由本心情感上承認對方外，人們亦可能從其心思計慮上（利害關係上）而承認對方。總之，人對人的問題實以對方在我意識中既有其位置為前提，它之被排除，只有過強底本能衝動起來，把理性理智都淹蔽了之時。而這時第二問題亦隨之轉為第一問題了。

第二問題原從理性來，亦且須得理性以解決之。大致說，恆須向裏用力。何以故呢？第一問題第二問題相較，本質上大有不同。在第一問題中，為當前之礙者無非是物，而上天下地一切之物無不可由人控制之改造之以滿足我們的要求。在第二問題中則為礙者却不是物，而是與我同樣底生命——活底人，特別是他的心。對於他心，只能影響之感召之，而且不可必得，說不到控制改造。譬如我只要把一女子的身體得到手，那是第一問題，不難用巧詐或強暴之力得之。——這些都是向外用力。如我冥想得此女子之愛，那便是第二問題。此時強力求之則勢益乖，巧思取之則情益離；凡一切心思力氣向外用者皆非其道。所謂人對人的問題，其實就是心對心的問題；彼此互相感召之間，全靠至誠能動。這正是狹義底理性；這亦是最純粹地向裏用力。通常自未見得是這樣兩極端（身體或異心）。而一經照顧到對方感情意志上，亦即入於第二問題範疇，其向外用力輒有所限，而還得轉向內裏用力。——

一、在我所得而為者，不過如何影響他的心，外此無能為；此是第一限。在求所以影響他之時，時時要轉回來看自己，乃至改變自己以適應於他；——中國古話「反求諸己」。

二、無論如何用力，其結果還要看他，並非由我這一面所能決定者；此是第二限。求滿足於外，既不可必得，要求的重點乃從外而移內，但求自己力量盡到，不留絲毫歉憾於心；——中國古話「盡其在我」。

這些初時都不免展轉往復於向外向裏之間，而以廣義之理性居多。然若對於問題把握不放鬆，終必漸歸於純粹向裏狹義理性而後已。所謂唯第二態度適應於第二問題，其義在此。凡此可與前章論安的問題安的功夫兩段參看。安的問題即屬第二問題；安的功夫必歸於修己，猶是向裏用力之義也。

就人的個體生命說，心身之發育成長，是心隨身來，身先而心後。這同樣之順序，亦可於社會生命見之。社會是隨着文化之發生開展而發育成長底。文化之發生以至開展，則最先是環繞着生存問題（第一問題）這一中心。所以社會之發育成長，此時實寄於那些從身體出發的活動上。大略說來，身體本是生存工具；人在圖生存中，又不斷在身內身外創造許多工具（包知識技能而言）來用，使身體活動加大加強，乃至更加靈便就由這些工具之發達，社會關係日益繁密，社會單位日益拓大；這就是所謂社會之發育成長。然而這不過是社會發育成長之一面——偏乎人的身體這一面。同時還有人的心思那一面。

所謂人的心思那一面何指？人沒有工具不能生存，人不結成社會亦不能生存。但人類是不能全靠有意地無意地（本能地）彼此利用而結成社會底。除了這些，更靠他們超越了各自身體而有其心的相聯相通之道在。人與人之間，從乎身則分則隔，從乎心則分而不隔。然卒以身之故，此不隔之心却極容易隔起來。故在文化上恆必有其聯之通之之道，而後乃得成社會。所謂人的心思那一面，實指其所以成社會之道。這在文化初期，通常就是宗教。宗教是社會文化在人心一面所有之端萌。繼此發展去，更有禮俗、法律、道德、種種。但宗教並不因有種種繼起者就消滅，而仍自有其無窮之變化發展。其他種種亦都不是此以彼爲瓜代。渾括說，此四者實爲社會成立維持以至發皇拓大之所攸賴。有此，才有社會；有社會，才有種種工具之發達。工具屬於身體一面之開展；此則屬於心思一面。

譬如以強暴機詐對人，而大家相習，恬不爲怪者，自古到今雖都是有底。然而其間却不知經過多少發展變化了。顯然可見底：（一）古初之民，遠比他們的後代要少有此種惡德；而後此社會，經由良好風教可能亦同樣少有此種惡德。前者只是混沌未鑿，後者則出於文化；其間顯然有着很大長一段歷史發展在。（二）對於此種惡德，雖云古今相習不怪；但若從另一面說，則恰又是古今人所都不許可底。此即是人類對此無不有其限制與範圍；不越其限制與範圍，則不怪耳。這限制與範圍，即是文化。如何限制，如何範圍，各時各地萬般不同，而最簡單扼要一句話，便是不能行之於自己團內。否則，社會不成社會，人亦無法生存。而此團自古到今卻顯然是愈來愈擴大。今天聯合國就是在努力實現最大底一箇團，把全世界納於法律及道德之中。雖可惜尚不成功，國際間依然不以機詐強暴為怪。但回顧當初之小團，此其發展不已經很遠很遠了嗎！

所謂文化實包有以上這兩面；由於這兩面之逐漸開展，而社會得以發育成長。通常應該是這兩面彼此展轉增上，循環推進底。其間蓋必有一種最適當之配稱關係；凡不相稱者必出毛病。然卻須曉得：發育先是偏乎身之一面，後乃偏乎心之一面。當身之一面長成時，心之一面卻還有它的成長。明白言之，當社會在經濟上實現其一體性，人與人不復有生存競爭，而合起來控馭自然界時，實為文化發展上一絕大轉捩關鍵，而劃分了前後期。因為社會在經濟上既實現其一體性，生存問題就好像有了交代，從此不須各自操心；一向從身體出發的活動，漸自告休，人的理性（心）乃得以透達流行。前此之環繞着第一問題而發展文化者，至此已成過去，而轉換到第二問題。第二問題代替第一問題而佔據人心，即由此以開出第二期文化。第一期中並非沒有第二問題，而為第一問題當前有不遑多顧者。故其所成就，主要在發達了身，身內身外種種工具。工具發達到社會在經濟上足以實現其一體性地步，則身之一面可云長成，人類第一期文化亦即完成。第二期中並非沒有第一問題，而為一切既有安排，可以行其所無事。同時，如何配稱了身的一面（發達底工具），以實現其社會一體性正需要心的一面有其偉大開展。故第一期假如可稱爲身的文化，第二期正可稱爲心的文化。第一期文化不過給人打下生活基礎，第二期才真是人的生活。

此前後期之劃分，亦可用武力一事來說明。武力爲身體之事。在缺乏心思底動物之間，其所有問題不外是身體的問題，其解決亦只有身體廝拚來解決。在人實不應當如此。然第一期文化中，對外則戰爭，對內則死刑，武力之當令行時爲此期之最大特徵。此期之所以收束，即在武力之不能復用。何以說武力不能復用？要知此期文化全在發達工具，加強身體活動之力。工具發達到末後，身體力量加強之結果，其效能便有兩面：一面是把世界縮小，把自然控制在人手，生產力極高，把社會從經濟上密織在一起，分離不開，準備好了「社會一體」「天下一家」的條件而無所不足。另一面，便是把這小世界及其有限人類拿來毀滅掉的力量，亦已具備。力量是一，用法不同。不論用在那一面，都可收到偉大效果。好則極好，壞則極壞。我說武力不能復用，正亦不外今人已經唱出之「不和平即毀滅」那句話而已。

弭兵運動自古有之，却總不成功。戰爭始終作爲人類之一制度而存在。說它是制度者，就爲大家公認某些問題從戰爭解決之有效，戰爭成了解決某些問題之一定辦法。此制度之存廢，是人類文化問題，視乎人類理性展開之程度如何而定，非少數人主觀一面之要求所能爲。然而現在時機却近成熟。一面由於工具發達，人都受到教育，文化普遍增高，人命彌足珍貴；一面由於工具發達，戰爭破壞力增大，以致可能毀滅一切。兩面遇到非廢止戰爭不可。客觀形勢旣促理性之展開，而經過很久文化陶養人類已不那樣衝動；在經過很多鍛鍊後，國際組織亦終可成功。

至於死刑廢除，則今日旣見其端。死刑之成爲一種制度存在於世界，自有很多理由而用其他方法處置罪人皆不經濟，實爲其卒以存續之故。然物貴是以人賤，物賤而後人貴。在生產發達，物力寬紓，經濟生活社會化之將來，必將以感化代死刑，亦有不待言者。

凡以較富於理性之觀念、禮俗、制度代替其舊者，即是理性在社會文化中之展開。而由社會形勢促成理性之展開，實爲理性展開之通途。例如從經濟上把社會密織在一起，把世界聯結成一氣，人與人勢必積極求所以合作共處；又如人人都受教育，頭腦開發，勢必誰亦不能抹殺誰；則第二問題於是形成，理性之客觀需要於是形成。同時一面以經濟進步，物力寬紓，無所不給；凡建新辦法新制度之種種條件即從而具備，其事亦遂有可能。本書自第八章以下，於此社會形勢之來因去果多有論及，試參看自明。是故第二期文化實以第一期文化爲基礎而出現。所謂「心隨身來身先而心後」之順序，於人類個體生命見之，於社會生命亦同樣見之者，正指此。

明乎此，再回頭把本章起始較論中西之自由、民治各段通看一過，則對於「西洋文化是從身轉到心底，而中國却有些徑直從心發出」（註六），「中國文化是人類文化的早熟」，應無疑義。

（註一）梁任公中國文化史鄉治章述其家鄉自治概況原文如次：

吾鄉曰茶坑，距厓門十餘里之一島也。島中一山，依山麓爲村落，居民約五千。吾梁氏約三千，居山之東麓，自爲一保；餘余、袁、聶等姓分居環山之三面，爲二保；故吾鄉總名亦稱三保。鄉治各决於本保；其有關係三保共同利害者，則由三保聯治機關法决之。聯治機關曰「三保廟」，本保自治機關則吾梁氏宗祠「疊繩堂」。自治機關之最高權，由疊繩堂子孫年五十一歲以上之耆老會議掌之。未及年而有「功名」者（秀才監生以上），亦得與焉。會議名曰「上祠堂」（聯治會議則名曰「上廟」）。本保大小事，皆以「上祠堂」决之。疊繩堂置值理四人至六人，以壯年專管會計，其人每年由耆老會議指定；但有連任至十餘年者。凡值理雖未及年，亦得列席於耆老會議。保長一人專以應官，身份甚卑，未及年者則不得列席耆老會議。耆老及值理皆名譽職，其特別權利只在祭祀時領雙胙，及祠堂有讌飲時得入座。保長有俸給，每年每戶給米三升，名曰「保長米」，由保長親自沿門徵收。耆老會議每年兩次，以春秋二祭之前一日行之。春祭會主要事項爲指定來年值理；秋祭會主要事項爲報告决算及新舊值理交代。故秋祭會時或延長至三四日。此外遇有重要事件發生，即臨時開會。大率每年開會總在二十次以上。農忙時較少，冬春之交最多。耆老總數常六七十人，但出席者每不及半數；有時僅數人亦開議。未滿五十歲者只得立而旁聽，有大事或擠至數百人，堂前階下皆滿。亦常有發言者，但發言不當，輒被耆老呵斥。臨時會議其議題以對於紛爭之調解或裁判爲最多。每有紛爭，最初由親友耆老和判；不服，則訴諸各房分祠；不服則訴諸疊繩堂。疊繩堂爲一鄉最高法庭，不服則訟於官矣。然不服疊繩堂之判決而興訟，鄉人認爲不道德，故行者極希。子弟犯法，如聚賭鬥毆之類，小者上祠堂申斥，大者在神龕前跪領鞭扑；再大者停胙一季或一年；更大者革胙。停胙者逾期即復；革胙者非經下次會議免除其罪，不得復胙。故革胙爲極重刑罰。耕祠堂之田而拖欠租稅者停胙；完納後即復胙。犯竊盜罪者縛其人游行全鄉，羣兒共譏辱之，名曰「游刑」。凡曾經游刑者，最少停胙一年。有姦淫案發生，則取全鄉人所豢之豕悉行刺殺，將豕肉分配於全鄉人，而令犯罪之家償豕價，名曰「倒豬」。凡曾犯倒豬罪者，永遠革胙。祠堂主要收入爲嘗田，各分祠皆有；疊繩堂最富，約七八頃。凡新淤積之沙田皆歸疊繩堂，不得私有。嘗田由本祠子孫承耕之，而納租稅約十分之四於祠堂，名曰「兌田」。凡兌田皆於年末以競爭投標行之。但現兌此田不欠租者，次年大率繼續其兌耕權，不另投標。遇水旱風災則減租。凡減租之率，由耆老會議定之；其率便爲私人田主減租之標準。支出以墳墓之拜掃，祠堂之祭祀爲最主要。凡祭皆分胙肉；歲杪辭年所分獨多，各分祠皆然。故度歲時，雖至貧之家皆得豐飽。

有鄉團。本保及三保聯治機關分任之；置鎗購彈，分擔其費。團丁由壯年子弟志願補充，但須得耆老會議之許可。團丁得領雙胙，鎗由團丁保管（或數人共保管一鎗）。盜賣者除追究賠償外，仍科以永遠革胙之嚴罰。鎗彈由祠堂值理保管之。鄉前有小運河，常淤塞，率三五年一濬治。每濬治，由祠堂供給物料，全鄉人自十八歲以上，五十一歲以下，皆服丁役。惟耆老功名得免役；餘人不願到工或不能到工者，須納免役錢，祠堂雇人代之。遇有築堤堰等工程亦然。凡不到工又不納免役錢者，受停胙之罰。鄉有蒙館三四所，大率借用各祠堂為教室。教師總是本鄉念過書的人。學費無定額，多者每年三十幾塊錢，少者幾升米。當教師者在祠堂得領雙胙。因領雙胙及借用祠堂，故其所負之義務，則本族兒童雖無力納錢米者，亦不得拒其附學。每年正月放燈，七月打醮，為鄉人主要公共娛樂。其費例由各人樂捐；不足則由疊繩堂包圓。每三年或五年演戲一次，其費大率由三保廟出四分之一，疊繩堂出四分之一，分祠堂及他種團體出四分之一，私人樂捐四分之一。鄉中有一頗饒趣味之組織曰「江南會」；性質極類歐人之信用合作社，會之成立以二十年或三十年為期，成立後三年或五年開始抽籤還本；先還者得利少，後還者得利多。所得利息，除每歲杪分胙及大宴會所費外，悉分配於會員。（鄉中娛樂費，此種會常多捐），會中值理，每年輪充，但得連任。值理無俸給，所享者惟雙胙權利。三十年前，吾鄉盛時，此類會有三四個之多。鄉中勤儉子弟得此等會之信用、以赤貧起家而致中產者蓋不少。又有一種組織頗類消費合作社或販賣合作社者。吾鄉農民所需主要之肥料曰「麻餅」；常有若干家相約以較廉價購入大量之麻餅，藉取其利以分配於會員。吾鄉主要產品曰「葵扇」；曰柑；常有若干家相約聯合售出，得較高之價，會中亦抽其所入之若干。此等會臨時結合者多，亦有繼續至數年以上者。會中所得，除捐助娛樂費外，大率每年終盡數攤充分胙之用。各分祠及各種私會之組織，大率模仿疊繩堂。三保廟則取疊繩堂之組織而擴大之。然而鄉治之實權，則什九操諸疊繩堂之耆老會議及值理。先君自二十八歲起，任疊繩堂值理三十餘年；在一個江南會中兼任值理亦二三十年。此外又常兼三保廟及各分祠值理。啓超幼時，正是吾鄉鄉自治最美滿時代。

舊日之鄉村社會生活，最爲今日所當研究。顧前人則以習見而鮮加記載，或散碎不得肯要。此文於其組織制度，機構運用，辦理事項，社會制裁、爭訟公斷、徵工服役、地方保衛、公共娛樂、經濟合作、子弟教育等，均扼要敍出，實爲極寶貴之材料，故全錄於此。

（註二）由於中西歷史事實所在，卒使任公先生覺察「中國有族民而無市民」，「有鄉自治而無市自治」，並指出西人之市自治養成其政治能力，中國人之鄉自治卻斷送其政治能力。但於家族生活偏勝，集團生活偏勝之兩條脈路，先生猶辨之未明，雖爲此言，不能深識其義。

（註三）張東蓀先生於所著理性與民主一書中，曾說「西方因爲與教化不生直接關係，所以會引出平等，自由等概念來，而中國則因爲必須有待於教化，遂不發生平等與自由兩概念」。（見原書第三章，人性與人格）。其言足資參考印證。

（註四）周禮小司寇，有掌外朝之政，以致萬民而詢國危、詢國遷，詢立君之說。梁任公先秦政治思想史第三章，曾從左傳暨其他古籍蒐集一二三事例以實之，謂戰國以後無得而稽。

（註五）舊著鄉村建設理論第一五四——一五九頁，論及開會取決多數，曾引近今西洋之「專家立法」「技術行政」爲例，可參看。

（註六）北新書局出版魯迅譯廚川白村著出了象牙之塔有「從靈向肉和從肉向靈」一段，與此所論不無關係，值得參考。

第十三章　文化早熟後之中國

一　由此遂無科學

必從討論中國民主問題入手才得揭開他那文化早熟之謎；而揭開之後，首先便要指出由此遂無科學。民主屬於人對人的事，科學起自人對物之間。一旦把精神移用到人事上，中國人便不再向物進攻，亦更無從而攻得入了。以下只就這幾句話來分釋——

科學雖然好像不限於對物，自然科學之外，還有社會科學。但科學實起自人對物。並且我們還可以說：科學起自人對物，物亦起自人的科學。離開人還有沒有物且置不談；但人所知之物，總是從人才有的。而人之有所知，即其有科學之始。科學非他，就是人的精確而有系統底知識。前曾說「心思作用是行爲之前底猶豫作用；猶豫之延長爲冷靜，知識即於此產生」（見第七章）。冷靜地向外看，生命由緊張而鬆弛，空間遂展開於吾人之前，物體遂展開於吾人之前。就在這一瞬間，是物之始，亦是知之始。感覺（看）所得爲物；空間則出自理智推斷。生命原不是靜底，但感覺和理智卻是生命中最靜底了。知識從生命而出，原本靜不了，然卻極力趨向於靜其精其確，即於此得之靜觀及客觀。科學就是順此趨向，力求客觀，乃得成其爲科學。對於物又不以感覺所得爲滿足，更究問其質料爲何，是有物質觀念。物質觀念就是把紛雜陳列於吾人面前之物體，化爲更具客觀性之物質，以貫通乎一切智識；乃因之而成系統知識。精確而有系統，方爲科學。則科學與物質，物質與科學，蓋如是其不相離。生物有生命，即其有超於物質者在。生物愈高等，其生命愈強大，其離物質乃愈遠。至於人，其生命之強莫匹，其超離於物，更不待言。吾人雖同樣要把許多生物以至人類都收入科學研究之中，求得其精確有系統之知識，以便於應付，如同應付物質那樣，而卒不盡可能。結果只能把捉其接近於物底那幾分，亦即其比較機械底那幾分，而其餘則略去。從生物科學到社會科學，所把捉愈少，所略去愈多，就愈不精確而難語於科學。社會科學只算得是「準科學」，正爲此。

更且對於人的行爲或社會現象，若徒看其外表動作，而不從其情意了解之，有時可研究者，而人情則非體會不能得。這必須囘省自己經驗——非復一味向外看。更須設身處地去想——非復一味靜觀。尤其像法律，政治，經濟，一些應用底學問，處處離不了人的情感反應，理想要求；豈是單單客觀所能了當？這其間時時要視人如己，以己度人，多是理性之事，不徒爲理智之事。科學從理智來；從理性來底，却不屬科學。此其中大部分只是思想（包哲學及主義），而非知識了。

中國人講學問，詳於人事而忽於物理，這是世所公認底。中國書籍講人事者，蓋不止十之九；這只須一翻開中國書就曉得中國人心思聰明之所用何爲如是偏於一邊？此應究問者一。中國學問雖云詳於人事，却非今之所謂社會科學。社會科學還是跟着自然科學之路，盡可能地作客觀研究，此則處處以主觀出之；——多從道德觀點，亦或從實用眼光與藝術眼光。即在客觀敍述之中，亦寓有主觀評價，純客觀研究百不一見。蓋不唯其學問對象偏於一邊，作學問的態度和方法根本亦不一樣。是又何爲而然？此應究問者二。倘若於此兩大問題不注意，便是無識。注意了，而如果不用我們從上（第十一章）以來所作解答，亦是莫得其解。蓋自從化階級爲職業，變貴族爲士人，「社會之中勞心者務明人事，勞力者責任生產，這樣一劃分，就把對物問題劃出學問圈外。學問就專在講人事了。又所謂務明人事者，原是務於修己安人。從修己安人來講人事，其一本道德觀點或實用眼光，而不走科學客觀一路，又是當然了。這是就後二千年歷史來說。後二千年社會倫理本位，職業分途之形勢既成，此二千年間中國學術大勢即隨以決定；此無可疑也。（倫理本位則促成其修己安人之學問。職業分途則劃出農工商，使不入於學問）。

「中文化以周孔種其因，至秦漢收其果」（見第十章）。凡後二千年之事，皆果之事。秦以前，中國學術尙不如此成定型。然而周孔以來，宗教缺乏，理性早啓，人生態度遂以大異於他方。在人生第一問題尙未解決之下，萌露了第二問題暨第二態度，由此而精神移用到人事上，於物則忽略。即遇到物，亦失其所以對物者；科學之不得成就出來在此。既不是中國人拙笨，亦不是文化進步遲慢，而是文化發展另走一路了。

張東蓀先生最看到此點，在他所著「知識與文化」一書，較論中西學術不同之故，曾有極可貴之闡明。第以散見各篇章中，難於引錄原文，茲綜其大意，而爲之條列於次：

從語言構造上看：西洋一句話必有主辭 Subject 謂語 Predicate；其語言中蓋甚注重主辭。中國則主謂語之分別不清，其語言不注重主辭。

從思想態度上看：西洋發問恆先問「是什麼」？可謂之「是何在先態度」，What priority attitude。中國恆先問「將怎樣」？可謂之「如何在先態度」，How priority attitude。

科學的對象是物，歷史的對象是事。西洋人極有物的觀念，且或化事爲物；中國人極有事的觀念，且或化物爲事。

西文動詞 to be 轉爲名詞 being，實爲物的觀念之所寄，西洋哲學之本體觀念亦即由於此。但在中國思想中則似只有 Becoming 而沒有 Being。

西洋哲學直問一物的背後，像是直穿入底；中國哲學則只講一個象與其他象之間互相關係如何，像是橫牽聯底。

在邏輯上，西洋以同一律爲根本；中國不重同一律，卻可說有一種相關律。

在哲學上西洋以本體論開始，且作爲最重要之一種討論，中國人卻從不見其究問本體。在西洋無論如何只能以宇宙觀爲人生觀之前奏曲，不能合併爲一。然在中國則宇宙人生合一爐而冶，或且宇宙論吸收於人生論中。中國簡直可說只有實踐哲學，而沒有純粹哲學。（註一）

如左列出這些點，實在是一貫底。東蓀先生指出是中西人心思 Mentality 有些不同。當其最初亦許不顯著，而展轉熏習，卒致各自走上一路。西洋一路正是產生科學之路，中國之路恰是科學不得成就之路。明白說：西洋有物的觀念，而中國沒有。嚴格來說，物的觀念是西洋近代（十六世紀以來）科學家剏造出來底；然却淵源自古。有人認爲中西思想學術之不同，祇不過是古今之別，並無中外之異；顯見其不然。

東蓀先生所謂心思之不同，若用我的話來說，便是：西洋人從身體出發，而進達於其頂點之理智；中國人則由理性早啓，其理智轉被抑而不申。蓋就身體是圖生存之具來說，理智是身體的頂點，猶兵器之有鋒刃；必用到理智方得盡其圖生存之能事。然若理智直接爲生存要求而用，其用有限。必藉理智和官體對外產生出智識來，再根據知識以解決生存問題，其用始大。這就要經過好奇心或遊戲本能一個灣。好奇心或遊戲本能，在生物進化中隨着理智之逐漸展開而肇見於高等動物間，至人類最發達。它一面是從身體來底一種本能興趣，有異乎理智之冷靜；却又一面超脫於身體之生存要求，而近乎理智之無所爲；恰恰在身體理智間作橋樑。尤其是好奇心，殆爲動之終而靜之始。其爲研究而研究，實知識學問剏造之所資。西洋自古號稱「愛智」，其科學正由哲學衍來。中國後世之無科學，即爲其古代無哲學，哲學只是西洋所有物，亦猶乎科學只是西洋有之。在古中國，哲學只不過是其道德實踐之副產物；在古印度則爲其宗教實踐之副產物；皆未嘗獨立自存。似此思路之不同，豈非彼此人生態度有所不同？在學術上，在文化上，明明是東西流派之分甚早，豈得看作一古一今？

中西學術不同，亦有可看作一古一今者，我們初不完全否認。即如學術混合，學不能獨立於術之外而自行發展，古時通例如此，中國亦如此。中國幾千年來學術不分，其所謂學問大抵是術而非學，最爲大病。其結果、學固然不會有，術亦同着不會發達，恰落於「不學無術」（借用）那句老話。舊著「東西文化及其哲學」曾痛予揭出（註二）。若問何以古時通例如此？則爲人類文化之初，莫不從身體出發，其時頭腦冷靜不足，理智尚未得申。必從身體出發，而進達於其頂點，理智申發，乃不涉應用，專於求知而成學。此即西洋之路，亦即是一般應有順序。却不料中國沿襲古初，一直不改。關於中國人不能離用而求知這一點，有識者多能見到；東蓀先生外，故張蔭麟教授亦曾提出說過（註三）。他並且說：

> 許多中國人認定西方文明本質上是功利主義底文明，而中國人在這類（利用厚生）事業之落後，是由於中國人一向不重功利。這是大錯特錯底（見思想與時代月刊，張著中西文化差異）。

其實張君亦是知其一，未知其二。流俗的錯誤，是忽略了西方學術之成就，正在其靜心求知，絕不急功近利，張君所指斥者誠是。然若根據這箇，就硬說西洋是不尚功利底，而中國却一向是重功利，把從來一般論調完全翻案，是否得爲公允？是不是中肯？正恐張君亦自不能無疑。這就爲他未及認識人類生命這一曲折；功用爲圖生存之表露，發乎身體；然當其進達頂點，却變爲理智冷靜，恍若無所爲，冷靜本爲猶豫之延長，雖若無所爲，其實還是功利。西洋之卒不出乎功利者以此。質言之，非超越身體之有對，而到人心之無對，不能超越功利。近代以來之西方文明大致是順着身體發展工具（見上章）；世人以功利目之，豈無由哉！至於中國不能離術而有學，當然是冷靜不足。但冷靜不足有二，一爲通例，一爲變例，張君又未及辨：身體勢力方強，頭腦未進於理智，是爲古初之通例；中國人顯然不屬於此。何以言之？（一）身體勢力方強，頭腦未進於理智，最好之别是甄克斯社會通詮所述西洋人，當民治初起，還不曉得投票時，那種開會表決，那種選舉競爭。——請回看上章所引錄。竊恐在中國早不會有這樣事情。反之，溫文爾疋，雍容揖讓，以理性代衝動，在中國却見之最早。老實說，自周孔之禮樂教化以來，中國人的身體勢力毋寧是弱而不強了。（二）冷靜分析莫如論理，數理。論理學和認識論，在先秦倘有可見，而後來倒沒有了。「周髀」「九章」發明何等早，而後來歷算倒要靠回教和西洋。是知中國不是未進於理智，乃是進而復退。前於第一章講第八特徵，既曾指出科學在中國早有萌芽，無奈其後退化不見。理智未進是通例；倒退不能不說是變例。吾人由（一）可知其非通例，由（二）可定其爲變例。

變例怎樣發生？中國文化亦如一般之例，先自身體出發。但正在進達理智之際，理性驟啓，理性以無私底情感爲中心，是動而非靜。於是身體之動，轉化爲理性之動；本能之情導入於理性之情。若云以此代彼，誠有未能；然出入於二者之間，牽混不清，撲逕一氣，卻是極容易底了。坐此而理智不申，冷靜不足，冷靜不足之由來在此。

從這裏便有下列三點情形呈現——

前云「即遇到物亦失其所以對物者」，就在此時，此時人與大自然之間，融合相通之意味多，不像西洋那樣劃分出一個自然界，而人與之相抗。此爲中西人生態度一大不同，學者多能言之（註四）。人之所以對物者在知識，知識之道在分別明確，而中國人則以此（融合相通）之故，其生命中對外求分別求確定之傾向，大爲減退。所以中國學術中，恆以渾淪代分明，以活動代確定，亦即是以思想代知識。物生於知識，知識生於物。中國人不傾向知識，亦就失去了物。

前云「精神移用到人事上，於物則忽略」，就在此時。此時人與人之間，其生命相聯相通之一面易得流露；所以人對人的問題就不致全爲人對物的問題所掩蓋。當人類文化初期爭求生存，對物問題居先，即遇到人，亦以對物者對之。一般說人對物問題是掩蓋了人對人問題底；獨中國不同。如我所說，第二問題暨第二態度中國很早萌露；如亡友萬君所說中國文化特色在把安的問題提到養的問題之上（見第十一章）；都是指此。修己安人的學問和「士」之一項人，亦都生於此。一切請回看前文，此不重敘。以在人生第一問題尚未解決之下，遽爾如此，故爲忽略於物。

前云「不再向物進攻，亦無從攻得入」，就在此時。此時由第二問題引起第二態度，由通常之向外看轉而向裏，有如舊著所說：

兩眼向外看，則所遇爲靜底物質爲空間（其實化宇宙爲物質，化宇宙爲空間耳，曰遇物質，遇空間，特順俗言之）；爲理智分析區劃所最洽便適用之地。轉回來看自己，則所遇爲動底生命爲時間（一新意義之時間，非俗常所說分段底時間）；爲理智分析區劃所最不便適用之地。西洋天才英偉之倫，心思聰明向外用去，自就產生了物質科學和科學方法；更以科學方法普遍適用於一切。而中國天才英偉之倫，則心思聰明反用諸其身，……（下略）。（中國民族自救運動之最後覺悟第七七頁）

心思聰明反用諸其身，即是不再向物進攻，以習於反身理會動底生命之故，縱然仰觀俯察，而觀點已換，思路不同，對物即無從攻得入。——用張東蓀先生的話：只是「橫通」，不作「直穿入」。

末後要說：唯西洋有其宗教，斯有其科學。習俗但見宗教，科學之相衝突，而不知其間線索之正相聯。東蓀先生在知識與文化上，既加以申論，並援引西哲爲證。

斯賓格拉告訴我們說：自然科學的前身是宗教（The decline of tre wesl, uol. I, P.380）。懷特海亦說：近世科學之發生與中世紀宗教信仰有關。西方學者對於這點，似早有明切認定，我不必再引爲是自我作古了。科學既是從宗教來底，則可知在西方文化上二者乃是一枝並蒂花（見原書附錄三第九段）。

這大都是從思路上說。事實上，當初科學研究及其傳播，豈不又是得力於教會教士們？尤有不可不知者：科學進步是關於知識一面底事。在一社會中，這一面所以能有進步，端在其衆人情志一面之能安穩而向前；而此在西洋却全靠其宗教。若沒有宗教作文化中心以維繫其社會，則近世科學之發生發展又是不可想像底。對照中國，則由理性早啓而宗教缺乏，與其無科學，亦正是一貫底一回事情。

二　長於理性短於理智

中國人既理性早啓，冷靜不足，展轉相引，乃愈來愈長於理性，愈短於理智。西洋人反此。他們恰是長於理智而短於理性。試爲勘對，事實昭然——

（一）在中西文化彼此交流上，中國固曾以一些物質發明傳給西洋，那只爲我們文化之開發早於他們一步。其後便不然了。十七世紀（明末清初）耶穌會士東來傳教，中國所歡迎底是他們帶來作見面禮底物質文明——天文學、數學，物理學，氣象學，地理學，生理學，醫學及其他技術等，而却不是那人生方面的宗教。十、八世紀爲西洋所衷心崇拜底中國文化，全在其人生方面的社會理想，倫理組織，政治制度等；雖那些德國人法國人將中國社會一切都理想化了，但亦知道自然科學在中國之不足。十九世紀以來，此種形勢一直未改；不過中國人於震驚西洋物質文明之餘，更在社會人生一面失去自信罷了。一九二〇年杜威博士在北京大學哲學研究會上講演，亦還是說「中國一向多理會人事，西洋一向多理會自然」，今後當謀其融合溝通（註五）。體認情理者爲理性，攷驗物理者爲理智，中西各有偏長，此可見者一。

（二）西洋之向知識發展者，更還而追窮分析到知識自身，是卽康德以來之認識論；認識此認識，冷靜復冷靜，達於理智之最高點。偏乎中理性一邊之國，則不尙知識而重情義，發展至王學（王陽明之學）乃造其極。王學講良知，尙力行（知行合一）。良知則無所取於後天知識；力行則反冷靜。良知之知，千變萬化總不出乎好惡，力行之行，唯指此好惡之貫澈實踐，亦不及其他。中西兩方遙遙相對，各趨向於一極端，此其可見者二。

（三）西洋人生自古依憑宗教，知有罪福，不知有是非，知有教誡，不知有義理。中國則自古宗教不足，而以孔孟極力啓發人之自覺向上，從來是要憑良心講理底。凡我們之有所不敢爲者，內恧於不合理，知其非也。西洋人則慣於觸犯教誡，得罪於神。在歐洲，一個不信宗教底人將是任意胡爲，沒有道德底人。所以羅素遊中國後，曾深深歎異中國人沒有「罪」Sin的觀念。又說：在中國「宗教上之懷疑」，並不引起其相當底「道德上之懷疑」，有如歐洲所習見者（註六）。此其理性之長短，豈不昭然？直待後來宗教改革，人們意識乃見覺醒。然在西洋之所謂「理性主義」，其大陸哲學之所謂「理性派」，其史家所指目十八世紀之爲「理性時代」，要皆心思作用之抬頭活躍，而特偏於理智之發揮者；於此所謂理性，尙不甚顯。試看其近代人生風氣丕變者，曾不外一變於逐求現世幸福而可知。哲學雖代宗教而興，但最流行底是功利思想之哲學，如所謂樂利主義，幸福主義，以至後來之工具主義，實用主義等皆是。其必要確立個人自由，保障個人權利，正為劃清各自欲望活動分限，而得遂其活動。講經濟，則從欲望以出發。講法律則以權益為本位。論到政治，則不過求公私欲望之滿足。總之，人生以欲望為本，而運用理智，計算得失而已。其不同於中古者，只在以利害代罪福，以法律代教誡。然利害觀念和罪福觀念原屬一條脈路，變而未變；對於義利是非，向上一念，豈不依然缺乏？中國民族精神如第七章講，正是「向上之心強，相與之情厚」；彼此理性長短，此其可見者三。

（四）中國人好講禮，乃於各宗教不復沾滯在其特殊名象，具體儀文，表面關係等，而理會其道理。每有人想把各大宗教融合溝通，在昔則有所謂「三教同源」，在今則有所謂「五教合一」。其他類此者甚多。他們總喜歡說：教雖不同，其理則一。此固不免儱侗可笑；然正見其是直接地信理，間接地信教。即此抽象理解力，可為其理性發達之徵。但理性發達，並不足補救其短於理智。許多幼稚可笑之迷信，依然可流行於讀書人之間。反之，在西洋雖不能以道德代宗教，卻可有科學以代迷信。兩方互有短長，此其可見者四。

（五）講理與鬥力，二者至不相容。中國人在相爭之兩造間，若一方先動武，旁觀者即不直其所為；雖於本來有理者，亦然。因情理必從容講論而後明，一動武即不講理；不講理，即為最大不是。此恥於用暴之美德，外國有識之士如羅素曾深致歎服：

世有不屑於戰爭 Too proud to fight 之民族乎？中國人是已。中國人天然態度，寬容友愛，以禮待人，亦望人以禮答之。道德上之品行，爲中國人所特長。（中略）如此品性之中，余以其「心平氣和」Pacific temper最爲可貴。所謂心平氣和者，以公理而非以武力解決是已。（羅素中國之問題第一九二頁中華書局出版）

羅素此歎正是自悟其西洋之短。往古文化淺之人，衝動強而理性短，於彼此相爭之際，不能論辯以明其是非，輒以鬥力決曲直。此風在歐洲直至近代初期猶未盡除；既行於私人彼此之間，亦且行於公衆。看甄克斯社會通詮，便可曉得前引其所敍舊時選舉競爭之事，即其一例。在他書中說：

勝者得之，負者噤若。

兩造相持，得請一鬥爲決；雖或曲勝直敗，無後言。

這正合了 Might is right「有力者就是有理」那句話。文明既進，血鬥似不復見；然而工業上勞資之兩方，此以罷工爲手段，彼以閉廠爲武器，依然是不決於理而決於力，以勝負定是非。風氣移人，今日中國少年口裏筆下亦愛用鬥爭一詞，完全模仿布爾塞維克而來，北伐以前猶未見也。中西理性長短，此其可見者五。

以上五點雖云未盡，可得其大要。但假如我們想指出西洋在理性上有優於中國之處，卻亦有一點可指。那就是他們理性雖淺，卻是隨着其社會形勢之開展而次第開發，并不像我們是早熟底。早熟底、常常嚮向雖明，而事實多有不逮；常常只見於少數人之間，而不能普遍於社會，尤其缺乏客觀保證，不免於反覆。次第開發者，從事到理，心隨身來，穩實可靠，便不致如此。關於此方早熟之爲病，向下續有說明。

三　陷於盤旋不進

前講中國循環於一治一亂而無革命，源於產業革命之不見（第十一章）；現在又可看出產業革命之不見，源於無科學。蓋從心思上之中西分途，其文化之後果便全然兩樣。中國雖於其途尚未大分之時，有科學之萌芽；而當其途既分之後，科學卒以夭折，不能再有。同時，既專以修己安人爲學問，而農工商業一切技術則不入於學問，被劃出於勞心者注意圈外。學術研究之題材既隘，又以不易捉摸之生命爲對象，遂盤旋而不得進。同時，農工商諸業得不到學術研究以推動之，亦不能有進步。此兩者以分離而同蹈絕境，中國人在人生第一問題上乃留滯於產業革命以前。

試更取西洋對照作表以明之——

（表列次頁）

西洋	中國
心思偏於理智。	心思偏於理性。
滿眼所見皆物，不免以對物者對人。	忽失於物，而看重人。
科學大爲發達。	科學不得成就。
科學研究與農工商諸般事業相通，相結合。	把農工商業劃出學術圈外。
學術研究促進了農工商業，農工商業引發了學術研究，學術與經濟二者循環推動，一致向大自然進攻。於是西洋人在人生第一問題上乃進步如飛，在人類第一期文化上乃大有成就，到今天已將近完成，	學術研究留滯於所到地步，農工生產一般經濟亦留滯於所到地步；而且學術思想與社會經濟有隔絕之勢，鮮相助之益，又以加重其不前進。於是中國人在人生第一問題上陷於盤旋狀態，在人類第一期文化上成就甚淺，且無完成之望。

所謂學術思想與社會經濟有隔絕之勢鮮相助之益者，例如兩漢經學，魏晉清談，宋明理學，以及後來之考據，詞章那一樣不如此？而此外像是倫理化底經濟、倫理化底政治、向裏用力底人生、又何莫非使中國人在第一問題上不得前進之有力因素？前在第十一章講產業革命所以不見於中國那一段，已曾數說過；請參看前文，今不重複。前前後後各種因素加起來，就使得中國人在第一問題上不能前進，決定而又決定。然試檢看這許多因素究從何來？則又莫不來自一個根本點：理性早啓，引入了人生第二問題和第二態度，若將向於人類第二期文化而前進，便消極擱置了第一，積極遏阻了第一。

那麼，就要問：不能成就第一，是否能成就第二呢？第一路通不過了，第二路可不可以通呢？不能行。第二問題是理性的問題；第二態度是理性的態度；第二期文化是人類理性充分展開之文化。本書從八章便講過「理性要從階級來」之理，其後續有闡明。然而中國自封建解體，化階級爲職業那時起，把這作爲人類進達理性之階梯底階級却折散了，即再無辦法。所有周孔以來早啓之理性，其表現與成就只得「納人羣於倫倫」，「化階級爲職業」，「融國家於社會」……這些，不能再多。這些只可算是第二期文化一點影子；缺乏經濟進步，實無望其完成第二期文化。上章曾細剖「心隨身來，身先而心後」，第二期文化必以第一期文化爲其基礎，種種道理，讀者回看前文，自可明白，此不多說。

那麼，再問：第二路不通，是否可以回復到第一路去呢？這亦不能。第二回到第一，那就是由理性又退回到身體，向外用力又代向裏用力而起。這在人的生命上便是退墜，並不能復其從身體發軔之初；在中國歷史上便是逆轉，亦不能再回到沒有經過理性陶冶那樣。換言之這只是由成而毀而已。讀者試回看第九章所論「逆轉於封建」，第十一章所講「週期性底亂」，就可明白，此不多說。

前進不能，後退不可，只有盤旋。蓋生命現象中固無停住不動之事。中國歷史上一治一亂，固然是盤旋；凡其一切不進者，若經濟若學術亦都是在盤旋。此爲人類文化一奇蹟！舊著於此早有點明：

他再不能回頭補走第一路（西洋之路）、亦不能往下去走第三路（印度之路）；假使沒有外力進門，環境不變，他會要長此終古！

（上略）從此簡直沒有辦法，不痛不癢，眞是一個無可指名的大病！（以上並見東西文化及其哲學第二〇三頁）

中國近百年社會，單從經濟上看，無疑是介於封建社會資本社會之間底。固然它亦許是正在過渡——從封建到資本之過渡。但爲什麼老在過渡，而總渡不過來呢？不肯在封建資本之外建立第三方式者、不能解答這問題而受窘，即建立第三方式者（如李季建立「前資本主義生產方式」之說）依然窘於解答。這都是把盤旋不進，誤認爲進步慢，昧於特殊爲常態。於唯物史觀不能善爲理會而固執之，以自陷於不通。

我在另一舊著文指出其所以盤旋之故在交相牽掣——

照此社會形勢，的確有使人走入人生第二態度之必要。但人能不能應於此必要而走去，固未易言。在這裏至少有兩層問題：一層是人生落於第一態度則易易，進於第二態度則較難（中略）。一層是第二態度固於此時有必要，而第一態度於此時亦同有其必要。蓋從人與人的關係（第二問題）以爲言，此時固以第二態度爲必要，而第一態度殆無所用之；——此其異於西洋社會者。然從人與物的關係（第一問題）以爲言則此時又以第一態度爲必要，而第二態度又殊不適用；——此其不異於西洋社會者。兩個必要交陳於前，兩個態度乃迭爲起伏交戰於衷；數千年中國人生所爲時形其兩相牽掣，自爲矛盾者此也。由上兩層問題，第二態度雖爲中國人所勉自振拔以赴之者，而有時失墜；數千年中國社會所爲一治一亂交替而疊此見者此也。（中國民族自救最後覺悟第八五頁）

（上略）知其既向別途（第二路）以進，則產業革命之不見，工業資本之不成，固有由矣。更究之，乃見其所遺之一途（第一路）固爲所遺而不進；其向別途之進者，亦卒有所限而止於其可能之度。而同時又還以此所牽不能復回於彼一途。彼此交相牽掣，是即絕境所由陷（下略）。（同前書第九五頁）

具體指出來，有職業而無階級，是社會而非國家，原爲人類所必至之一境。如從第一路貫澈下去，終可到達。卻是中國人不終循第一路，徑自折向第二路，化階級爲職業，融國家於社會。此未嘗不是邁進於第二期文化，但卒爲其第一路上成就尚淺之所限，勞心勞力不能合一；只能拆散階級而已，不能達到無階級。——所謂「止於其可能之度」一類指此。當其把勞心勞力作爲職業劃分之時，亦即是學術思想與社會經濟彼此隔絕之時，心思聰明乃只用於修己安人而不用於物質生產。此一面既因邁進於第二而第一路爲之耽誤；彼一面又因第一之不足，而第二路受到限制。欲復回於第一路，則此化階級爲職業者格於理性既遂（不許政治上有壟斷，不許經濟上有壟斷）而退不轉。欲在第二路上更進一步，則此別勞心於勞力者既無望其有合一之事實出現（生產技術大進）而進不得。——所謂「交相牽掣」一類指此。此類此交相牽掣之事尚多，留心體察，不難看見。以中國人智力之優越而無所遜，中國人數量之衆多而罕與比，自秦漢後經歷歲月又如此之長久，乃在文化上竟爾陳陳相因，詫不見有新機杼之開出；如果不是有此一種交相牽掣之形勢，消磨其智力於內，試問這些智力上那裏去了？只有此交相牽掣，不得自脫，其爲阻力乃最大也。

四　中國文化五大病

中國文化原只有一早熟之病，舊著曾設爲譬喻云：

好比一個人的心理發育，本當與其身體發育相應；或即謂心理當隨身體的發育而發育，亦無不可。但中國則彷彿一個聰明底孩子，身體發育未全，而智慧早開了。即由其智慧之早開，轉而抑阻其身體的發育，復由其身體發育之不健全，而智慧遂亦不得發育圓滿良好。（中國民族自救之最後覺悟第九六頁）

本病雖只有一個而表現之病象則有五。

（一）幼稚——中國文化實是一成熟了底文化，然而形態間又時或顯露幼稚。舉例言之，人與人之間的隸屬關係為封建社會之象徵者，在中國社會中卽未能免除。子女若為其尊親所屬有；婦人若為其丈夫所屬有。乃至主奴之分，許多地方亦且有之。中國雖已經不是宗法社會，不是封建社會，而總被人指目為宗法社會封建社會者，豈亦由此等處而來。其實它乃以走倫理情誼之路，既鮮西洋中古對於個人過分之壓制干涉，遂亦無西洋近世個人自由之確然奠立。不唯自由不曾確立而已，如我在上章所論，個人且將永不被發見。這樣就讓宗法底封建底形跡有些遺留下來，沒有剗除。再如有不少幼稚可笑底迷信流行在民間，似亦為文化幼稚之徵。其實中國古人遠在二三千年前，頭腦思想之開明有非任何民族所及。神話與迷信比任何地方都少。但為它不走科學一條路，對於大自然界缺乏考驗，沒有確實知識之產生，就讓這許多幼稚迷信遺留下來，未及剗除。其他事例尚多，不備舉。總起來說：骨子裏文化並不幼稚底中國，却有其幼稚之處；特別在外形上為然。流俗認病不真，卽執此以為中國是幼稚落後。其實中國若單純是一尚未進步底社會，那問題不早簡單容易解決，沒有今天這麼麻煩了嗎？

（二）老衰——中國文化本來極富生趣，比任何社會有過之無不及；但無奈歷史太久，傳到後來，生趣漸薄。此卽所謂老衰了。譬如騎脚踏車，初學亟須用心費力左右照顧。習慣成熟，便抽出其中自覺心，而動作機械化。必要這樣機械化，才騰出心力來向更高階段用去，如騎在車上玩許多巧妙花樣把戲等。社會亦復如是。常將許多合於需用之事保留傳習，成爲習俗制度。自一面說，這於社會生活極有方便，是很好。但另一面又因其變得機械僵固，積重難返，而不好。中國文化一無錮蔽之宗教，二無剛硬之法律，而極盡人情，蔚成禮俗；其社會的組織及秩序原是極鬆軟靈活底。然以日久慢慢機械化之故，其錮蔽不通竟不亞於宗教，其剛硬冷酷或有過於法律。民國七八年間新思潮起來，詛咒爲「吃人的禮教」，正爲此。舉例言之，如一個爲子要孝，一個爲婦要貞，從原初親切自發的行爲而言，實爲人類極高精神，誰亦不能非議。但後來社會上因其很合需要，就爲人所獎勵而傳播發展，變爲一種維持社會秩序的手段了。原初精神意義浸失，而落於機械化形式化，枯無趣味。同時復變得頑固強硬，在社會上幾乎不許商量，不許懷疑，不許稍爲觸犯。觸犯了，社會就予以嚴厲之壓迫制裁。此時一遇西洋新風氣的啓發，自非遭到厭棄反抗不可。厭棄就是因爲領會不到它的意味；反抗就是不甘服這種強性壓迫。假使在當初中國文化方興，禮俗初成，意趣猶新，自覺未失，則斷不會有此。所以其病完全在老衰這點上。

（三）不落實——西洋文化從身體出發，很合於現實。中國文化有些從心發出來，便不免理想多過事實，有不落實之病。何謂現實？何謂理想？現實不外兩個字：一是利益之利；又一是力量之力。力量所以求得利益，利益所以培養力量。二者循環發展，可通爲一。從身體出發者，所務正在此。是故西洋文化爲現實之路。反之，若一騖乎理性要求，而不照顧到此，那就是理想了。從心發出的中國文化——中國之社會人生——就恆不免這樣（註七）。慈，孝，仁義，最初皆不外一種理性要求；形著而為禮俗。仍不過示人以理想之所尚。然中國人竟爾以此為其社會組織秩序之所寄，缺乏明確之客觀標準。此即其不落實之本。例如政治制度，在它即為其禮之一部。說它是專制與說它是民主、同樣不恰當。它固不會以民主為禮，又何曾以專制為禮？事實上亦許不免於專制；然而那非它本意。從其本意表現得很好之時，便具有高度之理性；不過不甚多見。前曾說中國社會秩序恆自爾維持，若無假乎強制之力；那確有其事，有非西洋社會所能夢見。但治世少而亂世多。像西歐國家可以近二百年無內亂者。又非我們所能夢見了。談中國文化總不能以其亂世作代表，而要舉其治道治世來說。但這樣說，又嫌理想有餘，事實不足。又我常說：中國之民主存於理（理念）；西洋之民主存於勢（形勢）。存於理者，其理雖見，其勢未成；縱然高明，不能落實。存於勢者，其勢既成，其理斯顯；雖或了無深義，卻較穩實。這就為西洋是從現實（利與力）中發展出理性來底。而中國人卻諱言力，恥言利；利與力均不得其發展。離現實而還理想。卒之，理想自理想，現實自現實，終古為一不落實底文化。

（四）落於消極亦再沒有前途——與其不落實之病相連者，尚有一病，就是落於消極。政治為力之事；然而不獨為力之事；沒有一點理性是不行底。經濟為利之事，然而不獨為利之事；亦恆必有理性在其間。總之，凡是人的事缺不了理性，只是理性多少問題。人類文化漸高，原是利，力，理三者循環並進。然人的理性日啓，則利與力的地位隨以遞降；這是一面。又一面，利發達了，人之所需無不給，則利亦不足重；力發達了，人人有力，則亦難以力服人。末後經濟上完成社會主義，政治上完成民主主義，那便是利、力、理三者同增并富，而理性居於最高，以決定一切。西洋循現實之路以進，自能漸次達此一境；其文化都是積極底。中國理性早啓，以晉其利於倫理，而經濟不發達——經濟消極，失其應有之發展進步；以隱其力於倫理，而政治不發達——政治消極，失其應有之發展進步。它似乎是積極於理，而不積極於利與力；然理固不能舍利與力而有什麼表現。卒之，理亦同一無從而積極，只有敷衍現狀。一切遠大理想均不能不放棄。中國文化多見有消極氣味者以此。同時，它亦再沒有什麼前途。

（五）曖昧而不明爽——以中國文化與其他文化——頗如西洋文化——相對照，令人特有「看不清楚」「疑莫能明」之感。例如在宗教問題上，西洋有宗教，是很明白底；中國卻像有，又像缺乏，又像很多。又如在自由問題上，西洋人古時沒有自由，就是沒有自由；近世以來有自由，就是有自由，明朗而確實。中國人於此，既像有，又像沒有，又像自由太多。其他如：是國家，非國家？有階級，無階級？是封建，非封建？是宗法，非宗法？民主不民主？……一切一切在西洋皆易得辨認，而在中國則任何一問題可累數十百萬言而討論不完。這一面是其內容至高與至低混雜而並存；一面是其歷史時進又時退，往復而不定。蓋曖昧不明之病，與其一成不變之局，原爲一事而不可分。

（註一）張著：知識與文化，商務書館出版。此見原書第三編之第二第三各章，及附錄之一、二、三、四各篇。附錄各篇尤重要。

（註二）舊著云：雖然書是上面有許多關於某一項某一項（經濟，政治等）的思想道理，但都是不成片段缺乏系統底。而且這些思想道理多是爲着應用而發，不設應用底純粹知識簡直沒有。這句句都帶應用意味底道理，只是術，算不得是學。凡中國學問大半是術非學，或學術不分。離開農政和園藝沒有植物學，離開醫經和治病的方書沒有病理學，更沒有什麽生理學解剖學等等。（中略）此其結果，學固然沒有了，術亦不得發達。因爲術都是從學產生出來底。——見東西文化及其哲學第二六——三一頁。

（註三）張蔭麟教授論文，有云：過去中西文化一個根本差異是：中國人對實際活動的興趣遠在其對純粹活動的興趣之上。在中國人的意識價值裏，實際價值壓倒了觀見的價值。——原文見思想與時代月刊第十一期。

（註四）在西洋，人與自然彷佛分離對立；在中國，則人與自然融合。杜威博士在北京大學講演曾言之。又魯迅壁下譯叢譯廚川白村「東西人之自然詩觀」，論之最詳。張東蓀先生近著「民主主義與社會主義」中說：自然界的獨立分出是西洋文化上一大特色，一大貢獻。亦是此意。中外學者言之者尚多，不備舉。

（註五）民國九年杜威博士來華，在北京大學哲學研究會上講演，特致此意。當時張申府曾擬譯為「天人合一」，似亦未善。

（註六）羅素著中國之問題第三五頁及第一八九頁。

（註七）張東蓀先生近著民主主義與社會主義一書第十七頁，有下面一段話：

歐人自由主義開始於反抗不自由。例如英國一二一五年所謂「大憲章」亦僅立若干項事，都是當時的實在情形。又一六八九年之「人權法典」，亦只是歷舉若干件君主侵犯議會的事情，以禁其再犯。我寫到此，忽感覺中國的情形恰與西方相反。西方是從實際上把一件一件侵犯自由的事實打消了，頂回去了，然後乃實現抽象的自由之全義。中國自辛亥以來即是由在上者先自己宣布一抽象的自由憲法，而實際上却依然一件一件來破壞人民的自由。

張先生指點在西洋抽象之理念為後出，而中國恰與之相反，自然很對。其僅舉辛亥以來為例，蓋猶未悟西洋文化是從身體出發，而中國却從心發出來，一則從事到理，理念在後，一則從理到事，理念在先。彼此原來不同也。

第十四章 結論

一 討究特徵之總結

第一章列舉中國文化十四特徵，經過許多討究到現在，約可結束。歸根結蒂，一切一切，總不外理性早啓文化早熟一個問題而已。茲就各章所論究，貫串起來以明之。——

（一）很顯然地，其中第十二特徵所謂「無兵底文化」，是源於第十一特徵「不像國家」而來。第九章具有解答，可不煩多論。

（二）而中國之所以不像國家，則爲其融國家於社會了。——此亦見第九章。設更問其如何竟可把國家消融於社會呢？第一層是因爲：家族生活，集團生活同爲最早人羣所固有；而中國人濅濅家族生活偏勝，與西洋人之集團生活偏勝者，恰各走一路。從集團生活一路走去，即成國家；從家族生活一路走去，却只是社會。第三第四兩章即係論證此義。然而其社會生活若僅止於爲一種家族生活，或其社會不外一家族本位底社會，則既不能強，尤不能大，缺點甚多，必將無以自存於競爭之世。換言之，在天演淘汰中最能見優勝者應該是強且大之集團。中國人缺乏集團生活不難；難在其缺乏集團組織而竟能長久存活，不被淘汰。相反地，他並且能有極大之發展。此誠何故？於是繼第一層之後，就要說出第二層。第二層是因爲理性早啓，周孔教化發生，使古代一般之宗法制度轉化爲吾人特有之倫理組織，以倫理本位代替家族本位。倫理始於家族，而不止於家族，規模宏遠，意識超曠，精神大爲提高。家族本位社會是不能存在到今天底；倫理本位社會却前途遠大的很。凡此均詳見於第五六兩章。然中國與西洋分途雖早，而在早期還不能分得甚明。周孔教化發生於封建之世；那時還像國家。戰國七雄一面更像國家，却一面亦正是國家要被消融之始。必到周孔教化收功結果之時，封建既已解消，階級化爲職業，國家永被涵容於社會。此看第八第九兩章可以曉得。

（三）就在解答中國所以不像國家之時，便亦同時解答了中國人的家之所以重要——第七特徵。蓋正唯其是從家人父子兄弟之情放大以成之倫理社會，所以不成階級統治之地緣國家。又正唯其缺乏集團組織以爲其生活之所依靠，乃不得不依靠於倫理作始之家族親戚。除上面所說幾章外，其在前之第二章在後之第十章亦皆所以解答此問題，參看自得。

（四）近代西洋之所謂民主，要在其人對國家有參政權，有自由權。這是在集團生活中個人地位提高之結果。所以中國之缺乏民主——第九特徵——乃是從缺乏集團，不像國家而來，不可誤作壓力太強之沒有民主看。此其理，具詳於第十二章。

（五）集團生活與家族生活，此重則彼輕，彼鬆則此緊，二者不可得兼。像在中國那樣家人父子情誼之重，西洋人沒有；像在西洋那樣國民對國家觀念之明強，中國亦沒有。然中國西洋在此之所以分途，却端爲周孔教化與基督教之相異。故我鄭重指出宗教問題爲中西文化之分水嶺；——以上見第三、四、五、六各章。一般說來，文化都是以宗教作中心而發展，中國獨否。——中國文化第六特徵，宗教乃被非宗教底周孔教化所代替。宗教乃爲感情之事，不出於理智，抑且頗遠於理智。周孔教化自亦不出於理智，而以感情爲其根本；但卻不違於理智——此即所謂理性。理性不外乎人情；而宗教感情卻總見其激越偏至，有時不近人情。因此周孔讚美人生，敦篤人倫，與宗教之傾向出世，常要離棄家庭者，就剛好相反。宗教之動人，恆在其不平常；而周孔之教化則於平易切近之中深有至理，不必動人而人自不能出。當其代替宗教位居中國文化中心而爲之主的時候，我們就說它是以道德代宗教了。——見第六章，第六章蓋一面說明了第六特徵「缺乏宗教」，又一面說明了第十特徵「道德氣氛特重」。

（六）西洋中古社會靠宗教，近代社會靠法律。而中國社會如吾人所見，卻是以道德代宗教，以禮俗代法律。此即是說：在文化比較上西洋走宗教法律之路，中國走道德禮俗之路。宗教自來爲集團形成之本，而集團內部組織秩序之釐定，即是法律。所以宗教與法律是相聯底。道德之異乎宗教者，在其以自覺自律爲本，而非秉受教誡於神。禮俗之異乎法律者，亦在其慢慢由社會自然演成，而非強加制定於國家。其間精神正是一貫底。中國古人之迥出尋常者，卽在其有見於人心之淸明正直，而信賴人自己。所謂一貫精神非他，卽是倚乎自力而非如西洋之必倚乎他力。我所云理性早啓者，正指此點。——凡此請看第六七及第十一、十二各章。唯理性爲道德在人類生命中之眞根據，故第十特徵之確切解答應在此。

（七）云何爲自覺自律？好好惡惡而心中了了，是曰自覺；基於自覺而行吾所好，別無所爲，是曰自律。如我好公平而惡不公平，我本此而行，非屈於力或誘於利而然，亦不因屈於力或誘於利而改，卽是其例。說理性，卽指自覺自律之條理天成而言；說無對，卽指自覺自律之渾然不二而言。道德根於理性無對而來，爲人類生命之最高表現。卻不料中國古人直欲將社會秩序依託於此，而不倚政刑（註一）。有如孟子所說「無爲其所不爲，無欲其所不欲」，其信賴人而愛人，愛人而信賴人，曠觀世界誠所未有。由此端萌開展去，三千年來中國文化遂以大異於他方。他方文化發展總不出乎力與利之間：以力量求得利益，利益則培養拓大其力量；力量又求利益，利益又培大其力量。如是循環推進不已，利與力二者互通爲一。蓋從生物之生存發展以來，原不外此一回事。人類文化最初從身體出發，正亦莫能外也。所謂中國之大異於他方者，第一表現在政治消極上，其次表現在經濟消極上。——

表現在政治上者，卽缺乏集團，不像國家，根本消極於政治，不向此方面發展。此何以故？集團生於鬬爭，國家起自武力。政治一事正要從「力爭」上了解才得。中國人雖然亦跳不出利與力之循環圈，而不能無事於力。但它卻於人身之外直揭出人心來，每在有對之中表現無對，遂使政治力學上驟亂其例。這在遠古至戰國以前，即是階級不甚凝固，缺乏封畛；在戰國以後至清季，即是化階級為職業，以相安代統治。所有近兩千年來之循環於一治一亂而無革命，政治永無進步，蓋在此。——請參看第九、十、十一、十二、十三各章。

表現在經濟上者，即農工商業一切不入於學問（士人不講求這些），學術思想與社會經濟有隔絕之勢，鮮相助之益。二千年經濟上停滯不進之直接原因在此。——說見第十一章。然其間接原因，卻更具有決定性。此即科學在中國之夭折無成。科學何以無成？科學在人類生命中之根據是理智，而道德在人類生命中之根據則是理性。道德與科學不衝突，理性與理智更無悖；然理性早熟卻掩蔽了理智而不得申。——說見第十三章。

於此可以看出前所列第五特徵「文化盤旋不進，社會歷久鮮變」，及第八特徵「缺乏科學」，其關鍵皆在道德之代宗教而起太早。一般說，文化都是以宗教開端，並依宗教作中心而發展；道德視宗教遂為晚出；而此獨不然。此其所以為人類文化之早熟。

第一章所列舉十四特徵中，第五至第十二之八點，曾在本書各章予以討究者，已為貫串如上。還有其後之第十三第十四，其前之第一至第四各點，書中論究未及；但這裏卻已不難把它、亦貫串起來。——

（八）說中國文化是「孝的文化」，自是沒錯。此不唯中國人的孝道，世界聞名，色采最顯；抑且從下列各係看出它原爲此一文化的根荄所在：一，中國文化自家族生活衍來，而非衍自集團。親子關係爲家族生活核心，「孝」字正爲其文化所尙之扼要點出。它恰表明了其文化上之非宗教主義；——因宗教總是反對這種家族感情底（見第四章）。它恰表明了其文化上之非國家主義；——因國家都要排斥這種家族關係底。中國法家如商鞅韓非皆曾指斥孝友之違反國家利益（註二）。二，另一面說，中國文化又與西洋近代之個人本位自我中心者相反。倫理處處是一種尙情無我的精神，而此精神卻自然必以孝弟爲核心而輻射以出。三，中國社會秩序靠禮俗，不像西洋之靠法律。靠法律者，要在權利義務淸淸楚楚，互不相擾。靠禮俗者，卻只是要厚風俗。在民風淳厚之中，自然彼此好好相處。而人情厚薄，第一便於家人父子之間驗之。此其所以國家用人亦要舉「孝廉」也。又道德爲禮俗之本，而一切道德又莫不可從孝引申發揮，如孝經所說那樣。

（九）說隱士是中國文化一種特色，亦沒有錯（惜蔣著對隱士缺乏了解）。一般高人隱士蹤著之共同點有三：第一在政治上，便是天子不得而臣，諸侯不得而友，雖再三禮請亦不出來。試問這是任何一封建國家專制國家所能有底嗎？就是資產憲政國家，無產專政國家，或任何國家亦不能有。唯獨不成國家底這鬆散社會如中國，才得出現這種人物。不但出現，而且歷代都很多，在歷史傳記上佔一位置，在社會輿情上有其評價。第二在經濟上，便是淡泊自甘，不務財利，恰爲宗教禁欲生活與近代西洋人慾望本位之一中間型。他們雖不足以影響中國經濟之不進步，卻爲中國經濟難於進步之一象徵。第三在生活態度上，便是愛好自然而親近自然。如我前所說，對自然界只曉得欣賞忘機，而怠於考驗控制。如西哲所譽，善於融合於自然之中，而不與自然劃分對抗。其結果便是使藝術造乎妙境高境，而不能成就科學。

（十）第一至第十特徵可併作一箇問題來說。第一特徵廣土衆民一大單位之形成，如上來各章（特如第十章）所論證，它原是基於文化的統一而政治的統一隨之以天下而兼國家底。其內部蓋以倫理相安代階級統治，人緣重於地緣，而攝法律於禮俗，融國家於社會。質言之，其所由拓大到如此之大，非靠武力而靠文化。這是與第二特徵第三特徵既相互關聯，又互資證明底。第二特徵在此廣大地面同時并存之許多部落種族，除天演淘汰之外，卒能融爲一大民族而泯忘其不同者，即由其文化所具有之同化力特強，而別無其他故可指。第三特徵歷史所以綿長不絕者，要在其民族生命文化生命能不遽亡於一時武力之摧敗，而每有以復興。當他統治了異族時，固常能使其同化融合於自己——不獨以武力取之，且以文化取之，就在他被統治於異族時，由於異族每要用他的文化來統治他之故，卒亦使其同化融合於自己——先失敗於武力，終制勝於文化。蓋唯其長久，故不難於大；亦唯其大，故不難於長久。此兩特徵又皆以第二特徵對異族之同化融合爲其本，而一貫乎三大特徵之中者，實爲其文化之優越。所謂一箇問題即中國文化所優越者果何在之問題。如第四特徵所指出，明見其非以知識擅長，非以經濟擅長，非以政治軍事擅長（甚且毋寧說他皆短於此），而又明見其所由成就必有一偉大力量在；此力量究爲何種力量？

爲要深刻認識中國偉大的出奇，還須取印度西洋來相對照。印度與中國同爲有名之古老文化區，同樣地廣人多。但兩方情形卻絕然相反。在中國區內，有此融合無間之一大民族，在印度區內，其人卻陸離龐雜，隔閡紛歧，說之不盡。宗教相仇視之外，又益以種族成見，俗禁通婚，長時各保其血統個性，更加以社會階級Caste分別至二千以上，眞乃極支離破碎之大觀。又語言不同，多至二百餘種；舉其重要者（使用之者均在五百萬人以上），亦有十四種。因此逼着其知識份子今天在教育上及交際上只可借用其精神上本無關係之英語。其爲遺憾，可想而知。所以伯爾拿約瑟 Bernard Joseph 著「民族論」（註三）說「欲研究印度者第一應知之事，就是印度實不成爲印度（沒有一印度民族）」。並且說「雖歐洲全洲亦無此離奇複雜」。然而在他書中論到中國人（蒙藏等在外），卻大稱道其文化之統一，民族之渾整。在這裏宗教雖云有儒、釋、道、種種，卻能不相妨礙，或且相輔而行。種族上若追源溯流，自有甚多不同；而今則都已渾忘。方言雖不免有殊，而「官話」一大體通行。尤其文字是完全統一底。所有其歷史、文學、禮俗、信念，即藉此種文字典籍以傳布全國，直接間接陶養了每一中國人的意識和感情。所以遠從江浙到甘肅，或者像東北到雲南之遙遠，而其人還是那樣底沒有隔閡。若是他們在外國相遇，更親切如一家人。似此同化融合三萬萬以上近四萬萬人爲一大民族之一事，印度固夢想不到，西洋亦夢想不到；在西洋雖不同印度那樣破碎，而仍復有一種與中國相反之情勢。中國總是化異爲同，自分而合，末後化合出此偉大局面來，數千年趨勢甚明。西洋卻不盡然。寧見其由合而分，好係務於分而不務於合。中古西歐基督教文化統一之天下，分裂而為近世各民族國家，即其顯例。雖近代國家之形成，其間亦盡有併攏糅合之可見，而每每仍難相處，更難於同化。試看比利時卒必分於荷蘭，挪威卒必分於瑞典，愛爾蘭卒必分於英國，……。民族自決之呼聲不絕於耳。一度大戰之後，輒有許多小國家出現，或者復國。總因為他們合起來似甚勉強？必分乃得安。假如去就一任其自然，則此與中國人口面積相埒之歐洲，其間將分劃為若干民族單位，實非吾儕謭陋所能算計。反之，在我們卻是合甚自然，分之則不安。此與歐洲人口面積相埒之一大單位，假如要分，幾不知從何分起。

更有一事值得附此一說：猶太人的民族個性最強，世界有名。他們亡國後，流散四方，竟然仍保持其遺風故俗，數千年不改。但是他們雖然在任何國度內總不同化於人，獨來到中國卻不自覺地大為同化了。明清兩代居然有應試作官者。現在河南開封城內，俗稱「青囘囘」，又名「挑筋教」者就是他們。「中國幾乎是一切原則的例外」（西洋人恆為此語），真是不錯。

我們於是不能不問：這究竟是一種什麼力量？

對此問題，往者梁任公先生嘗予注意。今飲冰室合集存有「歷史上中國民族之觀察」一文，並附「史記匈奴傳戎狄名義考」及「春秋夷蠻戎狄表」，似皆早年所作。晚年又有「中國歷史上民族之研究」一文，指出中華民族同化諸異族所用程序共有七種，而其同化力所以特別發展者則有八。茲錄其八點如次——

一、我所宅者爲大平原，一主幹的文化系既立，則凡棲息此間者被其影響，受其涵蓋，難以別成風氣。

二、我所用者爲象形文字，諸族言語雖極複雜，然勢不能不以此種文字爲傳達思想之公用工具，故在同文之條件下，漸形成一不可分裂之大民族。

三、我族夙以平天下爲最高理想，非唯古代部落觀念在所鄙夷，即近代國家觀念亦甚淡泊，懷遠之教勝而排外之習少，故不以固有之民族自囿，而歡迎新份子之加入。

四、地廣人稀，能容各民族交互徙置；徙置之結果增加其交感化合作用。

五、我族愛和平，尊中庸，對於他族雜居者之習俗恆表相當尊重。「所謂因其風不易其俗，齊其政不易其宜」。坐是之故，能減殺他方之反抗運動；假以時日，同化自能奏效。

六、同姓不婚之信條甚堅強，血族婚姻既在所排斥，故與他族雜婚盛行，能促進彼我之同化。

七、我族經濟能力發展頗達高度，常能以其餘力向外進取，而新加入之份子亦於經濟上組織上同化。

八、武力上屢次失敗退嬰之結果，西北蠻族侵入我文化中樞地，自然爲我固有文化所薰育，漸變其質；一面則我文化中樞人數次南渡，挾固有文化以灌東南，故全境能爲等量之發展。

凡此所說，未嘗不是；但只說到邊緣，未能深入。再要向深處抉發才得明白。

中國文字爲其文化統一之一大助力，信乎不誣。此試與西洋文字比較對照，則事實自見。人類生命彼此相聯相通之具。原初在語言。衷懷情意由此而相通相融，經驗知識由此而逗合組織。然語言寄於聲音，聲音旋滅，不能達於異時異地。因又有寄於圖象符號之文字發生，以濟其窮而廣其用。顧西洋文字仍不外代表聲音，即是以文字附於語言而行。人之語言既各族各地不同，又且以異時而生變化，此附於語言之文字自亦因之而不同，因之而變化，所謂濟其窮廣其用者，實自爲有限。中古西歐文化統一之分裂於近代，即在各民族語言起來代替了公用之拉丁文。

其問題不外古今之變，古不通於今；異族之間，彼此不相襲。由土俗文學而引生民族情緒，因民族自覺而固守其傳統語文。其勢趨於分而不趨於合。後來東歐各地之紛紛民族自決者，亦悉依語言爲準；同爲斯拉夫族猶不相通，而各自爲謀。假使中國當初亦走此路，其結果恐怕亦差不多。要混東南西北之多族而爲一大民族如今日者，其事決不可能。但中文卻徑取圖象符號爲主，文字孳衍乃在形體。語言文字滲渡分別並行，初不以文字依附語言，而語言轉可收攝於文字。二者恆得維繫不甚相遠，今古之間即不甚難通。時間距離恍若爲之縮短，而字義寄於字形，異族異地不礙相襲（故遠如朝鮮，日本，安南等處亦都嘗採用中國文字，流傳中國典籍）。其結果遂使種族隔閡爲之洞穿，語言限制爲之超越。久而久之，一切同化渾忘。三四萬萬之衆，明明由東西南北多族之所合，卻覺共一歷史記憶，莫不自以爲黃帝子孫。

語言文字爲人類生命相聯相通之具，而彼此生命之聯通與否，卻不一定。且文字亦不過一截文化之具，而文化固不在此。文化統一之易得成功於中國，信有賴乎其文字；而文化之統一，卻首在其人生態度禮俗信念，次則在生活上之知識經驗方法技術，並不在文字上。中國四周圍那些鄰邦外族開化比較在後，大概沒有疑問。因此他們在生活之知識方法上，就一定要學中國。此為中國所以能同化他們之故，實不待言。但只在知識方法上模仿襲取仍不關事。如其風教不同，人生意趣不合，文化還是統一不了。尤必在情意上彼此能融洽相安，而後乃可共成一社會，合為一民族。——生命相聯相通指此。任公先生所提第三第五兩點，算是說到人生態度及彼此情意間了，可惜尚嫌膚淺。

試問：中國人有平天下的理想，外國人難道沒有？羅馬教廷之標名 Catholic 甚為明基督的襟懷原沒有國家在。然卒之國家觀念西洋人卻最強，而天下襟懷不足。可知單有理想不中用，要從人的生命深處有其根本不同者在，而後才行。這就是我所說：中國人發乎理性無對，而外國人卻總是從身體有對出發。——請看第十二章。唯其從根本上便有些不一樣，理想乃不徒為理想，而後態度真切恆久，自然著見於生活間，而發生影響。影響到社會結構，則階級不固而分解，及至倫理本位，職業分途的社會出現，中國遂以社會而代國家。國家是有對抗性底，社會則沒有。天下觀念於是而永奠，不同西方之僅見於一時。無對抗故無分裂，而只有愈來愈拓大。我民族之泱泱大國舉世莫比，與西洋小國林立者相較，正為文化植根深淺之有殊，明眼人當早見之。

然此根於理性而發育之文化，其同化力之所以特強，要必從兩面認識之：寬宏仁讓，與人相處易得融合如上所說者，只不過其一面；還有一面是其開明通達，沒有什麽迷信固執。迷於此者便與迷於彼者分家；凡自己有所固執，便無法與人合得來。此一定之理。中國自周孔以來，務於理性自覺而遠於宗教迷信；後世普通人亦於聖賢仙佛一例崇拜，直接地信理，間接地信教（見第十三章），皆最少固執。異族相對之間所以少有隔閡衝突，首先在此。同時在積極一面，更以人所自有之理性傾導人，人誰不歸之？凡此所云同化者，正不外使人有他自己，而非舍其自己以從我。其同化力所以爲強無比，正以此故。

我們知道人類得脫於古宗教之迷蔽，只是最近之事；何爲中國古人乃如此其早？此處不可輕忽看過。迷信生於畏懼與希求。古時人類迷信所以不可免，正爲其時多有自然災害而嗇於生活物資；人類生存時不免感受威脅，而知識學問顧甚不足。中國古人那時災害多少如何，物資豐嗇如何，以及其知識方面如何，是否皆大有異於他方，今日似乎都難以證明。想來或者亦差不多。那麽，其心思開明而少迷信，不能不說是奇蹟。我不能追原其故，使此奇蹟不奇。但我願指出：產生迷信底那些畏懼與希求，都從身體而來；無所怵誘於外，而平平正正，開明通達，卻是理性之本質。我說一般皆從身體出發，而中國獨理性早啓，於此又可回正其不謬。

仁厚一面，開明一面，皆其所以最能同化異族之故，自可無疑。然須知此兩面之所由表現者，還在其人生態度之正當適中。何謂正當適中之人生，實不好說得出。這只可從其不落於禁欲（例如西洋中古宗教），恣欲（西洋近代人生有此傾向）之兩偏言之。恣欲者不免陷在身體中，禁欲者似又違反乎身體。禁欲實從恣欲引起來底，而禁欲每又翻轉到恣欲。不論恣欲禁欲，要皆失去人類生命應有之和諧，而與大自然相對立。反之，得乎人類生命之和諧，而與大自然相融合，是即正當人生。仁厚有容，開明無執，皆不過其表現於外者。非宗教底文化之出現於中國古代，正爲其時有人體現了此種人生，體驗了此種人生。——這就是所謂聖人。他本乎此種人生以領導人，就有所謂周孔教化。異族之同化，即與我一同嚮往於此種人生；文化之統一，即統一於此種人生之嚮往。正當適中自不易談；而鄭重以事人生，不偏乎恣慾或禁欲，卻蔚成此土之風尚。——此土風尚所爲翹異於西洋迥別於印度者，唯在此。

當然不待說，此種人生態度不支不蔓近情近理，其本身就是最易使人同化底。更加以最利於傳送到異時異地之文字，其收效乃更大更神。配合上各種知識方法在當時之比較優越，軍事政治亦復不弱於人，此偉大出奇底局面不知不覺就成功了。前問：在知識，在經濟，在軍事政治，旣一一皆非中國所擅長，他究竟靠一種什麼力量而得成功？現在可以回答：這就是理性之力。

試再取印度西洋來對照以明之。前在第十二章曾指出，人類社會因文化發育進步而得發育成長，實有兩面：一面是屬身底，一面是屬心底。身體本是生存工具，人在圖生存中又不斷在身內身外創造許多工具（包知識技能而言）來用，使身體活動加大加強，以及更加靈便。由這些工具之發達，社會關係日益繁密，社會單位日益拓大。此即社會發育成長之屬於身底一面。西洋自產業革命以來到今天，其文化之進步特偏此一面，其社會之發育成長亦特偏此一面，顯然可見。唯其有此一面之成功，故其社會生活所表現者不像印度那樣支離破碎，而且亦能有偉大局面如不列顛聯合王國，如蘇維埃聯邦者之出現。但這些是國家而非民族，是政治上之聯合統一，而非文化上之融合不分。那即是說：其偉大局面之形成，寧從身來而不從心來，和我們不同，始終停留在產業革命前底我們，身體工具一面文化不發達，較之今天西洋落後何啻千里之遠。大部分鄉村猶不失自給經濟之面目，水陸交通勝於原始者不多；則以其固有種族之繁，山川之阻；豈有聯成一體之可能？然而竟有此一偉大局面之出現。而且此一大單位是文化上融合不分之民族，並不像他們只是政治上聯合統一之國家，隨時還有分裂可能。對照着見出我們的偉大，寧從心來而不從身來。此即是說：我們雖未能由工具發達，使人與人從經濟上密織起來，在政治上爲遠大之摶控，而實現社會之發育成長於身的一面；但我們卻因另一面文化之進步性，使人與人從彼此了解之增進而洞化，從彼此情意之款洽而融合，卒能實現社會之發育成長於心的一面。

人與人之間，從乎身則分則隔，從乎心則分而不隔。然卒以身之故，此不隔之心卻容易隔起來，故在文化上恆必有其相聯相通之道，而後人類乃得成社會而共生活。人類從最初有社會那天，便有宗教，就是爲此。凡宗教、道德、禮俗、法律一類東西，皆爲文化之屬心一面底。說心即指理性（見第十二章）。凡社會之發育成長，屬身一面底，皆由理智對物有進步；屬心一面底，皆由理性對人有進步。理智對物有進步，不外自然之物更爲人所控制利用，其表見則在種種工具之發達。理性對人有進步，不外那些歧見猜防褊心固陋——此多起於後天而存於羣與羣族與族之間——漸得化除，恢復其本來不隔之心；其表見則在宗教、道德、禮俗、法律之開偉明通。宗教是一怪東西，它一面涵有理性成分，一面又障蔽了理性；它方使人在此得相聯通，同時卻又使人在彼隔閡起來。上說那些歧見猜防褊心固陋，如其不盡出於宗教迷信，至少亦與宗教有關。在西洋，其文化所以不能統一，民族所以難於融合，至今歐洲卒必分若干單位而不止者，正為他們當初走宗教之路所不可免。而中國的好處，就在早早脫開宗教，創闢其非宗教底文化。所以論人口面積我與歐洲相埒，且他們經濟進步而我未能，他們交通發達而我未能，相形之下，人們在生活關係上自又大為疏遠，地面又顯得格外遼闊；卻是他們所不可得之融合統一，我先得到。此即中國文化雖未能以理智制勝於物，獨能以理性互通於人。他們儘管身近而心不近，我們雖則身遠而心不遠。更從中國西洋以看印度：印度宗教最盛最多（印度文明自有獨到在此），西洋所未有，莫論中國。因此中國式之社會發育成長，在印度不能有。同時它在身體對外發達種種工具一面，似尚不如中國，莫論西洋。因此西洋式之社會發育成長在印度又沒有。這兩面都沒有，自然難怪其社會陷於支離破碎之奇觀了。統起來可以說中國、西洋、印度之不同，其問題皆在宗教上。

社會之發育成長，身心兩面原自相關，因亦常相推相引而共進。但由於西洋是從身到心，中國是從心到身，中西卒各落於一偏，失其身心應有之配稱關係。西洋之失，從近代資本社會最易看出。一大工廠，一大公司，成千成萬之人在一起共生活；事實上互相依存，而人人各自營謀，彼此缺乏承認，缺乏了解。有如一架機器的各部分，誠然爲着一公共結果而在協作前進；但他們卻於此公共目的無認識無興趣。因其只是機械共處而非理性合作，所以不能按着公共目的而各自約束自己。相反地，有時且各爲自己而破壞了公共目的。整個西洋社會便是這樣機器式生活着，其間聯鎖關係多偏在身一面，而缺心爲適當配稱。杜威博士於其民本主義與教育一書，嘗論今日歐美雖不能不說是一進步底社會，但仍有其「不社會」之處，正爲此。現在逼着轉向社會主義，仍不外一機械力之逼迫，尚少悔悟於其理性之不足。今後如何亟從理性求補充，是其前途所切需。

表見在中國人之間者。好處是不隔閡，短處是不團結。西洋人與我相反：其好處是能團結，其短處是多隔閡。因此若在西洋，不隔閡就一定團結得很好，而中國卻不然。伯爾拿約瑟在其民族論既盛稱全中國的文化十分一致，卻又說中國人缺乏民族意識民族情緒，不算一眞正民族。此在西洋將不可解。何以其人文化都十分一致了，而其間還不曾有民族意識民族情緒存在？蓋民族意識民族情緒養成於團結對外，習於團結對外之西洋人，有時於文化不一致者猶不難團成一民族；不習於團結對外之中國人，儘文化如此統一，依然有不成民族之譏。證之於抗日戰爭，說中國人沒有民族意識或者太過。然中國人散漫無組織，家族識意鄉里意識每高於其國家意識民族意識，甚且出國在外猶所不免；其病不可謂不深。問其何爲而然？一句話回答，就是其社會在心一面之發育有餘，而身一面之發育不足。身體屬有對性。當社會從身體有對一面發育而成長，首先即依宗教以團結對外；繼此還是依於宗教進步而擴大團結（參看第三章）。末後可不依宗教，而還是不改其團結對外。西洋之路正如此；中國獨以理性早啓，於此頗有缺略。及至社會組織以倫理不以集團，其缺略乃更決定。其不隔閡即理性之表見；其不團結即缺身一面之發育以爲配合。這是很明白底。至於種種工具不發達，身體活動不能加大加强，經濟猶偏乎自給自足，政治傾向於消極無爲，使其人益形鬆散，幾若不甚相關，其爲社會在身一面發育不足之表見、又不待說。然儘它在這一面如此缺短，而另一面其融合統一之出奇偉大局面，你總否認不得；此即所謂在心一面之發育有餘了。

末後總結：中國的偉大非他，原只是人類理性的偉大。中國的缺欠，卻非理性的缺欠（理性無缺欠），而是理性早啓，文化早熟的缺欠。必明乎理性在人類生命中之位置，及其將如何漸次以得開發，而後乃於人類文化發展之全部歷程，庶得有所見。又必明乎中國之爲理性早啓文化早熟，而後於此文化不可解之謎乃無復疑滯，并洞見其利病得失之所在。所有中國文化之許多特徵（如上所舉乃至上所未齊者），其實不外一「文化早熟」之總特徵。這是從上論證到此，毫不含糊底結論。或問此早熟又由何來？早熟就是早熟，更無使之早熟者。西洋未曾早熟，卻又嫌熟得太晚。——其理性開發不能與其身一面之發育相配稱，偏此偏彼，中西互見，不得問其何爲而偏。豈獨中西有偏，世界各處文化所以表現種種不同者，正爲其發乎種種不同之偏差。必以其地理、種族、歷史等緣會不同言之，雖有可言者，究不足以盡。一切文化都是創新，不徒爲外緣之適應；愈偉大底文化愈不足。

二　民族性之所由成

如第一章所說，中國民族性爲研究中國文化一極好參攷佐證資料。玆於文化既大致討究有結論，應即取民族性互爲勘對印證。第在分就前所列舉十點（見第一章）數說之前，特對民族性之形成從根柢上一爲說明如次。——

近見雷海宗教授有「本能，理智與民族生命」一文（註四），特舉中英兩民族爲比較。大致說：現在世界上生存本能最強底是英國人；反之中國人則此本能衰弱到幾乎消滅的程度。爲理論而不計及其國家根本利害之人，除英國外，各國或多或少都有，而最多是中國。每每一主義或一制度，在西洋本有其具體內容，一移到中國就變質而成了純粹理論。既與過去歷史無關，亦與今日現實無涉，而許多人竟可爲此犧牲一切犧牲自己不算，並要犧牲國家。中國自與西洋接觸即犯此病，至今不改。在英國人殆不能想像這是如何一種心情。英國人本能強而不害其理智之高；理智高而不掩其本能之強。最奇怪底是中國人，理智不發達而本能卻如此衰頹。此其所論，於中英民族性之不同，可稱透澈。惜於人類生命猶了解不足。譬如雷先生文內說：理智是本能的工具而不是本能的主人。推動歷史，支配社會，控制人生底是本能，絕不是理智。理想家如果認此為憾，那亦是莫可奈何底。說理智是工具，是對底；但他沒曉得本能亦同是工具。理智一本靜觀，沒有好惡取捨，誠非歷史動力所在；但生物的本能到人類早已減弱；它又豈能推動歷史，支配社會，控制人生？此其缺欠實在不認識理性。二十七年前我亦還不認識理性，同意克魯泡特金道德出於本能之說，而不同意羅素本能、理智、靈性之分法（註五）。及至有悟於理性，理智之必須分開（詳第七章），而後恍然羅素之三分法為不易之論。——羅素所云靈性相當於我所謂理性。雷先生稱道英國民族生存本能強而其理智同時亦發達，沒有錯；指摘中國民族生存本能衰弱，而同時其理智不發達，亦沒有錯。錯就錯在他的二分法，又把本能理智二者看成有衝突處。雷先生原說一為主人，一為工具；主人與工具又豈有衝突者？顯然不對。再從中英兩實例上亦經證明其不對。照我的說法，本能理智動靜雖殊，同屬身體一面，而理智居於其頂點。——見第十三章。英國人所表見，明明是我說「從身體出發」之成功者。中國人的受病，則在雷先生所不及知之理性之早啓。為了便於說明，我再引另一位先生一段話：

中國人遇到一件事情，只考慮應該不應該，不考慮願意不願意。——這是幾個朋友閒聊天說底話。他們以前談什麼，我忽略了；只是這兩句深深被我聽進。因為它正搔着我眩惑底問題的核心。中國人作事情沒有精神，缺乏熱誠，就是因為只考慮到該作不該作，而不問其願作不願作。所以社會那麼多偽君子，而沒有異小人」。（中略）聖人簡直不教你意識到自已底存在——我旣不存在，我不曉得我還會不會感覺到其他事物的存在。（中略）我勸人要意識到自已的存在，以自已作出發點——我存在，主要地還是爲我自已存在我不是爲爲父親生兒子而存在。關於這一點，歐美人是比東方人高明因爲他們沒有像我們那麼多該不該底道德律。（中略）把人看着必須吃飯底動物，其實就夠了（註六）。

這段話正代表中國人理性早啓走出去太遠，現在要求返回到身體，到本能之一種呼聲。數千年來中國人的身體和本能從某點上看無疑是衰敗了。「倫理本位」與「自我中心」，「從理性發出」與「從身體出發」，不相協調在這裏顯得何等分明！使得中國人本能孱弱者是理性，尤其貌似理性底那些習慣。

理性，本能其好惡取捨盡有不同，而同屬人情。中國人所謂應該不應該，原非從外（宗教上帝）加於人者。正唯其離本能頗近，乃排斥了本能。從外加底，終會遭到反抗；其結果或強化了本能而非削弱之。請看中古以後之西洋人，豈非如此？但又不可誤會理性本能相衝突。人類生命因理智而得從生物本能中解放出來，一而其好惡之情乃不必隨附於本能；——這就是理性。一面其本能乃不足當工具之任，而必從後天求補充——這就是種種習慣在人類生活中一切莫非本能習慣之混合；純本能殆不可見。嚴格說，只有理性是主人；理智、本能、習慣皆工具。但理性不倫在個體生命或在社會生命，皆有待漸次開發。方其未開或開發不足之時，人的生活固依於本能習慣以行；乃至理性旣啓，亦還是隨着本能習慣之時爲多。除根本無好惡可言之理智，只會作工具，永不能作主人外，本能習慣蓋常常篡居理性之主位。所謂理性，本能不衝突者，當理性爲主，本能爲工具之時，理性的表現皆通過本能而表現，固無衝突；當本能篡居主位時理性不在，亦何有衝突？然理性雖其著見於好惡似與本能同，其內則清明自覺，外則從容安和，大有理智在，卻與本能不同。本能不離身體，理性卻遠於身體，恆若超軀殼甚至反軀殼。中國人理性早啓，久而久之，其本能當然不堪與英國人從身體出發者相較。從頭腦言之，則習尚於講理，而以應該代本心情願。從動作言之，自古雍容文雅之風尚既成，則多有貌似理性之動作習慣代替了本能反應。其本能與身體相借以俱弱消昭然在此。同時其理智不過隨其理性（一或貌似理性之習慣）而生作用，既非同英國人循身體作用進達其頂點那樣，且反而隨身體作用同受抑阻，當然就無從發達。

譬如西洋人以握手，接吻，擁抱爲禮；還有羣衆拍掌歡呼，把所歡迎之人高舉起來等等表情。中國人乍見直駭然退縮，感覺受不了。此即西洋之禮主於親愛，其情發乎身體，更要藉身體來表示；而中國之禮則主於敬讓，其情發乎理性，雖其表示亦不能無藉於身體，而溫文爾雅，含蓄有致，卻實在離身體很遠。其間如握手拍掌，今日中國人雖亦能模仿一二，可見人情本不相遠；而卒於擁抱接吻感覺受不了，是即其數千年來身體本能積漸萎弱之明徵。——在數千年前，對此固所不取，尚不致怯縮，有受不了之感。

然在身體本能積漸萎弱之後，中國人的理性亦就不行了。因爲生命渾整不可分，未有其身體本能既萎弱而理性猶健全者。今日底中國人，從某些地方看其理性尚不如西人人，卽爲此。前列民族性第八點，所云對人（如凌遲處死等酷刑）對牲畜之殘忍，最爲西人譏彈者，是其例。

大抵民族性所由成，有兩面：以上所論爲其可能遺傳遞衍之一面；還有一面則是後天習慣，主要因社會環境之刺激反應而形成。凡前所列中國民族性十點，一一皆可本此兩面以了解之。——

例如第四點「和平文弱」，其間即有出於遺傳與成於後天之兩面。成於後天者，主要在「集團與鬥爭相聯，散漫與和平相聯」，第十章特有分析，可不贅。然而對於他族之從身體出發者而說，此理性早啓之中國人根本上就是和平底，又不待其社會形勢散漫始然。由理性早啓馴至身體本能弱下來，是其所以文弱之本；而社會有許多貌似理性底習慣，尚文不尚武，自又爲其後天成因。第五點「知足自得」，一面是由理性早啓，生命得其和諧；又有一面是由此社會特殊構造之所鍛鍊，看第十章講「個人安於所遇」一段可以明白。第二點「勤儉」，當然是此職業分途底社會，政治上經濟上各機會均難保持不墜，而人人各有前途可求之自然結果（見第十章）。主要是得之於後天。但中國人精神上實用主義實利主義之傾向，卻好像是天生底理智冷靜不足（見第十三章）。第三點「愛講禮貌」，當然是此倫理本位底社會彼此尊重對方，相尚以敬讓之所演成。但其落於虛情客套，便屬前所云貌似理性底動作習慣，特別在後世身體本能既弱，理性隨以不足時爲最多。

第六點「守舊」，其少有冒險進取精神，一動不如一靜，自是身體本能萎弱之徵；但其所以必要守舊者，卻多決定於後天。一則爲秦漢後之中國，勢必循環於一治一亂，在社會構造上不能推陳出新。社會構造是文化的骨幹，骨幹不變動，其他附麗於骨幹者固亦無多大出入。即在此二千年因襲局面下，其守舊習慣遂以養成。再則爲古人智慧太高（理性早啓）文化上多所成就（文化早熟），以致一切今人所有，無非古人之遺；一切後人所作，不外前人之餘。後來人愈鑽研愈感覺古人偉大精深，怪不得他好古薄今。三則爲其學術走藝術之路，而不走科學之路。藝術尚天才，恃個人本領，不像科學那樣客觀憑準，從淺處一層一層建築起，總是後來者居上。而況中國人的稟賦既積漸而弱，後世難得古人那樣天才，其俗自必以古爲宗，異乎西洋科學之趨新，又是當然底。

第七點「馬虎籠侗，不求精確，不講數字」，往者李景漢先生在河北鄉村作社會調查，感觸最深，而日本人內山完造則於此特有了解。他指出中國人非有得多，不能說有；大部沒有，即可說無；而非有一箇便說有，一箇沒有，乃說無。後者爲模型底思考法；前者爲實物底思考法。後者徹底，前者不求徹底。後者爲理論底，文章底；前者爲實際生活底。因此他稱中國文化爲生活文化，與文章文化相對待（註七）。其所見已接近於前引張東蓀先生西洋有科學中國無科學由彼此心思 Mentolity 根本不同之說。蓋知識之道在分別明確，由身體對外靜觀而來。中國人則以理性早啓，理性與本能揉連牽混，其生命與大自然偏於融合相通；對外求知識之傾向乃大爲減退（具見第十三章）。至於其間後天之熏習漸染，自亦是有底。

第八點之「殘忍」已說於前。其堅忍（自己能忍耐至甚高之程度）則顯然爲向裏用力之人生（見第十章）訓練出來底。且不妨說堅忍亦足引致殘忍。第九點「韌性及彈性」，似可說即其生命上堅忍力養成之實際表見。這有許多事實曾引起西洋醫生，軍官，教士之驚奇，散見中外各書（註八），此不敘。唯地理學家沙學浚先生有「中華民族的氣候適應力」一文（註九），具有學術價值，略略引敘於此。據說各地方的氣候（寒煖濕燥），從其緯度的高低，距海的遠近，和地形高低等等因素以形成，全世界共可分爲十一個區。所有各區都可找到中國人的聚落。證明中國人的氣候適應力最強，更無他族可與相比。氣候適應力之含義，主要有兩點。（一）在如此氣候下依舊可以勞心勞力工作；（二）長久住下去有固定聚落，傳後代長子孫。譬如白種人在熱帶便難適應；而日本人則較怕冷，中國人竟自冷熱都可以行。俄國人雖有耐寒之稱，中國人耐起寒來比他還強。我們要問中國人何以這樣特別？論身體，中國人並不比他們更健壯；相反地，中國人的身體本能毋寧是較差。況且體育運動，衛生營養，又不講究。從先天稟賦到後天方法，均非優勝。如果你只把生命看作身體之事，當然就索解不得。但你如其知道身體不過一生活工具，生命初不局限於此，而源泉深遠，那麼，你於中國人的長處將亦不難有認識。中國人的長處無他，只在其能從生命更深源泉處取給活力，便不像西洋人那樣淺而易竭。人類自身體本能中大得解放後，其生命主要已不在身而在心。心是什麼？前曾說「生命充實那些間底容隙，而自顯其用，是爲心」（見第七章）。不過心不一直對外，還是要通過官體其用始顯。中國人氣候適應力之強，不強於身而強於心，猶惜其身不夠健全，否則將表現更好。西洋人之所以不逮，非緣其外面工具（身體及方法）不夠，而是其裏面容積不夠，以致沒有迴旋餘地。雖韌性及彈性包含甚廣，此第就其一端而言其理。然大體說，其他一切亦無不根本在此。蓋西洋人多向外作理會而發達了工具；中國人多向裏作理會而減省了生命。論工具，中國不如西洋，論生命，西洋又不如中國。此其大較也。

第十點「圓熟老到」，爲我民族性總括底特徵，含義甚豐，難於分別說明。然讀者却亦不難看出其與本書所論中國文化是成熟非幼稚，是精深非粗淺者之相合。同時亦就知道一切固執社會發展史、抱持文化階梯觀，認定中國落後於英美蘇聯一二階段者，顯然不對。但我們亦初不否認英美蘇聯在某些地方爲先進。即由此先進後進之參差互見，吾人是有中國文化爲人類文化早熟之論斷。所謂「不露圭角而具有最大之適應性及潛力」，則又其所熟在內不在外，在生命本身不在生活工具之證明。反觀今日西洋人正有自己不能適應其文明進步之苦，都市中精神病患者日益加多，則其所成就在外不在內，在生活工具不在生命本身，又彰彰也。

末後要論到第一點「自私自利」。潘光旦先生曾以爲這是遺傳底。他欣賞人文地理學者亨丁頓 Ellsworth Huntington 以自然淘汰和人口移殖來說明中國民族性（註十），說是中國數千年不斷水旱災荒，唯自私心強者易得存活殖種，不然則滅亡，遂淘汰而得此結果。我們實在不敢深信。很顯然地是潘先生本其優生學研究只向遺傳上着眼，根本沒有明白中國社會構造之特殊，及其如何陶鑄了中國人的第二天性——習慣。

本書於中西兩方社會生活之不同，再三致意，其間中西第一對照圖（見第五章），第二對照圖（見第九章），讀者最不可忘記。如圖所示：從一箇人到他可能有之最大社會關係，約劃為四級；在西洋人生活中意識中最佔位置者，為箇人及團體兩級，而在中國人卻為家庭及天下兩級。團體與箇人，在西洋儼然兩個實體，而家庭幾若為虛位；中國人卻從中間就家庭關係推廣發揮，以倫理組織社會，消融了箇人與團體這兩端。——這兩端好像俱非他所有。必胸中了然於此不同，而後於此一問題的曲折，乃可望辨察明白。——

（一）中國人因集團生活之缺乏，而缺乏公共觀念，缺乏紀律習慣，缺乏組織能力，缺乏法治精神（見第四章）；一句話總括：缺乏為營團體生活所必需底那些品德——公德。其所以被人看作自私自利多半為此。西洋人之有公德亦不是天生底，既鍛鍊於血底鬥爭，又培養於日常生活；其開端蓋在宗教組織，而從中古都市自主以還乃大為成功（見第三章）。

（二）公德所由養成，端在公私利害之一致；為公即所以為私，為私亦勢須為公。譬如在國際經濟競爭下，一箇國民總要用他的國貨，這固然可以說他愛國，但他卻亦正是要鞏固他的生計。又如在政黨選舉競爭下，一個黨員爲他的黨而奔走，這固然可以說他忠黨，但他卻亦正是在爭取他的前途。往時教徒於其教會，手工業者於其行會，近代產業工人於其階級組織，……其例甚多，不必悉數。總之，公與私相合而不相離，積久而行乎自然。反之，如其公私恆若兩回事，爲公就要虧私，爲私不免害公，在那種情勢下斷無法養成公德。所以徑不妨說，西洋人的公德正是由自私而養成。

（三）假若說西洋人公德之養成，只是順乎人情自然，無謂所自私，那在我完全贊成。但我卻要提出說：中國人沒有養成公德，同樣亦只是人情自然而無所謂自私。人總不能離社會而生活，是一定底；但社會結構彼此卻不定相同。西洋人所不能離者是其自古及今種種團體組織，中國人所不能離者是其若近若遠種種倫理關係。倫理所不同於團體者，不劃定範圍，更不作對抗，而推近以及遠，又引遠而入近。中國人說近就是身家，說遠就是天下；而其歸趣則在「四海兄弟」、「天下一家」。此其精神寧不偉大？豈有什麼自私？然而可惜是小起來太小，大起來又太大——大到沒有邊際，抓亦抓不着，靠亦靠不得，眞所謂「大而無當」。不像西洋人小不至身家，大不至天下，有個適中底範圍，公私合成一片，正好培養公德。其公德所以沒有養成在此。似乎並無應受譏責之處。要知不能離團體而生活者，就養成其團體生活所必需底習慣；不能離倫理而生活者，就養成其倫理生活所必需底習慣。同時，各於其所不必需者，每每不習慣之。中國人不習於愛國合羣，正亦猶西洋人之不習於孝親敬長。夫何足怪？然而於不習孝親敬長者不聞有譏，於不習愛國合羣者則人人詬病；此無他，逢到今天急切需要國家意識團體行動，而他偏偏不會，且狃於積習，惰性難改而已。生命是活底，時勢不同，隨時宜爲新適應。苟他今天還在各顧身家照顧親戚故舊爲自私，誠不爲過；但若說中國人一向就在自私自利中生活了數千年，則是笑話！一味自私便是「反社會底行爲」，將不適於任何社會生活；一民族果眞有此症候，早不能存在於天壤間，又何以解於我民族生命延續之久，延擴之大，爲其他民族所莫得而比？說自私自利是中國民族性者殊覺無據。中國人並不見得比西洋人格外自私。

（四）翻轉來，我倒要指出西洋人實在比中國人自私。近代西洋人的箇人本位，自我中心，顯然比之從來中國人的倫理本位，尊重對方爲自私，且不說。即就他們的團體生活言之，除合作社一類組織外，幾無不有極強排他性。羅素所著「愛國功過」一書，嘗言英國人慣用仇嫉外國之手段以獎勵其國民愛國心。最初仇西班牙人，繼則仇法國人、繼則仇德國人。今後又不知當仇誰氏（註十一）。蓋「爭之與羣乃同時幷見之二物」（孟德斯鳩語）。論西洋人之輕其身家似公；而各徇其羣，又不過是大範圍的自私，不是眞公。眞公，還要於中國人見之。中國人懷抱着天下觀念，自古訖今一直未改，眞是廓然大公，發乎理性之無對。說民族性、這才是中國的民族性。今日世界不講公理，不得和平，正不外西洋人集團生活的積習難改（註十二）。依我看：中國人被自私之譏的時代快過去了；西洋人被自私之譏的時代卻快要來。究竟誰自私、不必爭論，時代自有一番勘驗。

（五）綜覈以上所論，問題只在社會結構與時勢需要上，中國人西洋人根本沒有什麽不同。如其有之，那就是西洋人從身體出發而中國人理性早啓這一點。從這一點上說，比較不自私底當然屬中國人。但論其過去則然，非所論於今日。今日中國人似不免落於兩偏底情形：一偏於自私、一偏於不私，而不像西洋人大致離差不多。西洋人當初從身體出發，與一般生物爲近之時，雖說輾轉不出乎自私；然人畢竟是人，其與人與物通而不隔底生命，不知不覺隨時流露出來，便是公而非私。及其理性隨社會形勢漸次開發，「自己人」的圈步步放大（看第十一章），則更趨向於公。從大事到小事，許多禮俗制度既隨以養成，生活於其間底人自私不自私就大致相去不遠。唯生於今日底中國人不然。一則禮俗制度破壞淩亂，大多數人失所依傍，自易墮落，而少數人之理性自覺此時卻以轉強。再則身體本能衰弱，生發之氣不足，亦最易流於貪吝。古語所謂「血氣旣衰，戒之在得」是也。然如是者縱居多數，而火盡薪傳，其少數人理性乃愈不可掩。所以今天中國人，其自私過於西洋人怕是事實；卻是另一面，其不自私亦超過西洋人。——只這其間有些是與遺傳有關。

中國文化有其特殊之根本由來，我們旣經尋繹得到，具說如前；今與其民族性又如是互相印證而不謬，本書卽於此結束。

（註一）論語：道之以政，齊之以刑，民免而無恥，道之以德，齊之以禮，有恥且格。

（註二）韓非五蠹篇嘗論君之直臣，父之暴子，父之孝子，君之背臣，以明孝友與國家利益相反。

（註三）伯爾納約瑟著民族論 Nationality, it's nature and problems 劉君木譯，上海民智書局出版。

（註四）霍氏原文載獨立時論，此據現實文摘第二卷第三期轉載。

（註五）此見羅素著社會改造原理，有余家菊譯本，中華書局出版。

（註六）見三十五年出版之導報第十二期，「忠恕與民主」一文，原作者似為戈衍棣。

（註七）內山完造著「一個日本人的中國觀」，開明書店出版。

（註八）見潘光旦著「民族特性與民族衛生」一書，商務出版。

（註九）三十七年六月三十日重慶大公報星期論文，原文羅列證據，此只舉其大意。

（註十）見潘著「民族特性與民族衛生」，商務版。

（註十一）此據商務書館出版梁任公先生著先秦政治思想史第三頁轉引。

（註十二）國家主義之無上，是使世界陷於無政府狀態，無法得到和平之癥結所在，有識者言之已多，而此一牢不可破之觀念，正是西洋人集團生活之積習也。日本人藤澤親雄任國際聯盟秘書多年，為懷抱熱心而卒歸失敗之人。他於失望之餘，恍然有悟於儒書王道霸道之說，深信只有中國文化能致世界於和平，歐洲人是沒辦法底。因此他回國創立「東光書院」，以儒書教青年。二十一年曾來北京訪問於各大學教授，竟無人加以理會。我曾與晤談，並得其所著書。